SECRETOS DEL

PLANETA TIERRA

DK

SECRETOS DEL PLANETA TIERRA

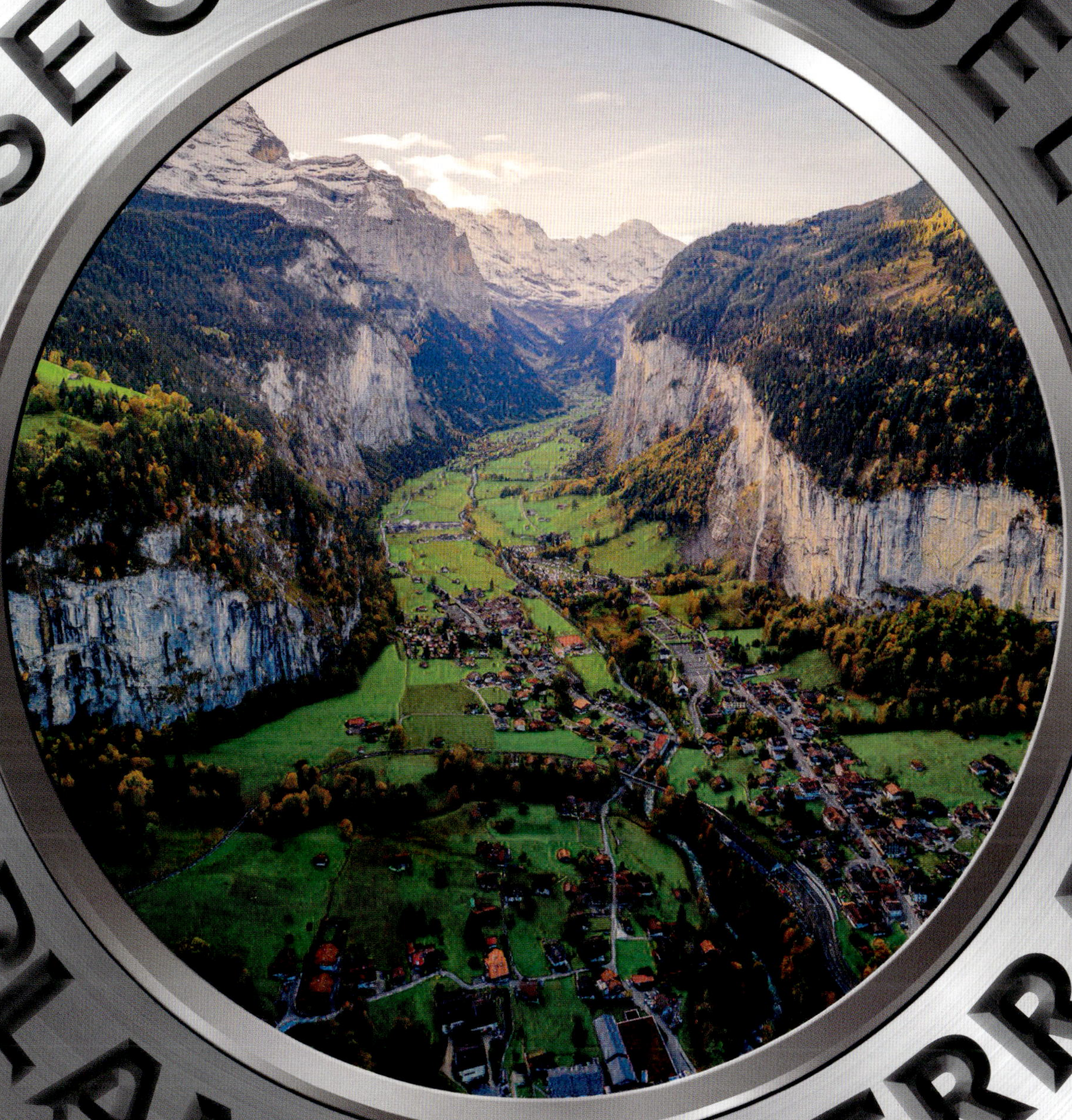

CONTENIDOS

DK LONDRES
Edición sénior Ben Morgan
Edición de arte sénior Smiljka Surla
Equipo editorial Joseph Barnes, Shaila Brown,
Jolyon Goddard, Orso Publishing
Diseño Tory Gordon-Harris, Anna Pond,
Rhys Thomas
Ilustración Peter Bull, Sofian Moumene,
Simon Mumford, Simon Tegg
Fotografía Ruth Jenkinson, Gary Ombler
Retoque creativo Steve Crozier
Documentación iconográfica Laura Barwick
Edición ejecutiva Rachel Fox
Edición ejecutiva de arte Owen Peyton Jones
Edición de producción Rob Dunn
Control de producción Meskerem Berhane
Dirección de desarrollo de diseño de cubierta
Sophia MTT
Coordinación sénior de cubiertas
Priyanka Sharma Saddi
Diseño de cubierta Stephanie Cheng Hui Tan
Diseño de maquetación sénior
Harish Aggarwal
Dirección editorial Andrew Macintyre
Dirección de arte Karen Self
Dirección de publicaciones Jonathan Metcalf

Autores
Joseph Barnes, Abigail Beall,
Professor Joseph Holden, Wendy Horobin,
Dr Peter Innes, Dr Kate Ravilious,
Giles Sparrow, Isabel Thomas,
Dr Rebecca Williams

Consultores
Professor Joseph Holden, Dr Peter Innes,
Professor Stephen Marshak,
Cally Oldershaw, Dr Rebecca Williams

EDICIÓN EN ESPAÑOL
Servicios editoriales Tinta Simpàtica
Traducción Ruben Giró Anglada
Coordinación de proyecto
Cristina Sánchez Bustamante
Dirección editorial Elsa Vicente

Publicado originalmente en Gran Bretaña
en 2024 por Dorling Kindersley Limited
DK, One Embassy Gardens, 8 Viaduct Gardens,
Londres, SW11 7BW
Parte de Penguin Random House

Copyright © 2024 Dorling Kindersley Limited
© Traducción española:
2024 Dorling Kindersley Ltd

Título original: *Explanatorium of the Earth*
Primera edición: 2024

ISBN: 978-0-5938-4832-6

Impreso y encuadernado en China
www.dkespañol.com

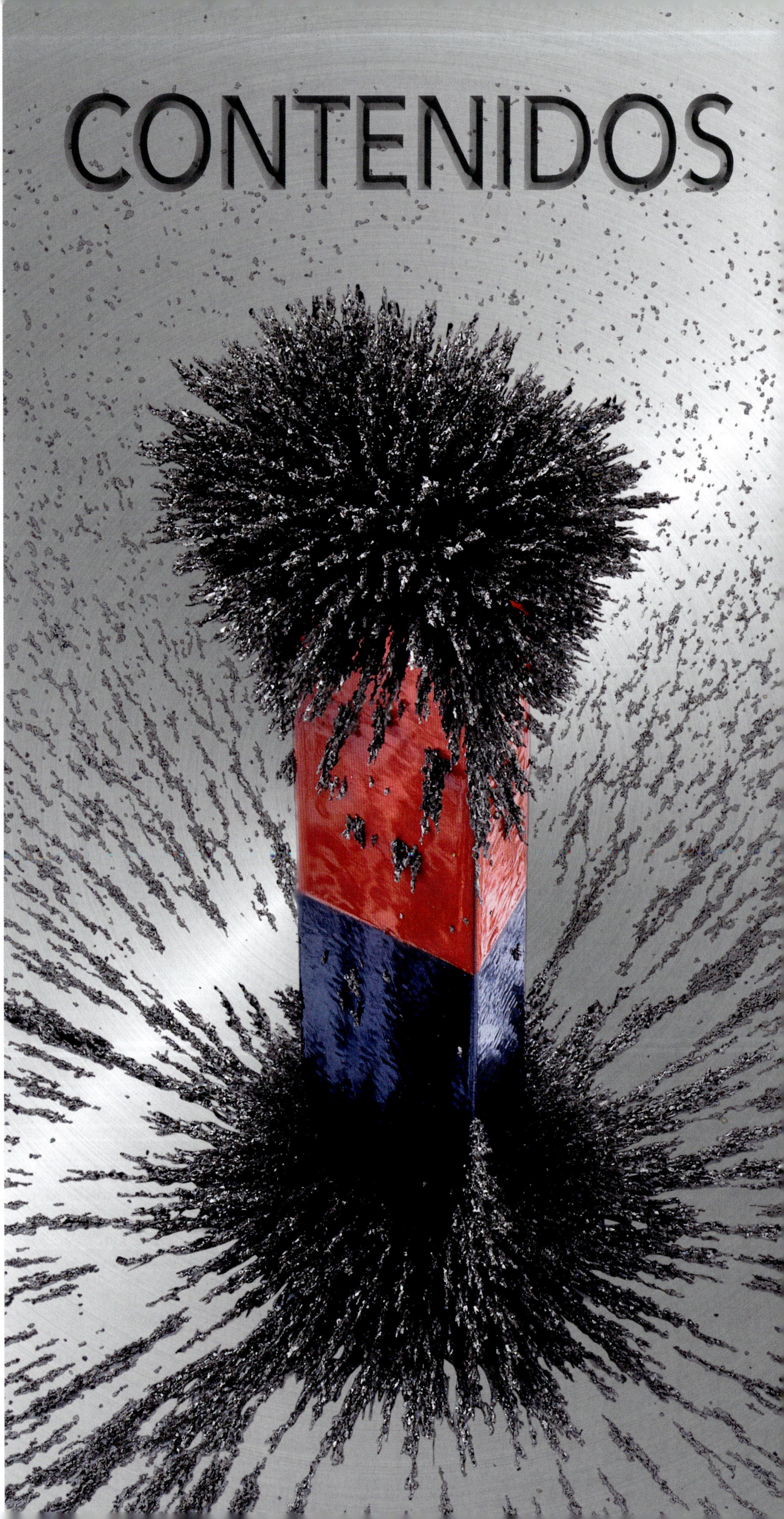

LA TIERRA EN EL ESPACIO

EL INTERIOR DEL PLANETA

VOLCANES Y TERREMOTOS

IMPORTANTE

Los experimentos que se muestran en este libro tienen finalidad demostrativa y solo pretenden ilustrar principios científicos. No deben hacerse en casa. Los autores y los editores declinan, en la medida en que la ley lo permita, cualquier responsabilidad derivada directa o indirectamente del uso o mal uso de la información contenida en este libro.

PAISAJES CAMBIANTES

ROCAS Y MINERALES

LA ATMÓSFERA

LA BIOSFERA

GLOSARIO E ÍNDICE

La Tierra pertenece a un grupo de ocho planetas que orbitan alrededor del Sol, la **estrella que tenemos más cerca**. El Sol, los planetas, las lunas y millones de cuerpos más pequeños, como **cometas y asteroides**, componen nuestro sistema solar. Una serie de **colisiones** formaron los planetas del sistema solar hace 4500 millones de años. Estos episodios violentos dieron forma a la Tierra y a su órbita, nos proporcionaron la Luna, días de 24 horas, años de 365 días, estaciones y mareas.

LA TIERRA EN EL ESPACIO

LA **TIERRA** SE FORMA

El planeta Tierra se formó hace unos 4500 millones de años a partir de una nube de escombros espaciales arremolinados que rodeaban al sol recién nacido. A lo largo de millones de años, las minúsculas partículas de materia de esta nube colisionaron entre ellas hasta que fueron compactándose y creciendo hasta convertirse en grandes planetas.

▶ ROCAS ESPACIALES

Los meteoritos son las rocas más antiguas conocidas por la ciencia y contienen la materia prima que formó el planeta. El meteorito Imilac impactó en el desierto de Atacama, en Chile, hace unos 700 años. Está compuesto por hierro y níquel, los mismos metales que contiene el núcleo de la Tierra; además, está repleto de cristales verde-amarillos de olivina, el principal mineral que contiene el manto terrestre (la capa entre la corteza y el núcleo del planeta). Los científicos creen que el meteorito Imilac debía de haber formado parte de un planeta o un asteroide que acabó destruido por una colisión durante los primeros años del sistema solar.

NACIMIENTO DEL SISTEMA SOLAR

El sistema solar se empezó a formar cuando la gravedad comenzó a contraer una nube de gas y polvo interestelar (una nebulosa). El Sol se formó hace unos 4600 millones de años y los planetas se desarrollaron a partir de la nube de escombros que lo rodeaba.

1 NUBE GIRATORIA
Una nube gigante de gas y polvo se contrae. La fuerza de la gravedad los va compactando y forma un denso disco giratorio. Parte de los gases más ligeros son proyectados a las regiones externas, más frías, de la nube.

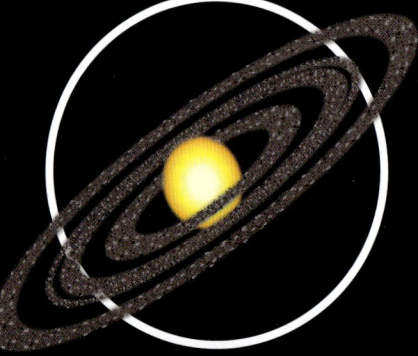

2 EL SOL
El denso núcleo del disco está tan caliente que provoca una reacción nuclear; así es cómo nace una estrella: el Sol. Los escombros restantes forman un disco que gira a su alrededor.

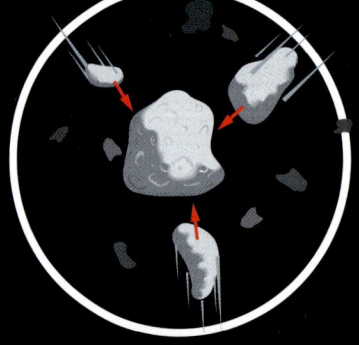

3 PLANETESIMALES
Las partículas de polvo y roca del disco giratorio colisionan y se agrupan hasta formar unos objetos masivos, los planetesimales. Uno de estos objetos acabará siendo la Tierra.

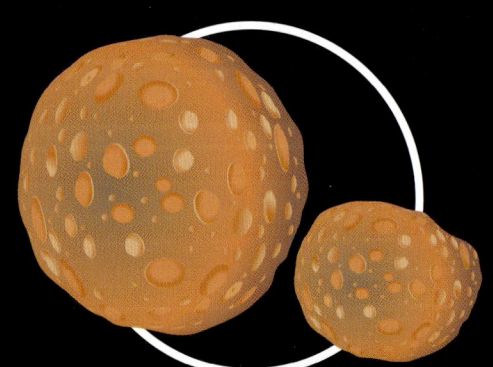

4 NUEVO PLANETA
Los planetesimales chocan repetidamente entre ellos. Estas colisiones van calentando y fundiendo sus interiores y, de manera gradual, se va formando una Tierra irregular.

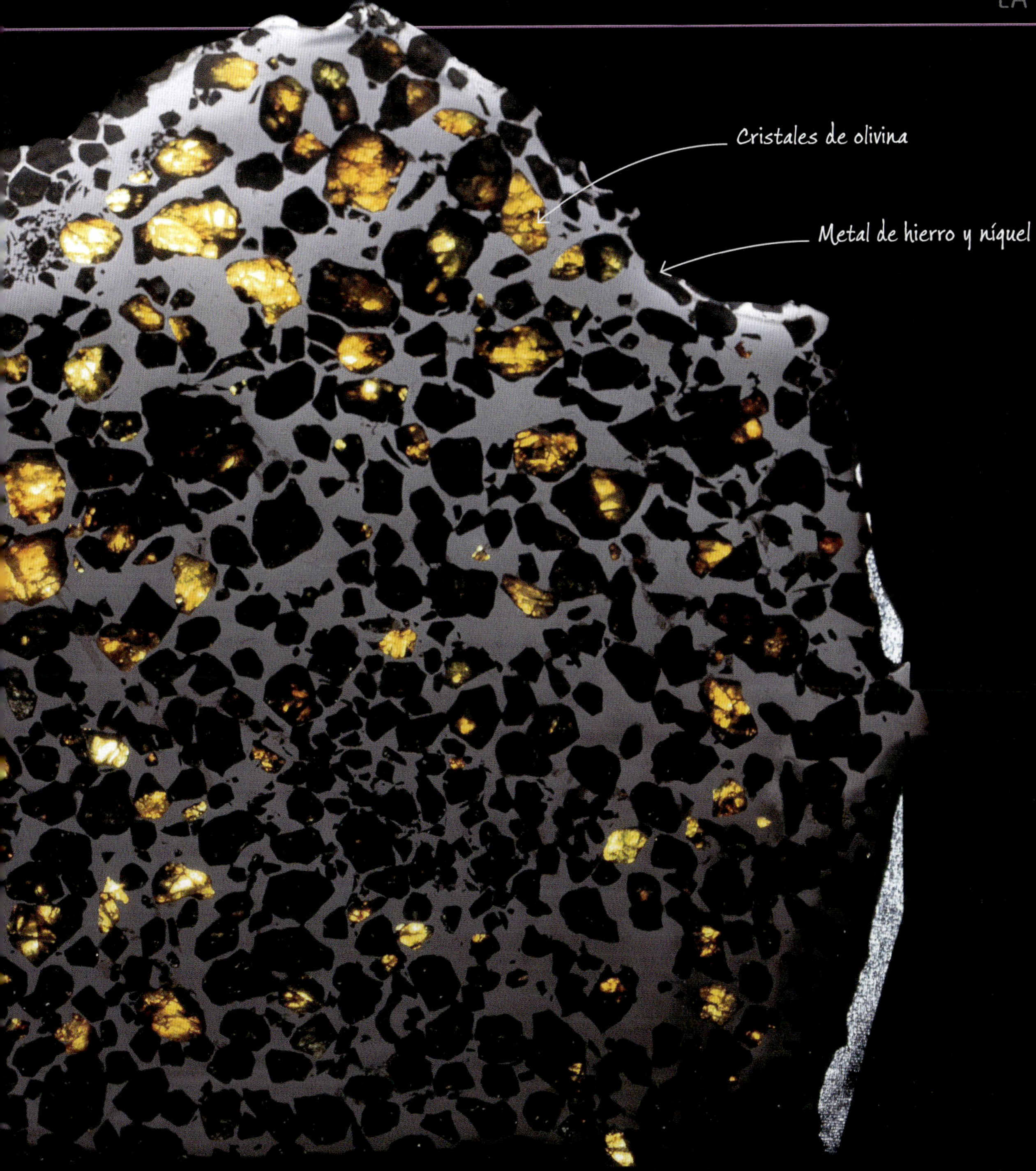

Cristales de olivina

Metal de hierro y níquel

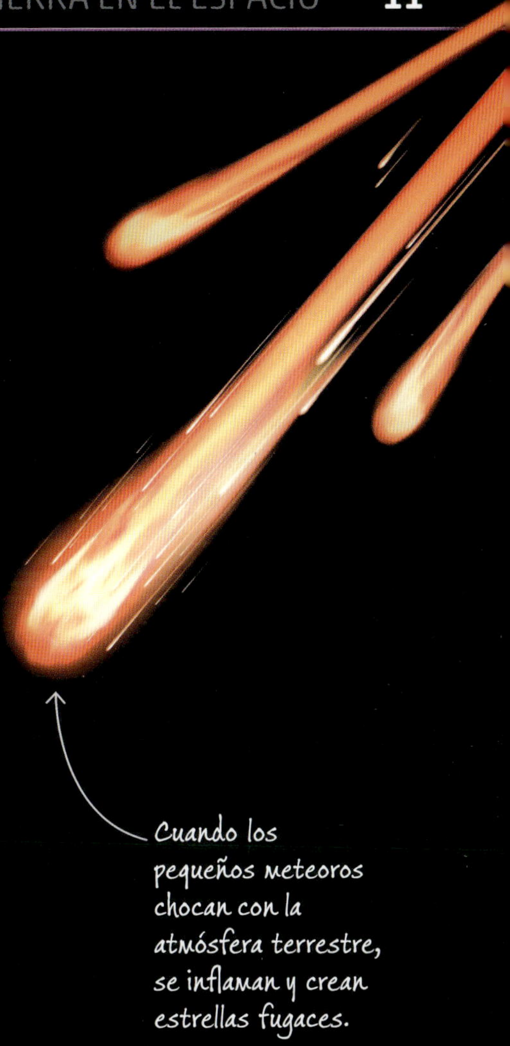

Cuando los pequeños meteoros chocan con la atmósfera terrestre, se inflaman y crean estrellas fugaces.

La Luna estaba mucho más cerca de la Tierra que en la actualidad.

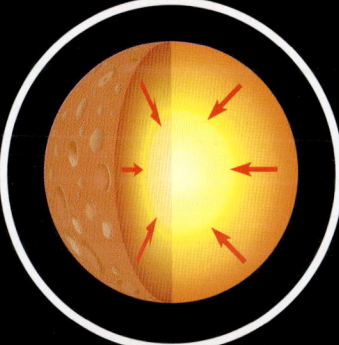

5 **TIERRA PRIMIGENIA**
La atracción gravitacional modifica la Tierra y la convierte en una esfera. Los materiales más pesados, como el hierro y el níquel, se hunden y forman el núcleo. Los más ligeros, como los minerales de roca, forman el manto.

6 **COLISIÓN**
Hacia el final de la formación de la Tierra, una colisión con un pequeño planeta crea una nube de escombros alrededor de la Tierra y también hace inclinar el eje de rotación.

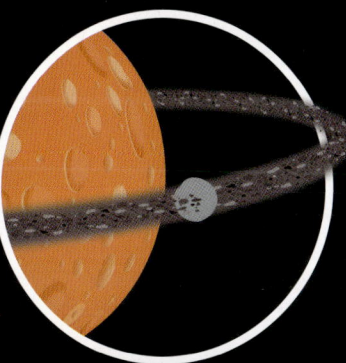

7 **LUNA NUEVA**
Los residuos de la colisión forman un anillo alrededor de la Tierra primitiva. El material, una mezcla de roca y metal, se agrupa y acaba por formar la Luna.

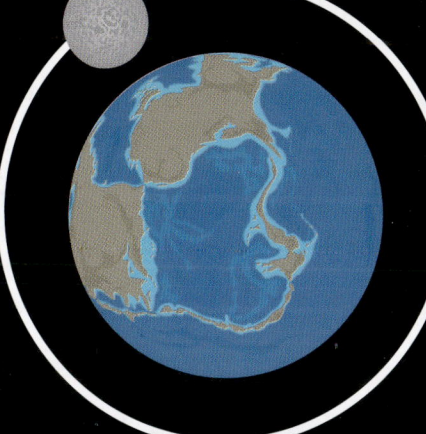

8 **CAMBIOS EN LA TIERRA**
Las emanaciones de gases volcánicos (principalmente dióxido de carbono y agua) crean la atmósfera primigenia de la Tierra. Cuando el planeta se enfría y la humedad se condensa, llueve y se forman los océanos.

CRÁTER DE IMPACTO

Las colisiones violentas con rocas espaciales son menos frecuentes hoy que en los primeros años de la Tierra, pero la amenaza sigue. El cráter de Tenoumer se formó hace solo 20 000 años, cuando un enorme meteorito impactó en el desierto del Sahara y dejó una cicatriz de 1,9 km de ancho. Los grandes cráteres de impacto son poco habituales en el planeta porque desaparecen al cabo de poco gracias a la erosión y la meteorización. Los cráteres mejor conservados están en los desiertos.

CÓMO FUNCIONA EL SISTEMA SOLAR

El sistema solar es el área del espacio dominada por nuestra estrella local, el Sol. La Tierra es el tercero de los ocho planetas mayores que orbitan (giran alrededor de) el Sol, atrapados por la atracción de su gravedad. El sistema solar también es el hogar de cientos de lunas, más de un millón de asteroides y un sinfín de objetos helados conocidos como cometas.

▼ MAQUETA SOLAR

Esta simple maqueta hecha con una pelota y varias canicas muestra el orden de los planetas en el sistema solar. Los cuatro planetas interiores son bolas de roca y metal. Los planetas exteriores son gigantes gaseosos: gigantescas esferas giratorias de hidrógeno y helio.

VENUS
Venus tiene un tamaño bastante similar al de la Tierra, pero está envuelto por una densa atmósfera de gases tóxicos y nubes de ácido sulfúrico. El dióxido de carbono atrapa el calor y lo convierte en el planeta más cálido del sistema solar.

MARTE
Marte es el planeta rocoso más externo, con un diámetro de un poco menos que la mitad del de la Tierra. Es un gélido mundo desierto, pero contiene signos que indican que en un pasado lejano había sido más cálido y húmedo.

EL SOL
El Sol es una descomunal bola de gas caliente que contiene el 99,8 por ciento de la masa del sistema solar. La tremenda fuerza gravitacional que ejerce esta enorme masa mantiene al resto de los objetos del sistema solar atrapados en órbita a su alrededor.

MERCURIO
Mercurio, el planeta más pequeño, tiene un enorme núcleo de metal y una superficie cubierta de cráteres.

TIERRA
La Tierra está a la distancia exacta del Sol para que exista agua en forma líquida en su superficie, lo que hace posible la vida. La Tierra también es el único planeta con una corteza dividida en placas tectónicas que se mueven. Su movimiento crea volcanes, montañas y los diferentes paisajes de la Tierra.

DISTANCIA DESDE EL SOL
Cuesta imaginar la distancia en el espacio de forma intuitiva. Si el Sol tuviera el tamaño de una pelota de baloncesto y estuviera en una punta de la cancha, la Tierra sería un grano de arena en la otra punta. La distancia entre la Tierra y el Sol se conoce como unidad astronómica.

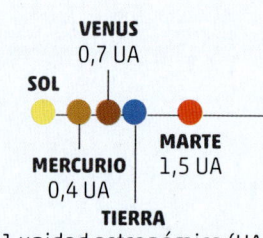

SOL

MERCURIO
0,4 UA

VENUS
0,7 UA

TIERRA
1 unidad astronómica (UA)

MARTE
1,5 UA

JÚPITER
5,2 UA

SATURNO
9,5 UA

ÓRBITAS

Los objetos del sistema solar viajan alrededor del Sol en órbitas. Las órbitas no describen círculos perfectos, sino elipses, que van desde las muy alargadas hasta las casi circulares. Todos los planetas mayores orbitan alrededor del Sol en el mismo plano, que es el que formó el anillo de escombros que rodeaba al Sol recién nacido, hace 4600 millones de años. Los objetos más pequeños, incluido el planeta enano Plutón, tienen órbitas más elípticas e inclinadas respecto del plano de los planetas.

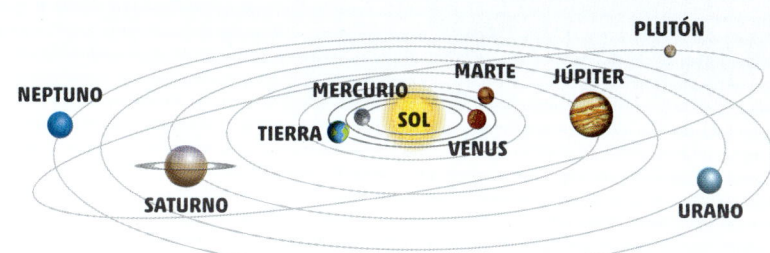

COMETAS

Los cometas entran y salen del sistema solar con órbitas muy elípticas. Cuando uno está cerca del Sol, su superficie de hielo se evapora y forma una cola.

ASTEROIDE ITOKAWA

ASTEROIDES

Estas rocas gigantes tienen una anchura que oscila desde unos pocos metros hasta cientos de kilómetros. Tienen formas irregulares y se encuentran principalmente en el cinturón de asteroides, una zona entre las órbitas de Marte y Júpiter.

JÚPITER

Júpiter es el planeta más grande; cuenta con más de 90 lunas. Es una esfera de hidrógeno y helio que gira a gran velocidad, y está envuelta de coloridas franjas de nubes barridas por el viento, como la Gran Mancha Roja, una tormenta tan grande que podría tragarse a la Tierra.

SATURNO

Saturno es un gigante gaseoso con más de 140 lunas y un espectacular sistema de anillos. Estos anillos están compuestos por billones de fragmentos de restos de la catastrófica destrucción de una luna de hielo o un cometa hace millones de años.

ENERGÍA SOLAR

Su origen está en las reacciones de fusión nuclear de su núcleo. Deben pasar miles de años para que la luz cubra la distancia desde el núcleo del Sol hasta su superficie, pero solo tarda 8 minutos en llegar a la Tierra.

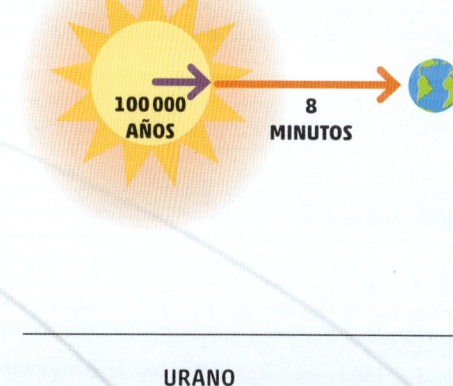

100 000 AÑOS → **8 MINUTOS** →

URANO

Urano es un gigante de hielo con una atmósfera rica en hidrógeno y helio sobre capas de sustancias químicas medio derretidas. Debido a una colisión interplanetaria producida hace mucho tiempo, rueda como una pelota y gira sobre su eje horizontal.

NEPTUNO

Neptuno es otro gigante de hielo y el planeta mayor más lejano. A pesar de recibir poca energía del Sol, tiene una meteorología sorprendentemente activa, con muchas tormentas, y los vientos más rápidos del sistema solar, con rachas de hasta 2000 km/h.

URANO
19 UA

NEPTUNO
30 UA

EL DÍA Y LA NOCHE

La rotación diaria de la Tierra crea el ciclo natural de luz y sombra que conocemos como día y noche. Cada día entero consta de 24 horas, pero el número de horas de luz diurna varía según el lugar y el día del año. Estas variaciones se producen porque la Tierra gira sobre un eje inclinado.

▶ ESFERA GIRATORIA

La Tierra gira hacia el este sobre una línea imaginaria conocida como eje. Según el planeta va girando, diferentes partes de la superficie quedan orientadas hacia el Sol y reciben la luz diurna, mientras que otras partes entran en la sombra que causa la noche. Como el eje de la Tierra está inclinado, el número de horas de luz solar varía de un lugar a otro, y oscila desde las cero horas al día hasta las 24.

En los polos, el Sol sale y se pone solo una vez al año. Existen seis meses de luz diurna continua, seguidos de seis meses de crepúsculo u oscuridad.

El eje de la Tierra está inclinado 23,5° respecto de la vertical en relación con la órbita del planeta alrededor del Sol. Por eso, el día y la noche tienen una duración distinta según la ubicación en el planeta.

Milán, en Italia, está a medio camino entre el ecuador y el Polo Norte. Aquí el número de horas de luz diurna oscila desde unas 9 horas en pleno invierno hasta las casi 16 horas en verano.

La superficie de la Tierra avanza hacia el este a medida que gira el planeta. Por eso el Sol sale por el este y se pone por el oeste.

En el ecuador, cada día del año tiene 12 horas de luz diurna y 12 de oscuridad. El alba siempre se produce hacia las 6 de la mañana y el ocaso hacia las 6 de la tarde.

DÍAS Y AÑOS

Un día dura 24 horas, pero la Tierra tarda solo 23 horas, 56 minutos y 4 segundos en hacer una rotación. Estos tiempos son diferentes porque la Tierra se desplaza un poco a lo largo de su ruta orbital alrededor del Sol durante el transcurso de un día, y por eso tiene que dar un poquito más que una vuelta para volver a quedar orientada hacia el Sol. A lo largo del año, estas pequeñísimas rotaciones adicionales suman más de una vuelta entera. De hecho, la Tierra gira 366,24 veces cada año, aunque este solo tenga 365 días.

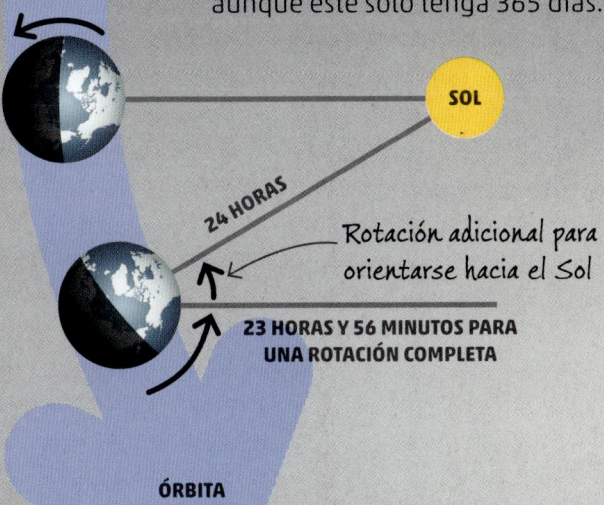

SOL

24 HORAS

Rotación adicional para orientarse hacia el Sol

23 HORAS Y 56 MINUTOS PARA UNA ROTACIÓN COMPLETA

ÓRBITA TERRESTRE

ROTACIÓN TERRESTRE

En el pasado, las personas veían que el Sol y las estrellas cruzaban el cielo y creían que estas giraban alrededor de la Tierra. Una de las primeras personas que descubrió que la Tierra giraba fue el matemático indio Aryabhata en el siglo VI. También calculó con precisión la duración de la rotación: 23 horas, 56 minutos y 4 segundos.

DÍAS DE CAMBIO

Los terremotos potentes pueden cambiar la rotación de la Tierra. En 2004, un descomunal terremoto en el océano Índico sacudió el planeta entero, desplazó unos 2,5 cm el Polo Norte e hizo que el día durara 2,7 microsegundos menos.

EPICENTRO DEL TERREMOTO DE 2004

ECUADOR VELOZ

Como la Tierra es esférica, los diferentes lugares de su superficie se desplazan a velocidades diferentes a medida que gira el planeta. Los polos están fijos, pero el ecuador gira a unos 1600 km/h. Los cohetes se suelen lanzar cerca del ecuador para darles un impulso adicional y que puedan entrar en órbita con más facilidad.

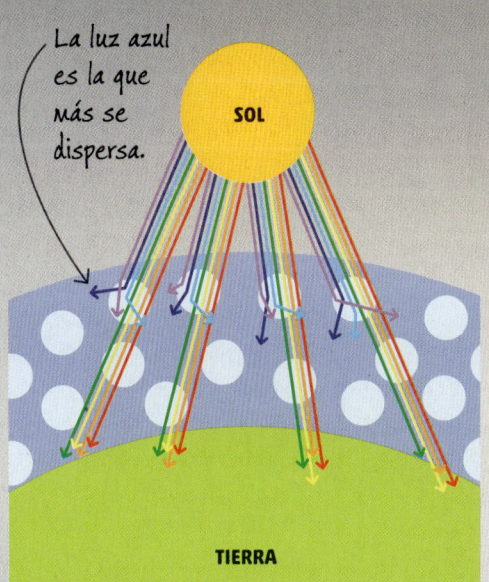

LANZAMIENTO DEL COHETE ARIANE EN LA GUAYANA FRANCESA, CERCA DEL ECUADOR

La luz azul es la que más se dispersa.

SOL

TIERRA

¿POR QUÉ EL CIELO ES AZUL?

Por la noche el cielo es negro y revela la inmensidad del espacio, pero durante el día se vuelve azul vivo. Este fenómeno se produce porque las moléculas de aire de la atmósfera de la Tierra dispersan la brillante luz solar. La luz blanca es una mezcla de todos los colores del arcoíris, pero el azul se dispersa más fácilmente que los otros colores. La luz azul dispersada hace que todo el cielo se vea azul.

▶ ALREDEDOR DEL SOL

La Tierra orbita alrededor del Sol una vez al año. Durante el trayecto, cada día gira sobre una línea imaginaria conocida como eje, que va de polo a polo. Pero el eje está a un ángulo de 23,5° y, por ello, los hemisferios norte (o boreal) y sur (o austral) se inclinan hacia el Sol en momentos del año diferentes, lo que provoca el ciclo de las estaciones.

PRIMAVERA BOREAL

Hacia el 20 de marzo, el eje de la Tierra está en ángulo recto con el Sol. Los días y las noches duran más o menos lo mismo en cualquier lugar del mundo. Es primavera en el hemisferio norte y otoño en el hemisferio sur.

Órbita de la Tierra alrededor del Sol

VERANO BOREAL

El día más largo del año en el hemisferio norte queda cerca del 21 de junio (solsticio de verano). Por esta fecha, el hemisferio norte se inclina directamente hacia el Sol, lo que produce días largos y cálidos, y noches cortas. No obstante, en el hemisferio sur, como la Tierra se inclina hacia el lado contrario, es el día más corto del año (solsticio de invierno).

SOL

CÓMO FUNCIONAN LAS
ESTACIONES

Casi todo el mundo experimenta algún cambio de estaciones. Con el paso de los meses, el tiempo cambia lentamente de frío a cálido o de seco a húmedo y viceversa. Estas estaciones no se producen porque la Tierra esté más cerca o lejos del Sol, sino que se deben a la inclinación de nuestro planeta.

OTOÑO BOREAL

Hacia el 23 de septiembre, en lugar de inclinarse hacia el Sol, el eje de la Tierra está en ángulo recto con nuestra estrella, y los días y las noches duran lo mismo en cualquier lugar. Es otoño en el hemisferio norte y primavera en el hemisferio sur.

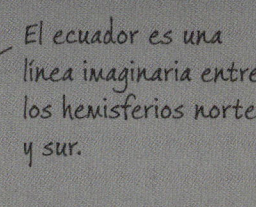

El ecuador es una línea imaginaria entre los hemisferios norte y sur.

SOL DE MEDIANOCHE

En el ecuador el día y la noche tienen más o menos las mismas horas todo el año, pero cerca de los polos la variación estacional entre el día y la noche es extrema. Cuando es pleno verano, en el Ártico no se hace de noche, ya que el sol queda por encima del horizonte las 24 horas del día. Mientras tanto, en la Antártida no sale el sol y permanece durante semanas a oscuras.

INVIERNO BOREAL

El día más oscuro del año en el hemisferio norte queda cerca del 21 de diciembre y se conoce como solsticio de invierno. En este momento el hemisferio norte se inclina hacia el lado contrario del Sol, por lo que los días son cortos y hace el frío típico del invierno. El hemisferio sur se inclina hacia el Sol y experimenta el verano.

En diciembre, el Polo Sur se inclina hacia el Sol y el hemisferio sur goza del verano.

CUATRO ESTACIONES

En primavera, a medida que los días se hacen más largos, comienzan a aparecer hojas y a abrirse las flores. Los días largos y la calidez del verano coinciden con el rápido crecimiento de las plantas. En otoño, los días se van haciendo más cortos y muchas hojas cobran un tono rojo o naranja antes de caerse. En invierno, cuando hace más frío y los días son más cortos, la mayoría de las plantas están desnudas. Y a continuación vuelve a ser primavera de nuevo.

PRIMAVERA

VERANO

OTOÑO

INVIERNO

ESTACIONES TROPICALES

Los países situados cerca del ecuador no tienen las cuatro estaciones, sino que la mayoría de los países tropicales cuentan con una estación seca y otra húmeda. En las zonas tropicales del hemisferio norte, la estación húmeda tiene lugar durante la misma época que el verano boreal, y la estación seca se produce durante el invierno boreal. En cambio, en el hemisferio sur sucede lo contrario.

ESTACIÓN SECA

ESTACIÓN HÚMEDA

SUPERVIVIENTES ESTACIONALES

Los baobabs se han adaptado a la estación seca del trópico. En la estación húmeda, almacenan miles de litros de agua en su tronco para cuando llegue la estación seca.

Por casualidad absoluta, el Sol es 400 veces más ancho que la Luna y está 400 veces más lejos. Por eso parece que ambos cuerpos celestes tengan el mismo tamaño en nuestro cielo y coinciden casi perfectamente durante un eclipse solar total.

ANILLO DE DIAMANTE

Todos los eclipses solares totales empiezan como eclipses parciales cuando la Luna empieza a cruzar por delante del Sol. Justo antes de que el Sol quede tapado por completo, los últimos rayos de luz solar pasan a través de los valles de la luna y crean un punto brillante conocido como anillo de diamante. Este espectacular efecto tan solo dura unos instantes.

ECLIPSES PARCIALES Y ANULARES

Los eclipses solares parciales se dan cuando solo se oculta parte del disco solar. Si la Luna no está del todo alineada con la Tierra y el Sol, este se deja ver en forma creciente. El eclipse anular se produce cuando la Luna se alinea perfectamente, pero está un poquito más lejos de la Tierra que habitualmente y no consigue tapar el Sol por completo.

PARCIAL

ANULAR

El eclipse total solo es visible para las personas que estén en la oscura parte central de la sombra de la Luna, la umbra.

En la parte exterior, más clara, de la sombra de la Luna (la penumbra), el eclipse se percibe como parcial.

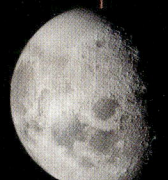

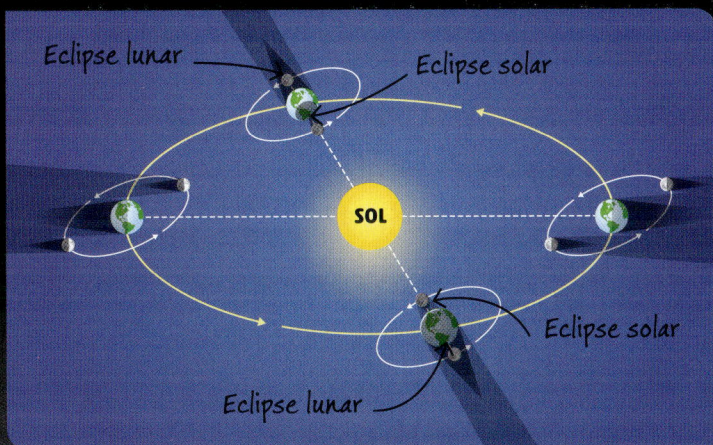

Eclipse lunar

Eclipse solar

SOL

Eclipse solar

Eclipse lunar

ÓRBITA INCLINADA

Si la Luna orbitara la Tierra en el mismo plano que la Tierra orbita el Sol, tendríamos eclipses cada mes. No obstante, como la órbita de la Luna está inclinada unos grados respecto de la de la Tierra, normalmente está demasiado arriba o abajo. Cuando se alinea entre el Sol y la Tierra, se produce un eclipse solar o lunar total.

TOTALIDAD

Durante un eclipse solar total, el cielo queda a oscuras y los pájaros dejan de trinar. El disco brillante del Sol desaparece por completo, pero su atmósfera exterior, la corona, queda visible en forma de halo brillante alrededor de la Luna. Es peligroso mirar directamente al Sol: nunca mires un eclipse solar total sin proteger la vista.

ECLIPSE LUNAR

Durante un eclipse lunar la Luna pasa a través de la sombra de la Tierra pero no llega a desaparecer, sino que cobra un color rojizo oscuro, porque la atmósfera terrestre desvía la luz roja y alcanza su superficie.

▶ **PLEAMAR Y BAJAMAR**

El nivel del mar cambia a diario en todas las costas. En la isla de Mont Saint Michel, frente a la costa francesa, la diferencia entre la pleamar y la bajamar es de unos 10 m, pero puede llegar a 16 m durante la marea viva. Cuando la marea está baja, los visitantes pueden llegar a pie, pero cuando está alta, la isla queda aislada por el mar. En el pasado, esto la convirtió en una fortaleza natural.

CÓMO FUNCIONAN LAS MAREAS

El Sol y la Luna atraen a la Tierra con la gravedad, en un constante tira y afloja con nuestro planeta. Aunque la Luna es mucho más pequeña que el Sol, su atracción gravitatoria sobre la Tierra es el doble de fuerte porque está más cerca. Las fuerzas combinadas tiran del océano y crean las mareas.

Marea alta

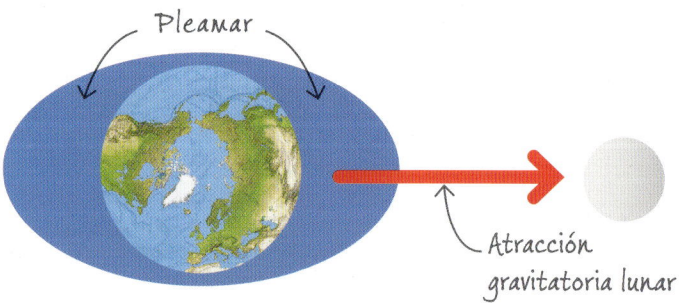

Pleamar

Atracción gravitatoria lunar

DOS MAREAS

Cada día hay dos mareas altas y dos mareas bajas, pues la Luna hace subir el mar dos veces. El aumento del mar más cercano a la Luna está causado por su atracción gravitatoria. En cambio, el causado en el lado opuesto es debido a la inercia (la resistencia al movimiento). La Tierra y los océanos giran, pero la inercia hace que el agua intente moverse en línea recta. Como resultado, se abomba hacia el exterior, donde la gravedad de la Luna es más débil.

Marea
baja

MAREA VIVA

En luna llena y luna nueva, cuando el Sol, la Luna y la Tierra se alinean, la gravedad del Sol y de la Luna se combinan y crean el mayor crecimiento marítimo. Esto provoca mareas especialmente altas y bajas, llamadas mareas vivas (marea solar en el lado del Sol y marea lunar en el lado de la Luna).

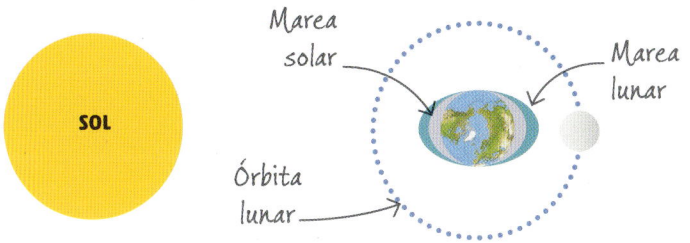

SOL

Marea solar

Marea lunar

Órbita lunar

MAREA MUERTA

Cuando el Sol, la Tierra y la Luna se encuentran en ángulo recto, la gravedad del Sol anula la gravedad de la Luna, haciendo que la subida del mar sea menor, dando lugar a las mareas muertas. En estos momentos, la diferencia entre la pleamar y la bajamar es mínima.

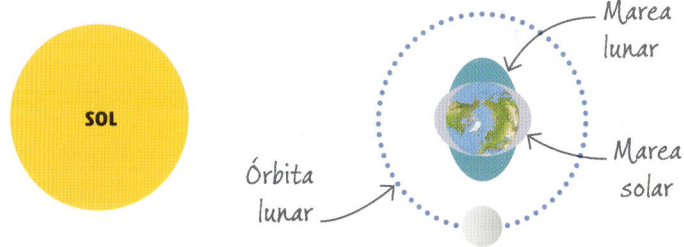

SOL

Marea lunar

Marea solar

Órbita lunar

MACAREO

En algunas partes del mundo, la marea entrante es canalizada por una amplia bahía hacia la desembocadura de un río, invirtiendo temporalmente el flujo del río y provocando una poderosa ola. Este fenómeno se llama macareo. Estas extrañas olas crean un potente estruendo cuando las corrientes opuestas chocan y se agitan entre sí. Atraen a surfistas y turistas, pero a veces son mortales.

Si pudieras cortar la Tierra por la mitad como una cebolla, verías una serie de capas internas, más calientes a mayor profundidad. La capa superficial es una piel de fría roca quebradiza: la **corteza**. Debajo tiene un **manto** sólido de roca al rojo vivo, y un **núcleo** parcialmente fundido de metal. El calor del interior hace que las capas exteriores de la Tierra se muevan, cambiando de manera lenta pero constante la forma de continentes y océanos.

EL INTERIOR DEL PLANETA

NÚCLEO INTERNO

El núcleo interno es una bola maciza de hierro y níquel. El peso de las capas del exterior del núcleo interno crea tanta presión que el metal supercaliente no se derrite.

NÚCLEO EXTERNO

El núcleo externo está compuesto por hierro y níquel fundidos. Este líquido está en circulación gracias al calor, y su movimiento genera el campo magnético de la Tierra.

MANTO

El mando es la capa más grande de la Tierra y acumula el 82 por ciento de su volumen. Se compone de roca densa, rica en los elementos magnesio y hierro. A pesar de ser sólido, está muy caliente, lo que lo hace lo bastante blando para que fluya muy lentamente.

Por el manto suben columnas de roca caliente que tardan millones de años en cruzarlo.

CORTEZA

Una fina capa de sólida roca más fría forma la corteza terrestre. Es más fina bajo el océano (corteza oceánica), donde se compone de una densa roca volcánica llamada basalto. La corteza continental es más gruesa y tiene muchos tipos de roca diferente.

▶ ENERGÍA TÉRMICA

Al contrario que los otros planetas rocosos del sistema solar, la Tierra está cambiando de manera continua. Estos cambios se producen por la energía térmica de su interior. El calor interno de la Tierra proviene de dos fuentes: el calor residual de la formación del planeta y la desintegración de los elementos radiactivos en el manto y la corteza. El calor propulsa el lento movimiento de las rocas calientes y ligeramente maleables del manto. Estas, a su vez, dividen la corteza en fragmentos gigantes: las placas tectónicas. Su movimiento da forma a continentes y océanos, y crea montañas y volcanes.

¿QUÉ HAY DENTRO DE LA TIERRA?

Al principio de los tiempos, el planeta estaba tan caliente que estaba casi totalmente fundido. Los elementos pesados y densos como el hierro y el níquel se hundieron hacia el centro y formaron el núcleo. Las rocas fundidas más ligeras, ricas en los elementos oxígeno, silicio y aluminio, subieron para formar el manto y la corteza. Así fue como el planeta se separó en las capas que aún existen hoy.

La corteza continental no empezó a formarse hasta que la Tierra cumplió 500 millones de años. La primera corteza fue la superficie solidificada del manto, pero ya no existe. La corteza actual se formó más adelante, cuando subió el magma bajo los volcanes y se solidificó para formar rocas menos densas que el manto.

TEMPERATURA AL ALZA
Cuanto mayor es la profundidad en la Tierra, más calor hace. La temperatura sube unos 25 °C/km, hasta llegar al núcleo interno, tan caliente como la superficie del Sol. Por todo el núcleo y el manto inferior las rocas y los metales están candentes y destellan de luz.

Núcleo interno líquido: 5200 °C

Núcleo externo: 2700-4200 °C

Manto: 1000 °C cerca de la corteza; 3700 °C cerca del núcleo

Temperatura promedio en la superficie de la corteza terrestre: 14 °C

MUNDO ACUÁTICO
La Tierra es el único planeta del sistema solar con agua en la superficie en los tres estados: sólido (hielo), líquido y gas (vapor). También hay agua en el interior del planeta, en forma de iones unidos a minerales.

El agua de la superficie formaría una esfera de una novena parte del diámetro de la Tierra.

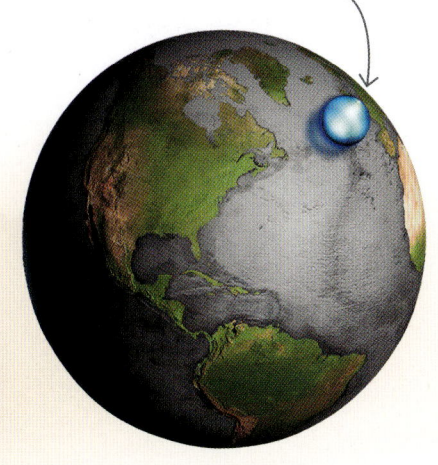

ROCAS DE LAS PROFUNDIDADES
Aunque no podemos ver directamente el manto, las erupciones volcánicas suben algunos de sus fragmentos hasta la superficie. Los xenolitos son rocas del manto superior, y nos indican que casi todo el manto superior es una densa roca granulada compuesta por dos minerales: olivina, que forma cristales verdes, y piroxeno, que es negro.

CÓMO FUNCIONA EL
MAGNETISMO DE LA TIERRA

El movimiento de remolino del metal fundido del núcleo externo de la Tierra crea un campo magnético alrededor del planeta en un proceso conocido como efecto dinamo. Este campo tiene la misma forma que el de un imán de barra, pero a mayor escala. El campo magnético nos protege de la radiación cósmica y hace que la brújula apunte al norte. La dirección del campo queda registrada en algunas rocas al formarse. Con ello los científicos saben cómo ha cambiado el mundo con el paso del tiempo.

▼ **CAMPO MAGNÉTICO**

El campo magnético alrededor de un imán es el área donde los materiales magnéticos, como el hierro, responden a la atracción de una fuerza magnética. Por lo general, los campos magnéticos son invisibles, pero podemos ver el campo alrededor de un imán si esparcimos virutas de hierro alrededor. Estas se ordenan siguiendo las líneas de fuerza y muestran la dirección en la que el campo tira de ellas.

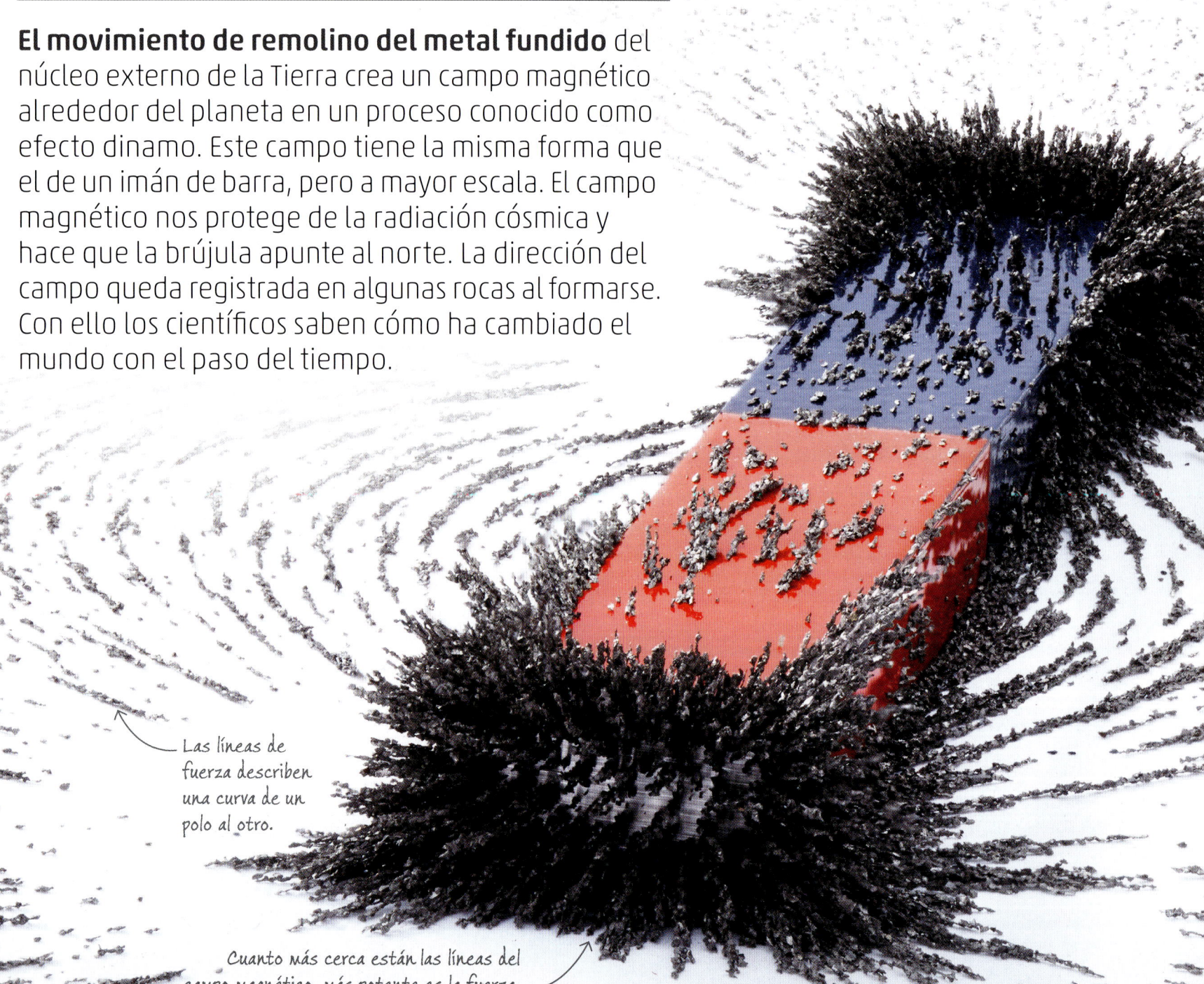

Las líneas de fuerza describen una curva de un polo al otro.

Cuanto más cerca están las líneas del campo magnético, más potente es la fuerza.

CAMPO TERRESTRE

El campo magnético terrestre es como si el planeta tuviera un gigantesco imán de barra en su interior. No obstante, el campo terrestre es más complejo. No es perfectamente simétrico, y actualmente está inclinado unos 11° respecto del eje de rotación, lo que significa que los polos geográficos no están situados en el mismo lugar que los polos magnéticos.

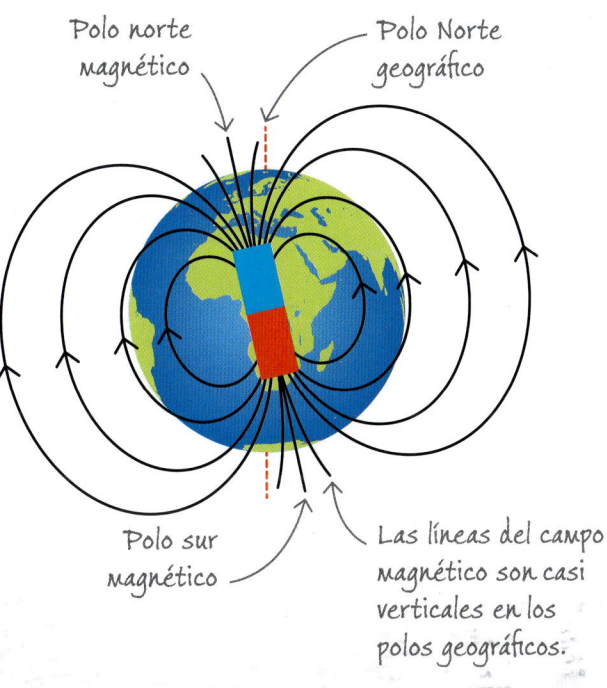

Polo norte magnético

Polo Norte geográfico

Polo sur magnético

Las líneas del campo magnético son casi verticales en los polos geográficos.

Virutas de hierro

POLOS EN MOVIMIENTO

El movimiento del núcleo fundido de la Tierra hace que los polos magnéticos se desplacen con el paso del tiempo. Los polos norte y sur magnéticos incluso llegan a intercambiar sus posiciones cada cientos de miles de años. Actualmente el polo norte magnético de la Tierra funciona como el polo sur de un imán, ya que atrae el polo norte de las brújulas (los polos opuestos se atraen).

POLO NORTE MAGNÉTICO A LO LARGO DE LOS ÚLTIMOS 2000 AÑOS

PALEOMAGNETISMO

Cuando la roca fundida se enfría y endurece, los minerales como la magnetita se alinean con el campo magnético terrestre. Los cristales de la roca conservan estos esquemas, que pueden indicar a los científicos en qué lugar de la Tierra se formó la roca. Esta rama de la ciencia se conoce como paleomagnetismo.

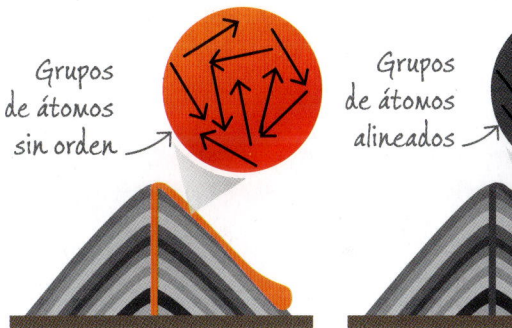

Grupos de átomos sin orden

Grupos de átomos alineados

Roca fundida
Cuando la roca se funde, los minúsculos campos magnéticos alrededor de los átomos se ordenan de manera aleatoria.

Roca sólida
Cuando la roca se solidifica y se forman los cristales, los átomos se alinean con el campo magnético terrestre.

TECTÓNICA DE PLACAS

Gracias al paleomagnetismo, los científicos han confirmado la teoría de la tectónica de placas. Las rocas alrededor del borde divergente de una placa tienen un esquema simétrico, con franjas de rocas con polaridad magnética alterna, formadas a lo largo de un largo periodo de tiempo, ya que las placas se separaron y el campo magnético terrestre se ha invertido de manera repetida.

Las placas se separan.

La roca fundida sube y se solidifica.

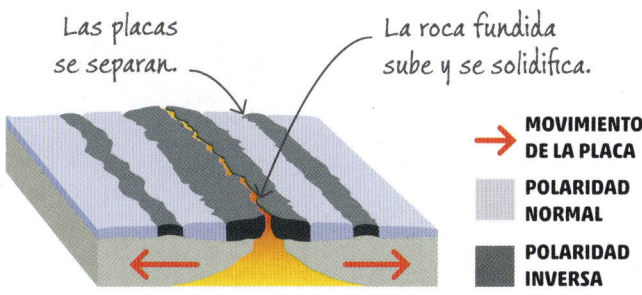

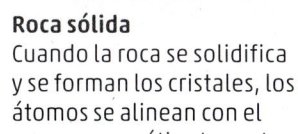

MOVIMIENTO DE LA PLACA

POLARIDAD NORMAL

POLARIDAD INVERSA

CÓMO FUNCIONAN LAS AURORAS

Viaja a las regiones polares en invierno y quizá tengas la suerte de ver el espectáculo de luces naturales más extraordinario. La aurora ilumina el cielo nocturno con unos deslumbrantes velos de color que vibran y ondean sin cesar. Tienen su origen en el viento solar, un torrente de partículas con carga provenientes del Sol, al chocar contra los átomos de gas en las alturas de la atmósfera terrestre.

COLORES DE LA AURORA

Los colores de la aurora se deben a los diferentes elementos de la atmósfera terrestre. El color más habitual es el verde, que proviene de los átomos de oxígeno a 100-300 km de altura. El oxígeno por encima de esta altura emite luz roja, y los átomos de nitrógeno aportan el azul y el púrpura. Las mezclas de colores a veces producen otros tonos, como el amarillo o el rosa.

TORMENTAS EN EL SOL

Las auroras más potentes y coloridas aparecen tras eyecciones de masa coronal, unas erupciones ocasionales de materia del Sol. Estas tormentas solares lanzan ingentes cantidades de partículas cargadas de energía hacia la Tierra. Además de producir brillantes auroras, a veces estropean satélites y sistemas de GPS.

ZONAS AURORALES

Las auroras aparecen más a menudo en dos círculos de unos 5000 km de diámetro alrededor de los polos. Las auroras del norte se conocen como auroras boreales. Las del sur, en cambio, se denominan auroras australes. Tras una gran tormenta solar, a veces también se dejan ver más lejos.

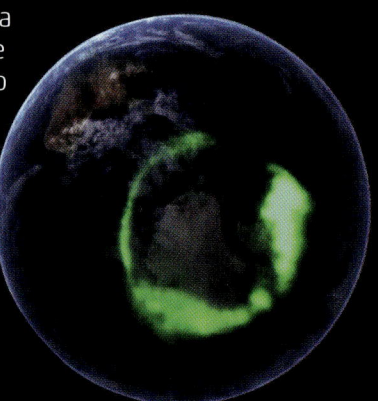

Esta bola de metal cargado representa el Sol.

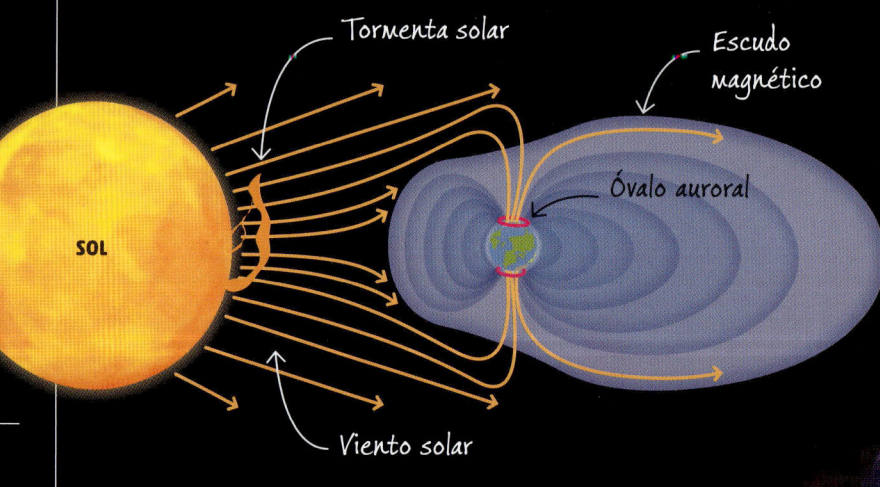

SOL

Tormenta solar

Escudo magnético

Óvalo auroral

Viento solar

LA MAGNETOSFERA

El campo magnético de la Tierra actúa como un escudo y protege la superficie del planeta del viento solar. Aun así, algunas de las partículas solares consiguen cruzarlo. El campo magnético las dirige hacia los polos Norte y Sur, donde impactan con los átomos de gas de la atmósfera y crean las auroras.

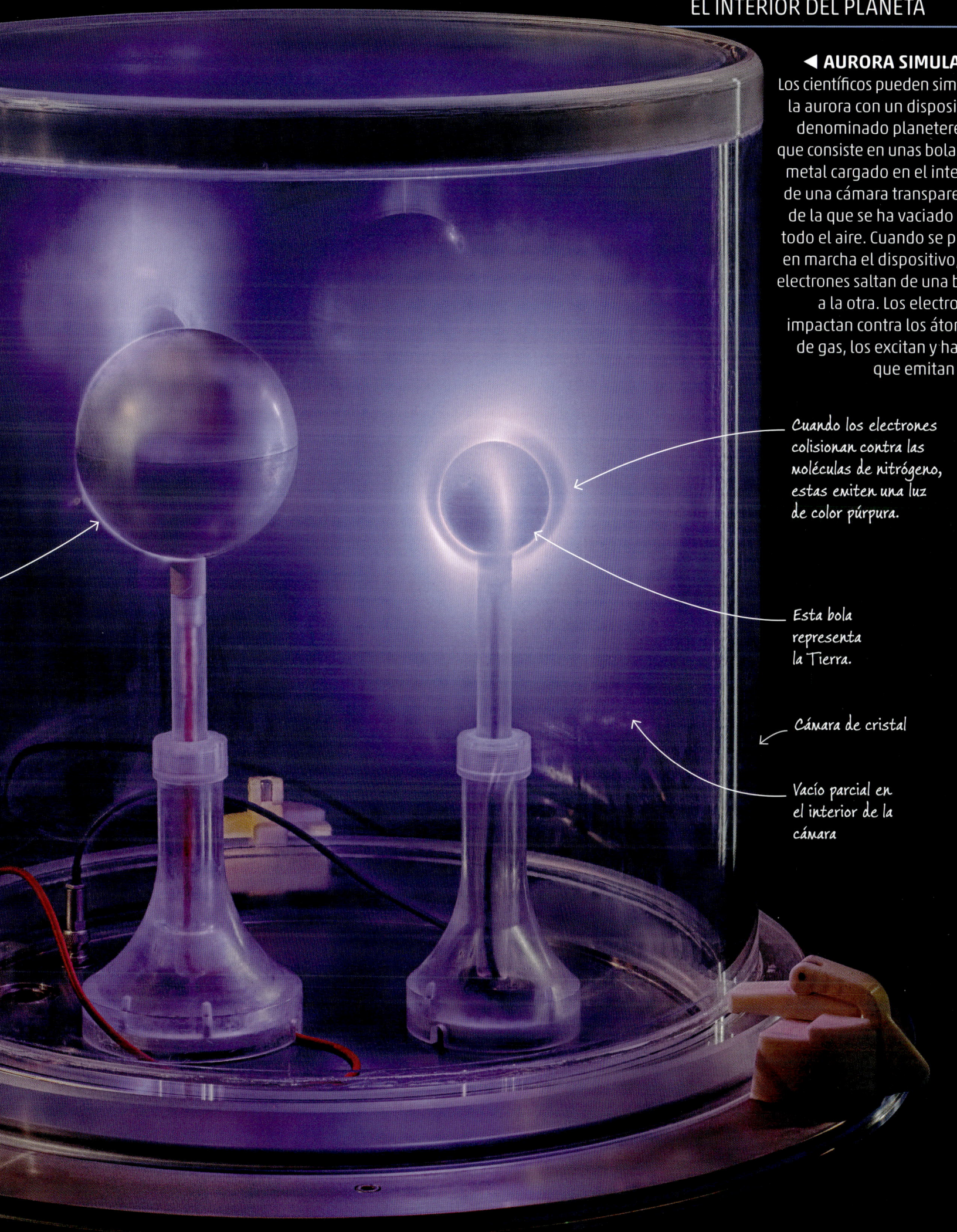

◄ AURORA SIMULADA
Los científicos pueden simular la aurora con un dispositivo denominado planeterella, que consiste en unas bolas de metal cargado en el interior de una cámara transparente de la que se ha vaciado casi todo el aire. Cuando se pone en marcha el dispositivo, los electrones saltan de una bola a la otra. Los electrones impactan contra los átomos de gas, los excitan y hacen que emitan luz.

Cuando los electrones colisionan contra las moléculas de nitrógeno, estas emiten una luz de color púrpura.

Esta bola representa la Tierra.

Cámara de cristal

Vacío parcial en el interior de la cámara

CÓMO FUNCIONA LA
TECTÓNICA
DE PLACAS

La superficie de la Tierra se divide en 15 enormes piezas de rompecabezas: las placas tectónicas. Estas se mueven muy lentamente, solo unos centímetros al año, a la misma velocidad a la que te crecen las uñas de los pies. En algunos lugares chocan, creando montañas y causando terremotos y erupciones volcánicas. En otros, en cambio, se separan y se forma nueva corteza en el vacío que dejan.

Este modelo presenta las placas separadas, pero en la vida real coinciden en sus límites, donde las placas convergen, divergen o se deslizan una contra la otra. La dorsal medioceánica, una cordillera continua de volcanes submarinos, avanza por todo el planeta como las costuras de una pelota de béisbol a lo largo de los límites de las placas divergentes. Con sus 65 000 km de longitud, es la cordillera más larga del mundo.

▶ **PLACA AFRICANA**

La placa africana es una de las placas tectónicas más grandes e incluye parte del lecho marino atlántico, además del continente de África. Esta placa se está empezando a dividir en dos placas debido a un rift que avanza por las montañas de África oriental. Dentro de millones de años se formará un nuevo océano a lo largo de este rift que dividirá el continente en dos.

Placa arábiga

La placa del Pacífico y la placa norteamericana rozan una contra la otra, ya que avanzan en direcciones opuestas.

En la costa californiana, la placa tectónica se desplaza unos 5 cm al año, que es mucho más rápido que la mayoría de las placas.

Casi todo el océano Pacífico forma parte de la placa del Pacífico, la placa más grande del mundo.

Las placas del Pacífico y de Nazca se están separando.

La placa de Nazca avanza hacia y por debajo de la placa sudamericana.

Placa índica

Placa antártica

PLACA NORTEAMERICANA

PLACA DE JUAN DE FUCA

PLACA EUROASIÁTICA

PLACA ARÁBIGA

PLACA ÍNDICA

PLACA DEL CARIBE

PLACA FILIPINA

PLACA DEL PACÍFICO

PLACA DE COCOS

PLACA DE NAZCA

PLACA SUDAMERICANA

PLACA AFRICANA

PLACA AUSTRALIANA

PLACA ANTÁRTICA

PLACA DE SCOTIA

PLACAS TECTÓNICAS TERRESTRES

Las siete placas tectónicas principales son: la norteamericana, la sudamericana, la del Pacífico, la africana, la euroasiática, la australiana y la antártica. También hay al menos ocho placas secundarias más. Coinciden perfectamente en los límites de las placas.

LA LITOSFERA

Las placas tectónicas están compuestas por algo más que la corteza terrestre: también incluyen la parte superior del manto. La corteza y el manto superior forman una capa fría y muy rígida denominada litosfera. Bajo la litosfera, la roca del manto está más caliente, casi a temperatura de fusión. Esta roca es muy blanda, fluye muy lentamente y tira de las placas tectónicas.

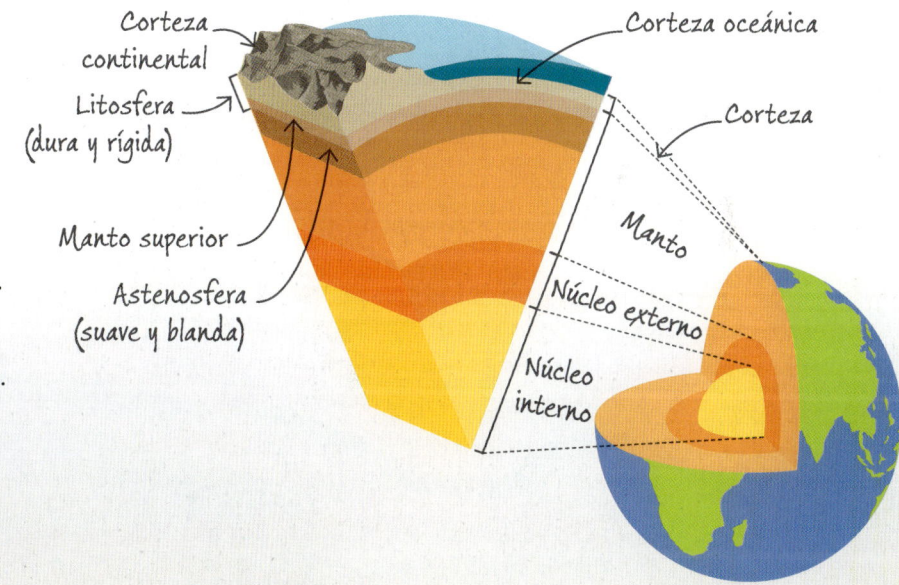

Corteza continental

Corteza oceánica

Litosfera (dura y rígida)

Corteza

Manto superior

Manto

Astenosfera (suave y blanda)

Núcleo externo

Núcleo interno

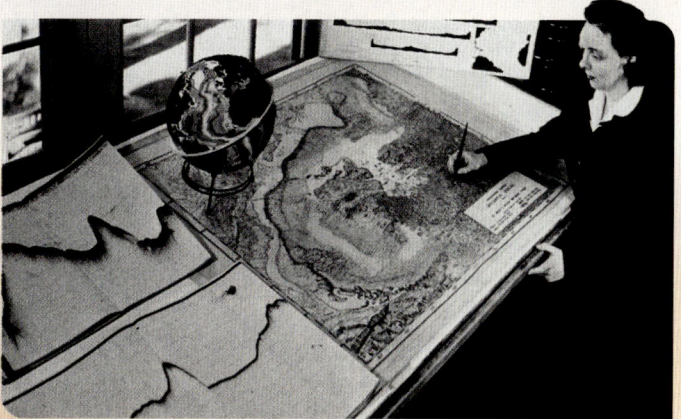

DESCUBRIMIENTO TECTÓNICO

La geóloga de Estados Unidos Marie Tharp (1920-2006) fue una de las científicas que descubrieron el sistema de la dorsal mediooceánica y sentaron así las bases para la revolucionaria teoría de la tectónica de placas. Tharp y su colega Bruce Heezen utilizaron las mediciones de profundidad de los barcos para cartografiar el lecho marino atlántico. Su mapa reveló una enorme cordillera y valle de rift avanzando por el medio del océano.

DIVISIÓN

En algunos lugares, las placas tectónicas se separan entre ellas y abren grietas y cañones gigantescos en la corteza terrestre. Islandia es un país situado justo sobre el límite entre las placas norteamericana y euroasiática, que se están separando. Normalmente, este tipo de rifts quedan ocultos en el mar, pero en Islandia las cicatrices tectónicas son visibles en la misma superficie.

HACE 360 MILLONES DE AÑOS

Laurencia y Báltica se combinaron para formar el supercontinente de Laurasia. El mar lo separaba de Gondwana, pero los dos supercontinentes iban en una trayectoria de colisión el uno contra el otro.

GONDWANA

LAURENCIA · BÁLTICA

LAURASIA

GONDWANA

HACE 420 MILLONES DE AÑOS

Los continentes de Báltica (con partes de la Europa moderna) y Laurencia (Norteamérica y Groenlandia) se unieron. El océano que tenían en medio se fue haciendo más pequeño hasta desaparecer.

HACE 500 MILLONES DE AÑOS

Hace 500 millones de años, prácticamente todo el hemisferio norte de la Tierra era océano. Un supercontinente conocido como Gondwana, junto con varios continentes más pequeños, ocupaban el hemisferio sur.

OCÉANO PANTALASA

PANGEA

MONTAÑAS

HACE 300 MILLONES DE AÑOS

Laurasia y Gondwana colisionaron para formar un único y descomunal supercontinente: Pangea. La colisión creó una cordillera a lo largo de su centro que iba desde el actual México hasta Polonia. Un enorme océano, Pantalasa, rodeaba Pangea.

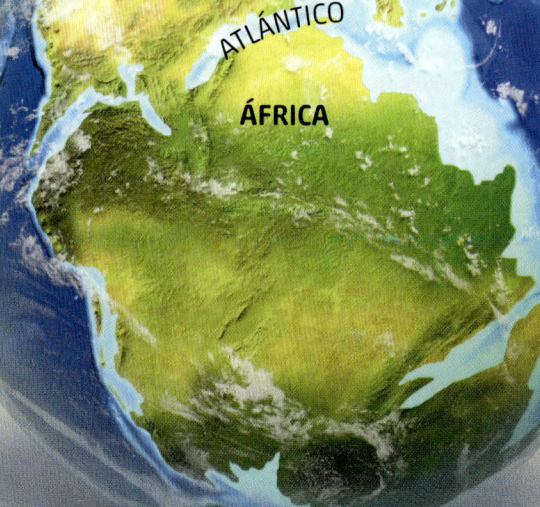

NORTEAMÉRICA

ATLÁNTICO

ÁFRICA

HACE 180 MILLONES DE AÑOS

Un rift partió Pangea en dos placas tectónicas. El valle del rift quedó inundado y supuso el nacimiento del océano Atlántico Norte, entre lo que actualmente son Norteamérica y África.

NORTEAMÉRICA

ATLÁNTICO NORTE

ÁFRICA

SUDAMÉRICA

ANTÁRTIDA

HACE 120 MILLONES DE AÑOS

Otros rifts hicieron que se formara el océano Atlántico sur, que se abrió como una cremallera para separar Sudamérica de África. La India y la Antártida se separaron de África, y poco a poco se alejaron a la deriva.

DERIVA CONTINENTAL

El científico alemán Alfred Wegener en 1912 publicó la teoría de que los continentes se movían. Observó que las costas de Sudamérica y África coincidían como piezas de rompecabezas y sugirió que en algún momento habían estado unidas. Encontró coincidencias en rocas y fósiles de cada continente, pero no pudo explicar qué los había separado, y se ridiculizó esta idea. Su teoría no se aceptó hasta después de su muerte, que encontró intentando cruzar la banquisa de hielo de Groenlandia.

CÓMO CAMBIAN LOS
CONTINENTES

Desplazándose a la velocidad a la que crecen las uñas de tus pies, los continentes de la Tierra han ido cambiando con el tiempo sobre las placas tectónicas móviles que componen la corteza del planeta. Se han unido continentes para formar supercontinentes y se han separado. Se han abierto y cerrado océanos. Los datos que indican estos increíbles cambios provienen de varias fuentes, incluidos fósiles, investigaciones del lecho marino y esquemas magnéticos en rocas.

LA LÍNEA DE WALLACE

La línea de Wallace es una línea imaginaria que separa Asia de Australia y Nueva Guinea. Marca la frontera entre los antiguos continentes que se formaron cuando se rompió el supercontinente Pangea. Tras esta separación, los animales de ambos lados de la línea evolucionaron de maneras diferentes. Los marsupiales como los canguros evolucionaron al este de la línea, mientras que los mamíferos sin bolsa marsupial evolucionaron al oeste.

HACE 40 MILLONES DE AÑOS

El océano Atlántico se hizo más ancho, y separó aún más Norteamérica y Eurasia; los continentes empezaron a asumir su forma moderna. África avanzó a la deriva hacia el norte y cerró el océano Tetis, hasta chocar contra Eurasia. La colisión creó los Alpes.

ACTUALIDAD

Hoy la tierra tiene siete continentes en lugar de uno solo. La India está chocando contra Eurasia, y por eso el Himalaya sigue subiendo. El océano Pacífico, pese a ser el océano más grande, cada vez es más pequeño.

El suelo que tienes bajo los pies quizá parece sólido como una roca, pero el rompecabezas de **placas tectónicas** que compone la **corteza** terrestre se mueve y se fractura sin parar. Las sacudidas repentinas pueden hacer temblar el suelo con mucha violencia y provocar **terremotos**. El magma —roca líquida— abandona las partes fundidas del **manto** y sale a través de la corteza, a veces explotando hacia la superficie en **erupciones volcánicas**.

VOLCANES Y TERREMOTOS

UN MUNDO VOLCÁNICO

Los volcanes y los terremotos nos recuerdan la actividad tectónica que tiene lugar bajo nuestros pies. Sabemos dónde es más probable que se produzcan, pero predecir cuándo va a tener lugar el desastre es muy difícil.

La placa del Pacífico creó la fosa de las Aleutianas al hundirse bajo la placa norteamericana.

El Gran Valle del Rift está partiendo África en dos.

PLACA EUROASIÁTICA

PLACA ARÁBIGA

PLACA AFRICANA

PLACA ÍNDICA

PLACA FILIPINA

PLACA INDOAUSTRALIANA

PLACA ANTÁRTICA

VESUBIO
En el año 79 d. C. el Vesubio entró en erupción en Italia y sepultó de ceniza y roca la ciudad de Pompeya. La mayoría de los habitantes murieron por el calor extremo de las infernales cenizas.

TSUNAMI DE TŌHOKU
En 2011, un terremoto en el océano Pacífico provocó un tsunami que impactó contra el nordeste de Japón, donde destruyó miles de casas y provocó una catástrofe nuclear en la central nuclear de Fukushima.

▼ PLANETA DINÁMICO
La mayoría de los volcanes y terremotos aparecen en los límites entre placas tectónicas. En estas zonas de colisión, el magma se forma cuando las placas se empujan o se separan entre sí, y la roca fundida fluye hasta la corteza para emerger en forma de erupción. Los terremotos se producen cuando las placas, o partes de las placas, se desplazan en dirección contraria y con sacudidas repentinas, haciendo que tiemble el suelo.

🔴 Volcanes activos en los últimos 10 000 años

⚫ Terremotos por encima de magnitud 6 en los últimos 100 años

CINTURÓN DE FUEGO
Tres cuartas partes de los volcanes de la Tierra están en el Cinturón de Fuego del Pacífico; también es donde se producen el 90 por ciento de los terremotos. Está compuesto por los límites de distintas placas: sube desde Nueva Zelanda hasta Rusia y baja por la costa oeste de Norteamérica y Sudamérica.

OCÉANO PACÍFICO

Cinturón de Fuego →

VOLCANES ACTIVOS
Los volcanes activos (conectados a una cámara magmática) se producen en grupos. Estados Unidos es el país con más volcanes, 165, y en Australia no hay ningún volcán que haya erupcionado durante los últimos 1000 años. En el último siglo han entrado en erupción unos 500 volcanes.

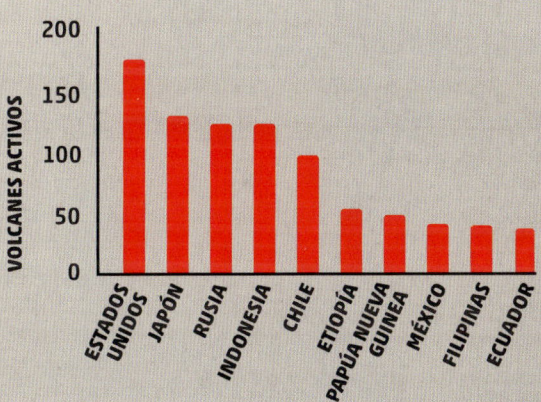

UNA ERUPCIÓN DE 2 MILLONES DE AÑOS
Hace 252 millones de años, el 90 por ciento de las especies del mundo se extinguieron de manera misteriosa. Algunos científicos creen que fue culpa de los volcanes: por esa época, un descomunal volcán de Siberia produjo ríos de lava que estuvieron fluyendo durante 2 millones de años.

PLACA DE JUAN DE FUCA
PLACA NORTEAMERICANA
PLACA DEL CARIBE
PLACA DE COCOS
PLACA DEL PACÍFICO
PLACA SUDAMERICANA
PLACA DE NAZCA
PLACA DE SCOTIA

📍 **TERREMOTO DE VALDIVIA**
En 1960 se produjo el terremoto más potente jamás registrado cerca de Valdivia, Chile; se registró la increíble magnitud de 9,5. El temblor provocó tsunamis, destruyó edificios y dejó sin techo a más de 2 millones de personas.

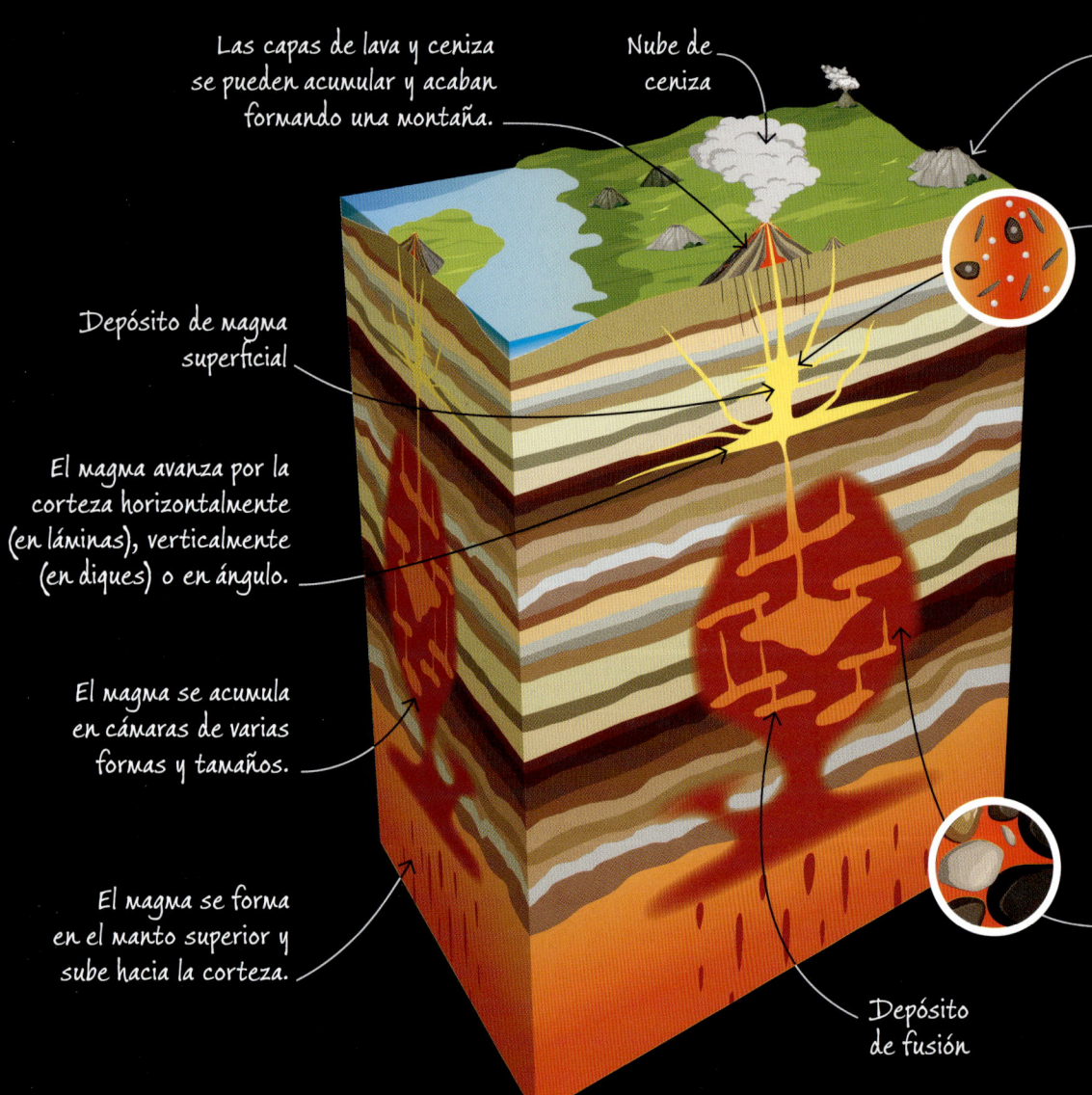

Las capas de lava y ceniza se pueden acumular y acaban formando una montaña.

Nube de ceniza

Los volcanes extintos no tienen reserva de magma y, por lo tanto, ya no volverán a erupcionar.

El magma se compone principalmente de roca fundida, pero también contiene cristales de roca y burbujas de gas. La proporción variable de su contenido hace que las erupciones sean más explosivas o más tranquilas.

Depósito de magma superficial

RAÍCES PROFUNDAS

Las raíces de los volcanes pueden llegar a más de 100 km de profundidad y bajar hasta el manto. Desde aquí, una serie de cámaras y canales magmáticos llevan la roca fundida hasta la superficie en un recorrido que puede durar milenios. Los cambios de temperatura y presión de las cámaras magmáticas forman cristales de roca y burbujas de gas. Si la presión sube demasiado, el magma se expulsa en forma de erupción volcánica.

El magma avanza por la corteza horizontalmente (en láminas), verticalmente (en diques) o en ángulo.

El magma se acumula en cámaras de varias formas y tamaños.

El magma se forma en el manto superior y sube hacia la corteza.

Algunas cámaras magmáticas contienen una sustancia conocida como pasta cristalina, que no está fundida del todo y contiene principalmente cristales sólidos.

Depósito de fusión

CÓMO FUNCIONAN LOS VOLCANES

Cuando el magma sale a la superficie de la Tierra lo denominamos lava.

Los volcanes se forman cuando el magma (roca fundida) sale a la superficie de la Tierra. El magma se forma a kilómetros de profundidad, en el manto superior de la Tierra. En general, el manto es sólido, pero se producen pequeñas zonas de fusión en los límites de placa u otras áreas calientes. Entonces, el líquido al rojo vivo sube por la corteza, se cuela a través de grietas y se acumula en cámaras. Puede pasar miles de años en una cámara magmática antes de salir a la superficie a través de una erupción volcánica.

Casi toda la lava erupciona por el conducto principal del volcán, llamado chimenea.

CIENCIA VOLCÁNICA

Los vulcanólogos (científicos que estudian los volcanes) predicen las erupciones buscando signos que indiquen el movimiento del magma. A veces el suelo se levanta empujado por una cámara magmática hinchada. Los terremotos pueden detectarse cuando el magma avanza por grietas bajo tierra, o por gases que se liberan, como el dióxido de carbono y el dióxido de azufre.

MAGMA VARIABLE

Cuando el magma se acumula en una cámara magmática, su composición va cambiando lentamente a medida que se van formando cristales y estos se hunden en la roca líquida.

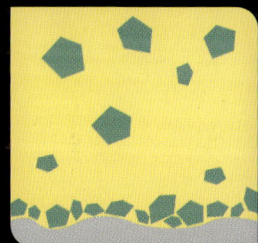

1 ENFRIAMIENTO
Cuando el magma se enfría, se forman cristales de roca, que son más densos que la roca líquida, y por lo tanto se hunden y se quedan en el fondo.

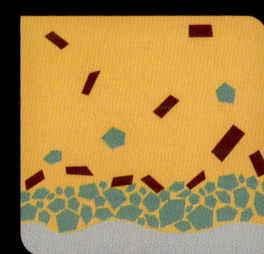

2 NUEVOS CRISTALES
Para que se produzca la cristalización hacen falta unos elementos concretos, que cuando se acaban, forman nuevos tipos de cristal.

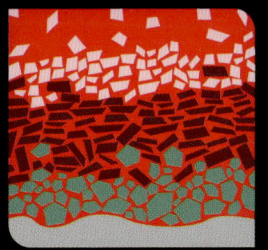

3 CAMBIO EN EL MAGMA
Al avanzar el ciclo, la composición del magma va cambiando, y esto altera la frecuencia y la peligrosidad de las erupciones.

▲ TUNGURAHUA

El Tungurahua es uno de los volcanes más activos de Ecuador. Algunas de sus erupciones producen ríos de lava, mientras que otras escupen nubes de ceniza, fragmentos de roca y bombas volcánicas. Durante miles de años se han acumulado capas de lava endurecida y tefra (fragmentos de roca) hasta formar una montaña cónica, característica de este tipo de volcán (un estratovolcán).

▶ ERUPCIONES EXPLOSIVAS

El 18 de mayo de 1980, el Santa Helena, en el estado de Washington, Estados Unidos, explotó en una erupción pliniana, el tipo de erupción más explosiva. Un terremoto provocó un desprendimiento que propició una explosión de magma y gas bajo presión. El estallido destruyó la cima y la cara norte de la montaña, creó un cráter de 1,6 km de ancho y propulsó 540 millones de toneladas de cenizas hacia el cielo.

1973

1982

CÓMO ERUPCIONAN LOS
VOLCANES

Las erupciones volcánicas son algunos de los fenómenos naturales más poderosos de la Tierra. Pueden cubrir de ceniza enormes áreas, destruir ciudades y provocar muchas muertes. No obstante, también crean nueva tierra y abonan el suelo, lo que es ideal para la agricultura. Cada erupción volcánica es diferente. El tipo de erupción depende de la composición del magma, de su temperatura, de su contenido en gas y de su viscosidad.

Cráter

ERUPCIONES EFUSIVAS

No todas las erupciones volcánicas son explosivas. Cuando el Tolbachik de Rusia cobró vida en 2012, produjo ríos de lava fluida que avanzaron 20 km. Las erupciones de lava fluida se conocen como erupciones efusivas y pueden durar meses. Al enfriarse, la lava se endurece y forma un tipo de roca conocido como basalto.

La ceniza volcánica es una mezcla de gases calientes y fragmentos de roca y cristal. El viento puede arrastrar a la deriva la nube de ceniza durante kilómetros antes de posarse en forma de capa de polvo en el suelo.

ESTILOS DE ERUPCIÓN

Los vulcanólogos clasifican las erupciones en varios tipos según su tamaño y tipo de explosión.

Fuente de lava

Una erupción hawaiana es la más efusiva, y se caracteriza por las fuentes de lava y los ríos de magma fluido y basáltico.

Una erupción estromboliana es una explosión provocada por el gas del canal magmático. Expulsa bombas volcánicas a una gran altura.

Flujo piroclástico

Una erupción vulcaniana es un estallido corto y explosivo que se produce cuando la lava espesa que bloquea la chimenea se expulsa de repente.

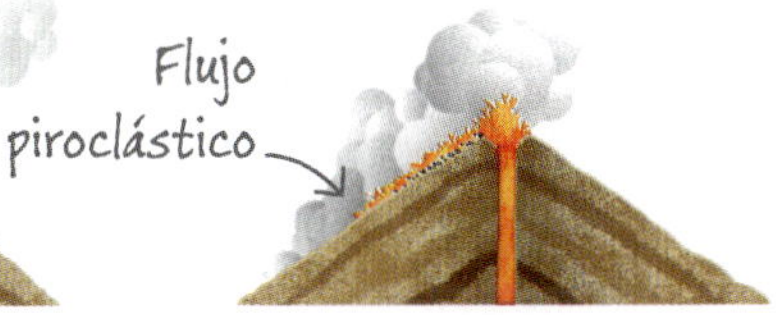

Una erupción peleana se produce a causa del gas atrapado. Es explosiva y provoca un alud letal de cenizas (flujo piroclásticos).

La erupción pliniana es la más grande y letal. El magma acumula tanto gas que se convierte en espuma al liberarse. La espuma explota hacia el exterior a una gran velocidad, se solidifica de inmediato y se descompone en una nube de ceniza que puede ascender en una columna de varios kilómetros de altura.

Columna de ceniza

LIBERACIÓN DE LA PRESIÓN

Las burbujas de gas provocan las erupciones explosivas. En el magma fluido, ascienden hasta la superficie y explotan, mientras que en el magma viscoso se acumulan. La liberación repentina de la presión hace que las burbujas se expandan y el magma se convierta en espuma. Como resultado se produce una explosión. Se parece a agitar una lata de refresco con gas y abrirla justo después.

MAGMA Y AGUA

Cuando el magma y el agua se tocan, el calor convierte el agua líquida en vapor, y esto puede provocar una explosión. En 1963, una erupción gigantesca en el lecho marino atlántico creó la isla de Surtsey ante la costa de Islandia. Este tipo de erupciones se conocen como surtseyanas.

TIPOS DE VOLCÁN

Cada volcán es diferente. Algunos volcanes sobresalen del paisaje en forma de montaña y otros son agujeros en el suelo, o quedan ocultos bajo el agua. Los volcanes más activos escupen lava continuamente; el resto, en cambio, pueden permanecer inactivos durante siglos antes de explotar sin avisar. Los volcanes se dividen en seis tipos principales: domos de lava, volcanes fisurales, conos de escoria, calderas, volcanes en escudo y estratovolcanes.

DOMO DE LAVA EN EL VOLCÁN NOVARUPTA, ALASKA

DOMOS DE LAVA
Si la lava que erupciona es viscosa, no fluye, sino que va saliendo lentamente y se acumula en un domo de paredes inclinadas. A veces el interior del domo permanece fundido y fuerza su salida en forma de punta, o el domo se colapsa y provoca una avalancha de escombros volcánicos.

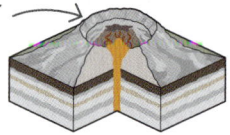

Domo en el cráter

CONOS DE ESCORIA
Estos pequeños volcanes cónicos son pilas de fragmentos volcánicos que se acumulan cuando una fuente de lava erupciona por una chimenea. Tienen un cráter central y pendientes inclinadas que se erosionan con facilidad. Pueden crecer en los laterales de los estratovolcanes; a veces aparecen en grupos.

Cráter

Cono empinado de escombros sueltos

CRÁTER MEKE, TURQUÍA

FISURA EN EL VOLCÁN KILAUEA, HAWÁI

VOLCANES FISURALES
Un volcán fisural es una larga grieta en el suelo por la que erupciona lava fluida, a menudo en forma de cortina. Estas erupciones producen los flujos de lava más grandes de la Tierra.

Cortina de lava

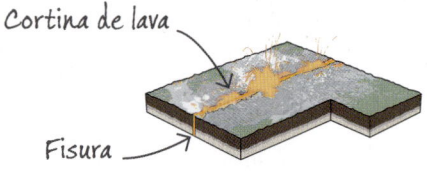

Fisura

CALDERAS

Si una erupción volcánica violenta vacía parte de la cámara magmática justo por debajo del volcán, es posible que el suelo se colapse y forme un cráter conocido como caldera. Las calderas pueden tener kilómetros de anchura y a menudo se llenan de agua y se forma un lago en su interior.

Ancho cráter lleno de agua

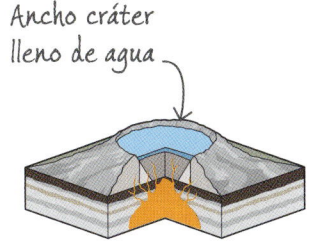

LAGO QUILOTOA, ECUADOR

VOLCANES EN ESCUDO

Los volcanes en escudo se acumulan a partir de la lava fluida que avanza por una gran área. Son muy anchos y cuentan con pendientes suaves, pero pueden llegar a crecer hasta tamaños enormes. Los volcanes más grandes de la Tierra forman parte de esta categoría.

Pendiente suave

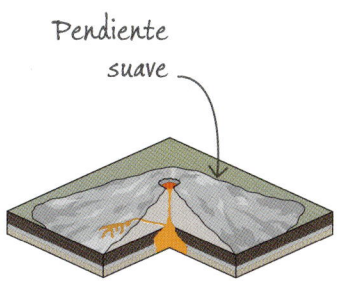

CUMBRE DEL MAUNA LOA, HAWÁI

ESTRATOVOLCANES

Estos grandes volcanes tienen una forma cónica característica que hace que sea fácil reconocerlos como volcanes. Crecen capa tras capa de erupciones de espesa lava viscosa que no fluye muy lejos. Entre los flujos de lava quedan capas de ceniza y piedra pómez de erupciones explosivas.

Capas alternativas de lava y ceniza

MONTE FUJI, JAPÓN

CÓMO FLUYE LA
LAVA

La lava es roca fundida que sale a la superficie de la Tierra a través de un volcán. No siempre es el típico líquido al rojo vivo. Su temperatura y composición la hace viscosa como el jarabe, espesa y con grumos como las gachas, o tan rígida que parece escombros en movimiento. Incluso la lava más espesa puede fluir a grandes distancias, pues la corteza exterior mantiene aislado su interior fundido.

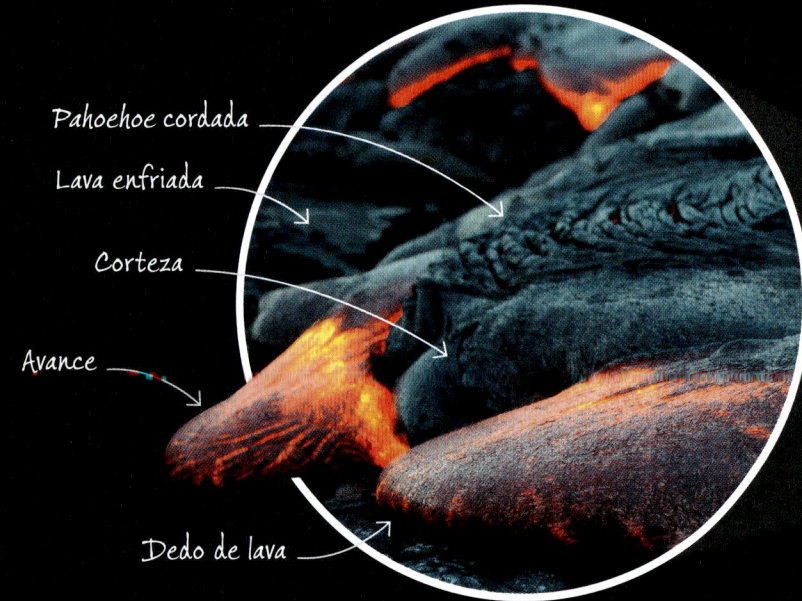

Pahoehoe cordada

Lava enfriada

Corteza

Avance

Dedo de lava

¿VISCOSA O FLUIDA?

Si la lava es muy espesa y pegajosa, decimos que es viscosa. La viscosidad de la lava depende de la temperatura y del contenido en sílice (dióxido de silicio): cuanto más sílice contenga, más espesa será. La lava muy viscosa no fluye con facilidad y puede provocar erupciones explosivas. La lava fluida es menos probable que cause explosiones, pero puede fluir un buen trecho.

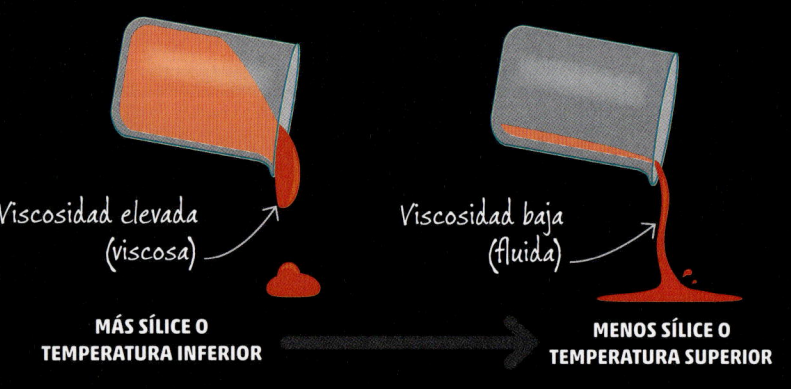

Viscosidad elevada
(viscosa)

Viscosidad baja
(fluida)

MÁS SÍLICE O
TEMPERATURA INFERIOR

MENOS SÍLICE O
TEMPERATURA SUPERIOR

TIPOS DE COLADA

La lava presenta una sorprendente variedad de formas diferentes según su composición química, su temperatura y su contenido en agua, gas y cristales de roca. Los nombres *aa* y *pahoehoe* provienen de Hawái, donde las coladas son habituales.

AA

La lava aa es una lava basáltica espesa que hace grumos y arrasa con todo. Sus bordes exteriores se endurecen al enfriarse, se acumulan y forman paredes, lo que hace que el flujo suba respecto del suelo. Su superficie escarpada hace difícil caminar sobre ella cuando se enfría.

▼ PAHOEHOE

La lava pahoehoe es líquida: tiene la consistencia de la masa de las tortitas. El frente del flujo avanza formando lóbulos conocidos como dedos. Cuando su superficie se enfría y se endurece, va creando preciosas formas, y después se estira y dobla mientras el interior viscoso continúa avanzando.

LAVA ACOJINADA

Si la lava erupciona bajo el agua, se enfría rápidamente y adopta forma de cojín. A pesar de que el aspecto de la lava acojinada pueda parecer poco habitual, realmente es el tipo de lava más habitual, ya que la mayoría de las coladas de lava se producen en el mar.

LAVA EN BLOQUES

La lava en bloques es viscosa, espesa y de avance lento en comparación con otras lavas. Al enfriarse, forma bloques de borde afilado en su superficie. Pueden crecer mucho en tamaño y a veces avanzan a trompicones al frente de la colada.

LAVA DE CARBONATITA

La carbonatita es un tipo raro de lava negra que solo aparece en un volcán de Tanzania, en África. Contiene menos sílice que otras lavas, y por eso es mucho más líquida. También erupciona a temperaturas inferiores, y por eso no brilla.

TUBOS VOLCÁNICOS

La lava pahoehoe forma tubos si la corteza solidificada aísla la lava que queda por debajo, lo que le permite cubrir largas distancias en ríos subterráneos. Cuando se detiene la colada de lava y se vacía, se forman cuevas en forma de tubo.

ROCA LÍQUIDA

Cuando se superan los 700 °C, la roca se funde y se convierte en lava. La lava pahoehoe debe su nombre a la palabra hawaiana que significa «remar», pues las ondulaciones de la superficie parecen los remolinos que hacen los remos en el mar. La superficie exterior más fría forma una piel elástica que se estira y dobla al arrastrarla hacia abajo el interior, más líquido.

CÓMO SE ENFRÍA LA LAVA

Los distintos tipos de erupciones producen tipos de lava diferentes, que se enfrían y solidifican creando todo tipo de estructuras rocosas conocidas como piroclastos. Estudiando los piroclastos, los vulcanólogos pueden descubrir qué tipo de erupción futura es probable que presente un volcán.

ESCORIA VOLCÁNICA

La escoria volcánica es una roca volcánica vesicular, llena de burbujas creadas por algún gas. Sus cavidades son más grandes, y más escasas, que las de la piedra pómez; es más densa y no flota. La lava que forma la escoria volcánica suele ser menos viscosa que la de la piedra pómez, y el aire atrapado escapa con más facilidad.

CABELLOS DE PELE

Cuando la lava gotea por un acantilado o estalla a muchísima altura, sus gotitas se pueden estirar hasta convertirse en largos y finos hilos que se conocen como cabellos de Pele, por la diosa hawaiana del fuego, los volcanes y la creación.

La piedra pómez es menos densa que el agua

HEBRAS DE CABELLOS DE PELE

La reticulita tiene tantas burbujas que a veces se ve a través.

VIDRIO VOLCÁNICO

La obsidiana, conocida como vidrio volcánico, es una fina roca oscura que se forma cuando la lava se enfría demasiado rápido, antes de formarse cristales. Como el cristal, contiene mucho dióxido de silicio (sílice). La obsidiana se rompe en fragmentos muy afilados y se ha usado desde la Edad de Piedra para fabricar puntas de flecha y cuchillos.

Bordes afilados como el cristal

ROCAS FLOTANTES

Las erupciones volcánicas explosivas expulsan ceniza y piedra pómez al aire. El pegajoso magma del interior de un volcán explosivo atrapa gas, y esto hace que sea espumoso y quede repleto de minúsculas burbujas de gas (vesículas). Al enfriarse se convierte en piedra pómez, una roca tan ligera que flota en el agua. A veces aparecen grupos de piedra pómez flotando por el océano tras producirse erupciones bajo el agua.

Los extremos finos y rotos quizá venían de una hebra de cabellos de Pele.

LÁGRIMAS DE PELE

Las pequeñas gotas de lava líquida toman forma de lágrima al caer al suelo, se conocen como lágrimas de Pele y se pueden formar al final de las hebras de cabellos de Pele.

CULTIVO CUBIERTO DE CENIZA VOLCÁNICA

CENIZA VOLCÁNICA

Las nubes de ceniza de los volcanes consisten en miles de millones de diminutos fragmentos de vidrio volcánico. Durante una erupción explosiva, los gases del magma se expanden y fragmentan el magma en minúsculas partículas que se endurecen en el aire y se convierten en ceniza. Cerca del Etna, en Italia, los conductores tienen que cambiar los neumáticos de los coches hasta dos veces al año porque la ceniza volcánica del suelo castiga y desgasta la goma.

RETICULITA

Esta roca volcánica se forma en fuentes de lava altas. Está llena de burbujas de aire y es tan ligera que el viento la empuja por el suelo como si fuera un matojo rodante.

BOMBAS VOLCÁNICAS

En las erupciones, las bombas suelen salir volando. Las de corteza de pan se enfrían y solidifican primero por el exterior, y después, cuando se escapa el gas, se agrietan como la corteza del pan. Las de plasta de vaca siguen blandas al aterrizar y por eso forman discos más planos e irregulares.

BOMBA VOLCÁNICA DE CORTEZA DE PAN

BOMBA VOLCÁNICA DE PLASTA DE VACA

ÁRBOLES DE LAVA

Estos tocones son de lava solidificada. La colada de lava puede sepultar árboles vivos y enfriarse formando una corteza sólida a su alrededor. Cuando ocurre, queda un molde del árbol donde estaba el árbol real.

ÁRBOLES DE LAVA, HAWÁI

CÓMO FUNCIONA UN FLUJO
PIROCLÁSTICO

Lo más letal que puede producir un volcán es un flujo piroclástico, que es un denso alud supercaliente de gas, ceniza y rocas que lo cubre todo al descender a gran velocidad. Los flujos piroclásticos arrasan y queman todo lo que se cruza en su camino y pueden enterrar el paisaje bajo toneladas de escombros volcánicos.

En el flujo piroclástico la temperatura puede llegar a los 200-700 °C.

▶ PINATUBO

La erupción del Pinatubo en Filipinas el 15 de junio de 1991 fue la segunda erupción más grande del siglo xx. Envió flujos piroclásticos que barrieron las pendientes del volcán y llenaron los valles de depósitos volcánicos. Un fotógrafo capturó esta foto desde la caja de una camioneta que se alejaba del lugar a toda velocidad.

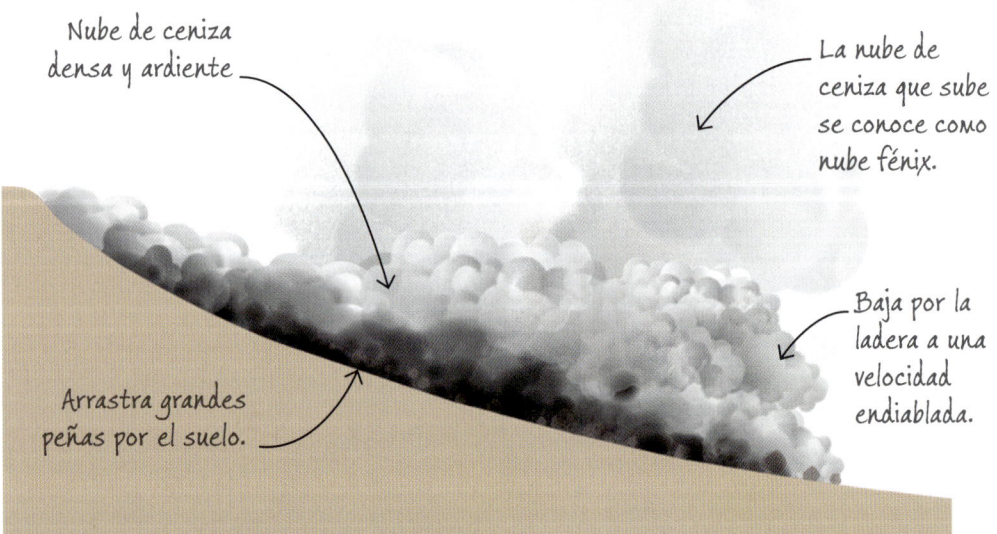

Nube de ceniza densa y ardiente

La nube de ceniza que sube se conoce como nube fénix.

Arrastra grandes peñas por el suelo.

Baja por la ladera a una velocidad endiablada.

EL FLUJO PIROCLÁSTICO POR DENTRO

Los flujos piroclásticos tienen un interior violento y turbulento, y transportan todo tipo de escombros, desde polvo y cenizas infernales hasta grandes peñas. Las rápidas nubes de fragmentos de roca arrancan la vegetación de la pendiente del volcán, erosionan el suelo e inflaman cualquier cosa que toquen.

Los flujos piroclásticos del Pinatubo llenaron valles de escombros volcánicos de hasta 200 m de grosor.

CÓMO SE FORMAN LOS FLUJOS PIROCLÁSTICOS

Los flujos piroclásticos se forman de maneras diferentes. Algunos están compuestos principalmente por ceniza y gas, mientras que otros están repletos de cascotes. Sean como sean, bajan a una velocidad terrorífica; algunos llegan hasta los 700 km/h.

Explosión lateral
El volcán erupciona por el lateral en lugar de verticalmente.

Colapso del domo
Una erupción hace trizas un domo de lava inestable y crea un alud de roca caliente.

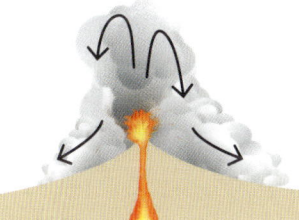

Colapso de la nube de ceniza
Una gran nube de ceniza se colapsa parcialmente y el material pesado vuelve a caer.

Sobreebullición
La ceniza pesada asciende una corta distancia antes de caer y rodar ladera abajo.

VESUBIO

En el año 79 d. C., los flujos piroclásticos del Vesubio azotaron Pompeya, en Italia. Al cabo de unos 1500 años, los arqueólogos descubrieron la ciudad sepultada y hallaron cavidades en forma de cuerpo. Crearon moldes de las víctimas que indicaban que habían muerto por el calor infernal y asfixiados tras respirar ceniza.

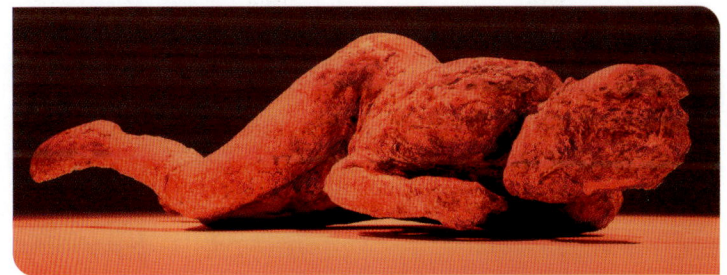

KRAKATOA

La erupción de 1883 del Krakatoa en Indonesia fue una de las más letales de la historia: acabó con la vida de más de 36 000 personas. Los flujos piroclásticos llegaron al mar y generaron tsunamis. En 1927, el Anak Krakatau empezó a emerger en la caldera que había formado el Krakatoa, y actualmente continúa en erupción.

ANAK KRAKATAU, INDONESIA

CÓMO SE FORMA UNA
CALDERA

Las erupciones masivas pueden hacer que el volcán colapse hacia el interior y forme un cráter gigante: una caldera. A menudo las calderas se llenan de agua y crean lagos o lagunas, y son algunos de los paisajes más relajantes de la Tierra. Pero estos bonitos lugares nos recuerdan que en el pasado hubo acontecimientos increíblemente violentos.

SUBIDA Y BAJADA

La ciudad de Pozzuoli, en el sur de Italia, está en una caldera. Las ruinas romanas tienen marcas de mejillones, lo que indica que la tierra ha estado por debajo del nivel del mar después de la época de los romanos y ha vuelto a subir. Este hecho indica la existencia de una cámara magmática activa que hace subir y bajar el suelo con el paso del tiempo.

▼ LAGO DEL CRÁTER

El lago del Cráter en Oregón, Estados Unidos, es una caldera que se formó hace 7700 años como resultado de una erupción explosiva. Las erupciones posteriores crearon la isla Wizard, un pequeño volcán cónico dentro del lago. Con 594 m de profundidad, el lago del Cráter es el lago más profundo de Estados Unidos y el noveno más profundo del mundo. Ningún río entra o sale del cráter; el agua solo tiene dos orígenes: la lluvia o la nieve derretida.

Pared de la caldera

El lago del Cráter tiene un diámetro máximo de 10 km.

SANTORINI

La isla de Santorini en Grecia es una caldera sumergida. Hace unos 3600 años, una de las erupciones volcánicas más grandes de la historia registrada destruyó la ciudad prehistórica de Akrotiri y provocó tsunamis que devastaron las islas vecinas. La erupción hizo desaparecer el centro del volcán y solo ha quedado un anillo de islas.

COLAPSO LENTO

No todas las calderas se forman de repente. En 2014-15, se observó la formación gradual de una caldera en el Bardarbunga, en Islandia. El cráter se estuvo desarrollando durante 6 meses al salir lentamente la lava de la cámara magmática hasta la superficie e ir formando lo que hoy es una llanura plana.

FORMACIÓN DEL LAGO DEL CRÁTER

Una caldera se forma cuando una gran erupción vacía por completo o parcialmente una cámara magmática y el volcán se desmorona en el espacio vacío. El lago del Cráter se formó con la autodestrucción de un estratovolcán, el Mazama.

1 AUMENTO DE PRESIÓN Antes de la erupción, la cima del Mazama estaba a 3650 m, con una enorme cámara magmática debajo.

2 ERUPCIÓN Una erupción explosiva vació en parte la cámara magmática y dejó su techo inestable.

3 COLAPSO La cima colapsó y creó un cráter. Se destruyeron más de 2400 m de la altura del Mazama.

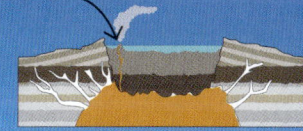

Isla Wizard

4 INUNDACIÓN El cráter se inundó y se formó el lago. Las erupciones posteriores crearon domos de lava y pequeños conos. Uno de ellos se convirtió en la isla Wizard.

Isla Wizard

CÓMO FUNCIONAN LOS
PUNTOS CALIENTES

Algunos de los mayores volcanes están en los llamados puntos calientes. Son lugares de la corteza sobre plumas mantélicas, unas columnas de roca caliente que suben de las profundidades del manto, o del núcleo, y calientan la superficie del planeta. Los volcanes de puntos calientes producen un gran volumen de lava fluida basáltica que se acumula en el lecho marino y forma islas. En lugares como Hawái se han formado cadenas de volcanes al desplazarse el lecho oceánico sobre el punto caliente.

▼ KĪLAUEA, HAWÁI

El Kīlauea, en Hawái, es uno de los volcanes más activos del mundo. En la cima tiene un cráter, el Halemaumau, que a veces se llena de roca fundida y forma un lago de lava. Los lagos de lava son muy poco frecuentes: tan solo existen seis más en todo el planeta. Las erupciones de las fisuras en las laderas del Kīlauea pueden vaciar este profundo lago y producir ríos de lava que llegan hasta el mar.

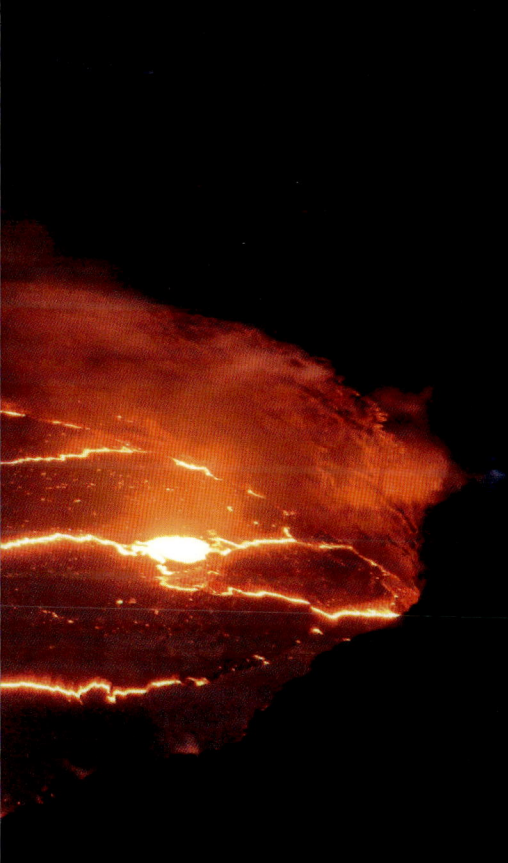

LAS ISLAS DE HAWÁI

Las islas de Hawái se formaron cuando la placa tectónica del Pacífico pasó lentamente por encima de un punto caliente. El punto caliente hace subir la temperatura de la litosfera que tiene encima y crea magma que erupciona hasta producir una isla tras otra. Las islas más recientes son las únicas que todavía cuentan con volcanes activos. En las que están más lejos, los antiguos volcanes han acabado durmientes o extintos, y muchos se han erosionado y hundido bajo la superficie del océano.

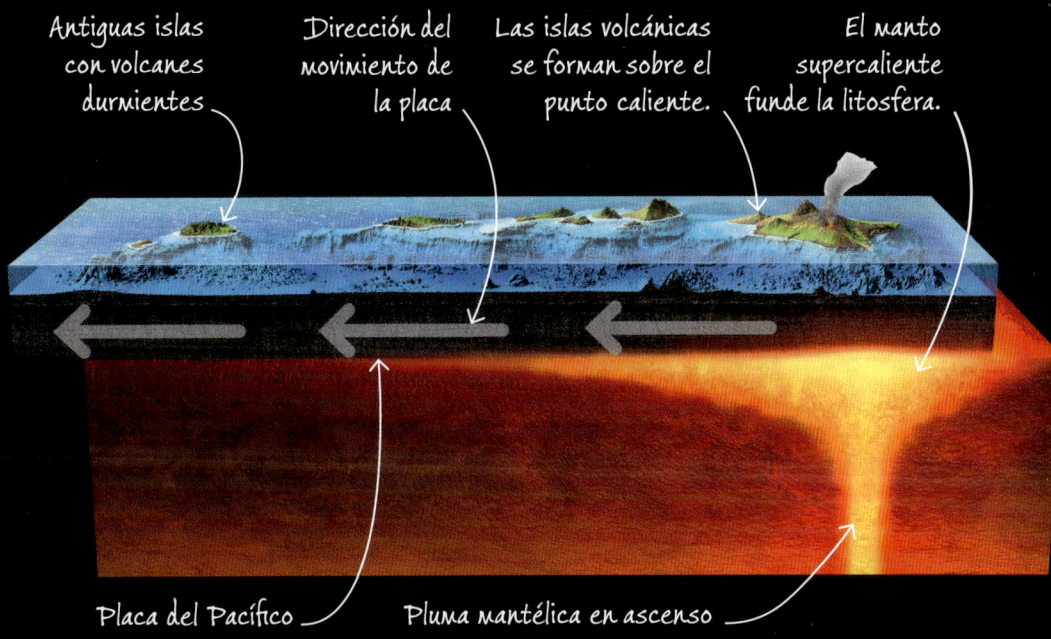

Antiguas islas con volcanes durmientes

Dirección del movimiento de la placa

Las islas volcánicas se forman sobre el punto caliente.

El manto supercaliente funde la litosfera.

Placa del Pacífico

Pluma mantélica en ascenso

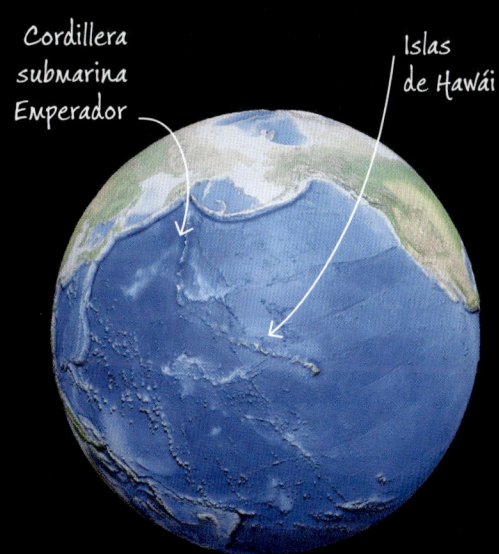

Cordillera submarina Emperador

Islas de Hawái

CADENA HAWÁI-EMPERADOR

Las islas de Hawái forman parte de una cadena de islas y montañas submarinas muy larga: su longitud total es de 6200 km y se conoce como la cadena de montes submarinos Hawái-Emperador. Esta descomunal estructura se formó durante 85 millones de años cuando la placa del Pacífico pasó por encima de un punto caliente. La forma de la cadena nos indica el movimiento de la placa, cada curva refleja un cambio de dirección.

DIOSA DE LOS VOLCANES

Según la mitología hawaiana, el cráter Halemaumau del Kilauea es la morada de Pele, la diosa de los volcanes y el fuego. Pele tenía una personalidad fogosa y peleaba contra su hermana, la diosa del mar. Pele se vio obligada a huir de isla en isla, donde cavaba un pozo de fuego para quedarse y, de rebote, crear nuevas erupciones. Estas antiguas historias explicaban la formación de los volcanes de Hawái mucho antes de que aparecieran las teorías científicas.

CÓMO SE FORMAN LOS ATOLONES

Si sobrevuelas un mar tropical, tal vez veas islas o arrecifes en forma de anillo, con una laguna en su interior. Se trata de atolones, y son obra de pequeñas criaturas marinas denominadas corales, que crecen en grandes colonias en el interior de esqueletos de carbonato cálcico. Durante miles de años, los corales muertos se acumulan y forman arrecifes de coral, que son el hogar de una increíble diversidad de vida.

▼ BORA BORA

El atolón de Bora Bora se formó alrededor de un volcán extinto en el Pacífico Sur. La isla está rodeada por una laguna, que a su vez se encuentra en el interior de un arrecife de barrera. Este arrecife de barrera protege la laguna de las olas del océano y convierte las aguas calmadas en un santuario para rayas, barracudas, tiburones y otros peces.

Los volcanes extintos ya no tienen magma en la cámara magmática y no pueden entrar en erupción.

Las lagunas son cuerpos de agua protegidos del mar por tierra firme o arrecifes.

HUNDIMIENTO DE ISLAS

Hace casi 200 años, el naturalista británico Charles Darwin elaboró un mapa de los atolones con los que se encontró en un viaje por mar alrededor del mundo, y propuso la teoría de que se forman alrededor de islas hundidas.

❶ FORMACIÓN DE LA ISLA
Un volcán de punto caliente forma una isla, y alrededor crece un arrecife. Cuando la cámara magmática se enfría y solidifica, el volcán queda extinto.

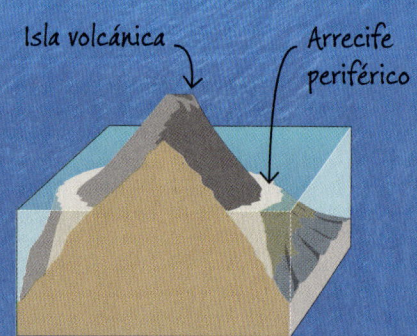

Isla volcánica

Arrecife periférico

❷ HUNDIMIENTO
La isla se hunde por la erosión, por el hundimiento del lecho marino, o por ambas cosas. El arrecife crece y queda justo bajo el nivel del mar. Se forma una laguna entre la tierra y el arrecife.

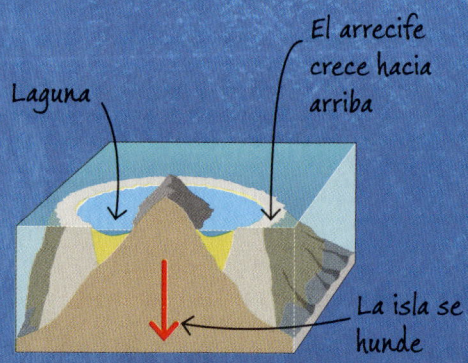

El arrecife crece hacia arriba

Laguna

La isla se hunde

COLONIAS DE CORAL

Hay colonias de coral de todos los colores, formas y tamaños. Algunas tienen forma de árbol, y otras, de hojas o flores. Los corales en abanico se abren e intentan atrapar su comida, mientras que los corales en vaso son escondrijos ideales para los peces.

NACIÓN DE ATOLONES

Las islas Maldivas son un país el océano Índico compuesto por unas 1200 pequeñas islas de coral dispuestas en anillos que forman 26 enormes atolones. Maldivas es el país más bajo del mundo: su punto más alto tiene una altura de tan solo 2,4 m por encima del nivel del mar.

Cuando el coral del lado de la laguna muere, se descompone y forma arena.

Las olas rompen en el borde exterior del arrecife.

GRAN AGUJERO AZUL

No todos los atolones se crean a partir de islas hundidas. El Gran Agujero Azul del mar del Caribe había sido una cueva en tierra firme, cuando el nivel del mar era más bajo que actualmente. El techo de la cueva se derrumbó y formó una dolina; al cabo de un tiempo subió el nivel del mar, lo llenó de agua y apareció el atolón.

❸ **CRECIMIENTO**
La isla acaba desapareciendo y queda tan solo un arrecife circular, el atolón. La parte exterior del atolón crece hacia arriba y hacia fuera, el interior se desmenuza y cae en forma de arena en el fondo de la laguna.

Se erosiona el interior del arrecife.

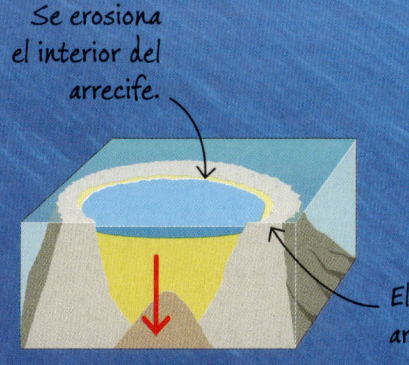

El arrecife crece arriba y hacia fuera.

ATOLÓN NUKUORO

Nukuoro, en el Pacífico, es un atolón que se formó por cambios en el nivel del mar. Hace mucho tiempo, una bajada del nivel del mar convirtió su lecho marino superficial de piedra caliza en tierra firme. La piedra caliza se erosionó hasta quedar en forma de cuenco, que se convirtió en un atolón cuando el agua volvió a subir.

CÓMO FUNCIONAN LOS GÉISERES Y LAS POZAS DE BARRO

En el suelo que tienes bajo los pies hay mucho más que rocas, también contiene agua subterránea, que gotea por un laberinto de canales ocultos y empapa capas de roca más blanda como si fuera una esponja. Cuando los volcanes calientan el agua subterránea, pueden aparecer increíbles fenómenos geotérmicos. El agua caliente y el vapor salen a borbotones a través de grietas y otros espacios hasta la superficie, donde el agua caliente y rica en minerales crea fuentes termales, géiseres, pozas de barro e inusuales formaciones rocosas.

▶ **GÉISER STROKKUR, ISLANDIA**
Los géiseres son fuentes volcánicas que expulsan agua hirviendo y vapor. El origen del nombre se remonta a la palabra islandesa *geysir*, que significa «salir a borbotones». El Strokkur, un géiser de fuente, es el géiser con la erupción más regular de Islandia. Cada 6-10 minutos, una fuente de agua hirviente sale disparada a unos 20 m de altura, aunque se sabe que puede llegar al doble de altura.

CÓMO FUNCIONA UN GÉISER
Los géiseres se forman cuando el calor de la actividad volcánica hace hervir el agua subterránea pero el vapor queda atrapado, se acumula y entra en erupción de manera periódica. En el Strokkur, el depósito de vapor atrapado se expande y empuja el agua hacia arriba antes de explotar. La caída repentina de la presión crea una fuente explosiva de agua caliente y vapor. A continuación, la presión vuelve a acumularse de nuevo.

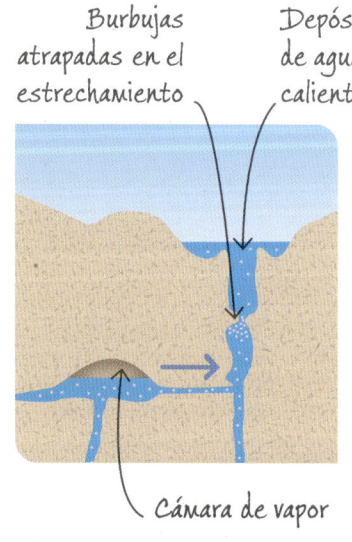

Burbujas atrapadas en el estrechamiento

Depósito de agua caliente

Cámara de vapor

❶ **SE ACUMULA EL VAPOR**
Las burbujas de vapor suben hasta una cámara, donde se acumulan. El estrechamiento de su salida hace que se acumulen más burbujas y que aumente la presión.

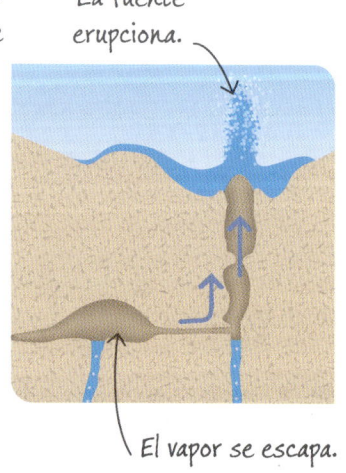

La fuente erupciona.

El vapor se escapa.

❷ **ERUPCIÓN**
El vapor atrapado escapa y libera la presión. La caída repentina de la presión hace que el agua caliente hierva; así es como se crea la fuente explosiva.

VIDA EN LAS FUENTES TERMALES

No todas las fuentes termales están hirviendo: algunas son más frías y permiten el baño. Incluso las fuentes termales más calientes tienen vida. Los microorganismos extremófilos soportan el calor y obtienen energía de los minerales disueltos en el agua. Algunos científicos creen que las formas de vida más primitivas de la Tierra quizá vivían así.

GÉISERES DE CONO

Mientras que los géiseres de fuente erupcionan en pozas, los géiseres de cono erupcionan en montículos en forma de chimenea de minerales rocosos aglomerados que deposita el agua. El géiser de Fly Ranch en Nevada, Estados Unidos, debe sus vivos colores a las algas termófilas (que les encanta el calor).

POZAS DE BARRO

Las pozas de barro son charcas de barro hirviendo. Se forman cuando una fuente termal tiene relativamente poca agua, y los gases ácidos y los extremófilos consumen la roca que tienen debajo, lo que resulta en un pastoso barro gris a través del que erupciona vapor y agua caliente. Algunas pozas de barro están más frías y son aptas para el baño. Se cree que el barro es beneficioso para la piel.

POZAS DE PIEDRA CALIZA

El agua que burbujea de las fuentes termales es rica en minerales disueltos bajo tierra. El agua va goteando y evaporándose, y entonces los minerales cristalizan en el suelo en forma de corteza dura. En las montañas de Turquía, este proceso ha creado una maravilla natural: unas terrazas de charcas de piedra caliza llenas hasta el borde de agua turquesa. Conocidas como Pamukkale («castillo de algodón» en turco), llevan más de 2000 años atrayendo turistas.

CÓMO FUNCIONAN LOS
SUPERVOLCANES

Los volcanes más potentes pueden producir supererupciones catastróficas. Una supererupción puede enterrar un país entero bajo una capa de ceniza y cambiar el clima con el gas volcánico que emite. En el lugar de la erupción, los flujos piroclásticos arrasan con todo lo que se encuentran en el camino, y el suelo colapsa y forma un gigantesco cráter (una caldera). Por suerte, las superupciones son muy infrecuentes: la última fue hace 27 000 años.

▲ YELLOWSTONE
El volcán Yellowstone en Estados Unidos ha tenido tres superupciones en los últimos dos millones de años. Cada una duró décadas y cubrió Norteamérica de cenizas. Actualmente la caldera es punto de atracción de turistas gracias a sus espectaculares fuentes termales (arriba) y géiseres, que permanecen activos gracias a la gigante cámara magmática que continúa hirviendo bajo tierra.

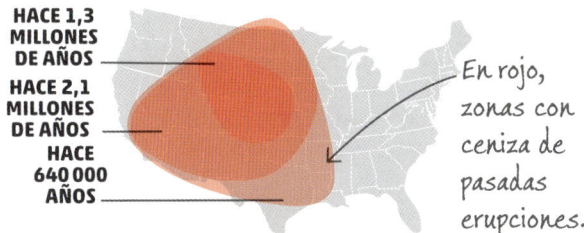

HACE 1,3 MILLONES DE AÑOS

HACE 2,1 MILLONES DE AÑOS

HACE 640 000 AÑOS

En rojo, zonas con ceniza de pasadas erupciones.

ERUPCIONES DEL PASADO

Los restos de ceniza de erupciones del pasado en Yellowstone muestran la devastación que puede provocar una supererupción. La mayoría de las erupciones actuales de Yellowstone son pequeñas coladas de lava, así que es poco probable que haya una nueva supererupción.

Estas capas de roca, formadas en coladas, ocupan miles de kilómetros por la India.

COLADAS

Es posible que las supererupciones provocaran algunas de las extinciones masivas del pasado terrestre. Hace unos 65 millones de años, justo antes de que desaparecieran los dinosaurios, los volcanes de la India llevaban miles de años escupiendo enormes coladas de lava. Esta lava cubrió gran parte del oeste de la India de roca ígnea y formó unas estructuras geológicas que hoy en día conocemos como traps del Decán.

INVIERNOS VOLCÁNICOS

En 1815, la erupción del Tambora en Indonesia provocó el «año sin verano». Los gases liberados por el volcán interactuaron con el vapor de agua de la atmósfera y taparon el sol, lo que provocó malas cosechas globales y hambrunas. Se tuvo que sacrificar a muchos caballos por falta de alimento, hecho que propició la invención de la bicicleta.

La Gran Fuente Prismática es una fuente termal que calienta el volcán Yellowstone.

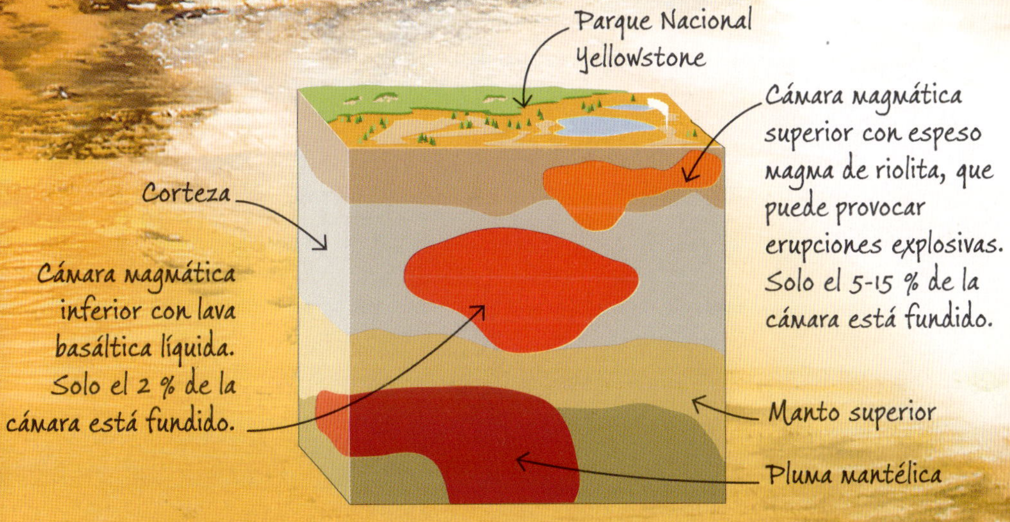

Parque Nacional Yellowstone

Cámara magmática superior con espeso magma de riolita, que puede provocar erupciones explosivas. Solo el 5-15 % de la cámara está fundido.

Corteza

Cámara magmática inferior con lava basáltica líquida. Solo el 2 % de la cámara está fundido.

Manto superior

Pluma mantélica

DEBAJO DE YELLOWSTONE

El volcán de Yellowstone está sobre una pluma mantélica: una columna de magma que sube de las profundidades. El calor de la columna ha fundido partes de la corteza y ha creado dos cámaras magmáticas. Estas no son cavernas llenas de roca líquida, sino zonas calientes que contienen cavidades dispersas de magma líquido. Cuando se une un número suficiente de cavidades, se puede producir una erupción.

CÓMO FUNCIONAN LOS
TERREMOTOS

Los terremotos aparecen cuando descomunales áreas de roca rozan entre ellas en unas fracturas conocidas como fallas. A diario se producen miles de insignificantes terremotos, pero los más violentos se desatan en las fallas más grandes, situadas cerca de los límites entre placas tectónicas. Si afectan áreas muy pobladas, las consecuencias pueden ser devastadoras.

▶ **ALASKA, 2018**
Cuando el movimiento a lo largo de las fallas es repentino, se libera energía en forma de potentes ondas sísmicas que hacen que el suelo se agite, se combe y se rompa, provocando la destrucción de carreteras y edificios en cuestión de pocos segundos.

BLOQUEO Y LIBERACIÓN

Igual que un muelle bajo presión almacena energía, la roca de la corteza terrestre también almacena energía cuando se la comprime o estira. Si la energía almacenada se libera con algún movimiento repentino, se produce un terremoto. El hipocentro de un terremoto es el lugar en el que se produce el movimiento. El epicentro es el punto de la superficie que queda directamente encima.

❶ BLOQUEO
Áreas de roca desplazándose en direcciones diferentes en una falla quedan enganchadas y se bloquean.

❷ TENSIÓN ACUMULADA
La tensión se acumula cuando la roca intenta avanzar. La roca se deforma y almacena energía como si fuera un muelle.

❸ LIBERACIÓN
La falla bloqueada se libera de repente y la roca deformada recupera su forma al instante. La energía liberada causa el terremoto.

ESCALAS DE LOS TERREMOTOS

Los terremotos se pueden medir de dos maneras. La escala de magnitud (abajo) se basa en la energía liberada, que se mide con unos instrumentos de detección de vibraciones conocidos como sismómetros. La escala de intensidad se basa en el alcance de los daños.

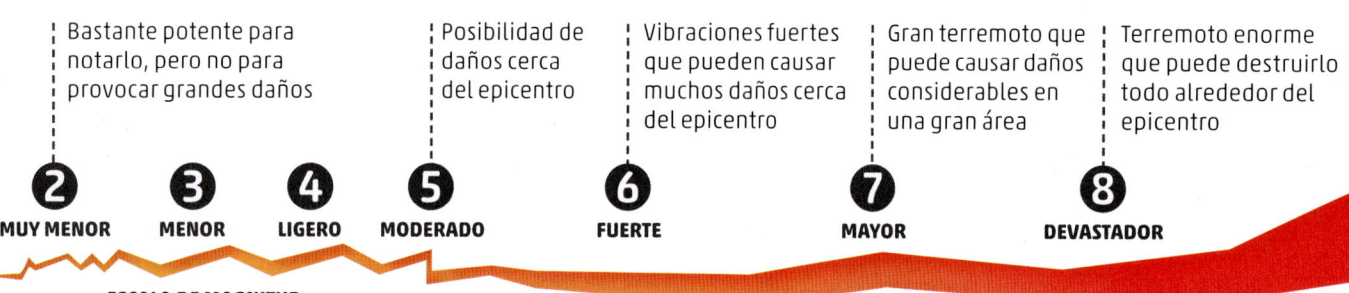

Bastante potente para notarlo, pero no para provocar grandes daños

Posibilidad de daños cerca del epicentro

Vibraciones fuertes que pueden causar muchos daños cerca del epicentro

Gran terremoto que puede causar daños considerables en una gran área

Terremoto enorme que puede destruirlo todo alrededor del epicentro

❷ MUY MENOR   ❸ MENOR   ❹ LIGERO   ❺ MODERADO   ❻ FUERTE   ❼ MAYOR   ❽ DEVASTADOR

ESCALA DE MAGNITUD

LICUEFACCIÓN
Si el suelo está mojado y es de tierra o material suelto, durante un terremoto se puede producir un proceso de licuefacción. El temblor mueve el terreno suelto hasta el punto de que este fluye como un líquido y se traga objetos. Coches y edificios se hunden en el suelo, mientras que tuberías y cables flotan hasta la superficie.

PROTECCIÓN CONTRA TERREMOTOS
Es difícil predecir los terremotos, pero pueden detectarse señales de aviso, como temblores precursores y cambios en la altura del suelo. La mayoría de las muertes se producen al caer los edificios, así que una forma de protegerse es diseñar edificios que soporten los temblores, con cimientos amortiguadores y estructuras reforzadas con acero.

TERREMOTO DE SAN FRANCISCO
El terremoto más letal de la historia de Estados Unidos tuvo lugar en San Francisco en 1906. Lo provocó la falla de San Andrés entre las placas tectónicas del Pacífico y norteamericana. La placa del Pacífico saltó 10 m hacia el norte y desató un terremoto de magnitud 7,9. El temblor y los incendios posteriores destruyeron el 80 por ciento de la ciudad. Fue uno de los primeros terremotos que quedó registrado en película.

MOVIMIENTO DEL MATERIAL

DIRECCIÓN DE LA ONDA

El empuje de un muelle estirado imita el movimiento de compresión y estiramiento de las ondas P.

CÓMO FUNCIONAN LAS
ONDAS SÍSMICAS

Los terremotos liberan descomunales cantidades de energía que desencadenan unas potentes vibraciones que avanzan por el suelo a miles de kilómetros por hora. Estas vibraciones se conocen como ondas sísmicas. Se dividen en diversos tipos diferentes; algunas se desplazan solo a través de roca en la superficie terrestre, mientras que otras cruzan directamente a través del núcleo del planeta. Estudiando estas ondas los científicos pueden descubrir no solo por qué se producen los terremotos, sino también cómo funcionan las capas internas de la Tierra.

▲▼ ONDAS P Y S

Las ondas superficiales viajan por las capas de roca justo por debajo de la superficie terrestre, mientras que las ondas internas avanzan por el interior de la Tierra. Las ondas internas se dividen en primarias (P) o secundarias (S). Las ondas P viajan comprimiendo y expandiendo la roca, y las S viajan con un movimiento de lado a lado. Las ondas P y las ondas S viajan describiendo una ruta curva a través de la Tierra por los cambios de densidad en el manto y el núcleo.

Moviendo un muelle estirado de lado a lado se imita el movimiento de las ondas S.

MOVIMIENTO DEL MATERIAL

DIRECCIÓN DE LA ONDA

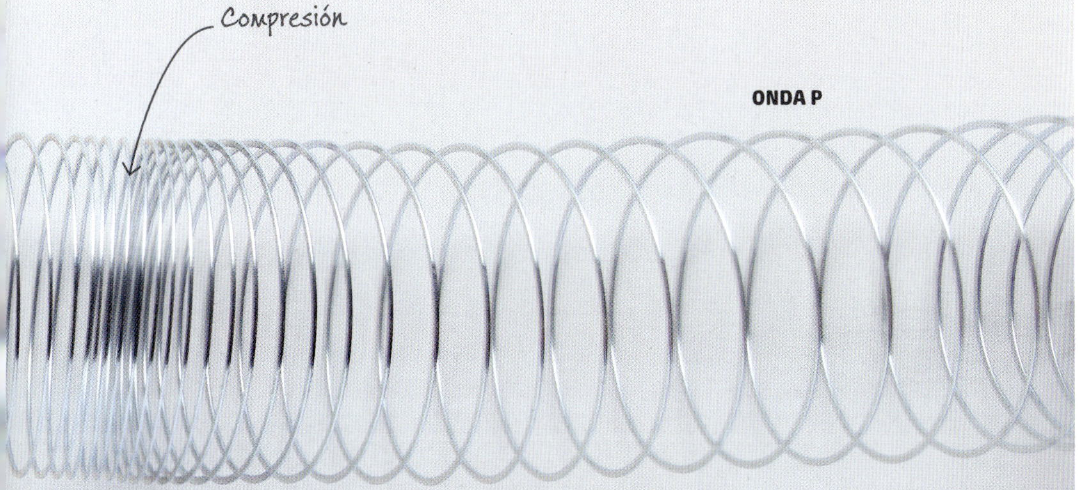

Compresión

ONDA P

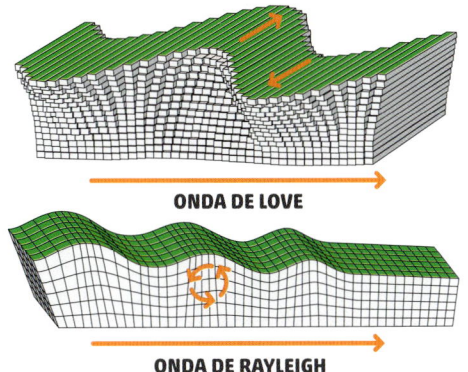

ONDA DE LOVE

ONDA DE RAYLEIGH

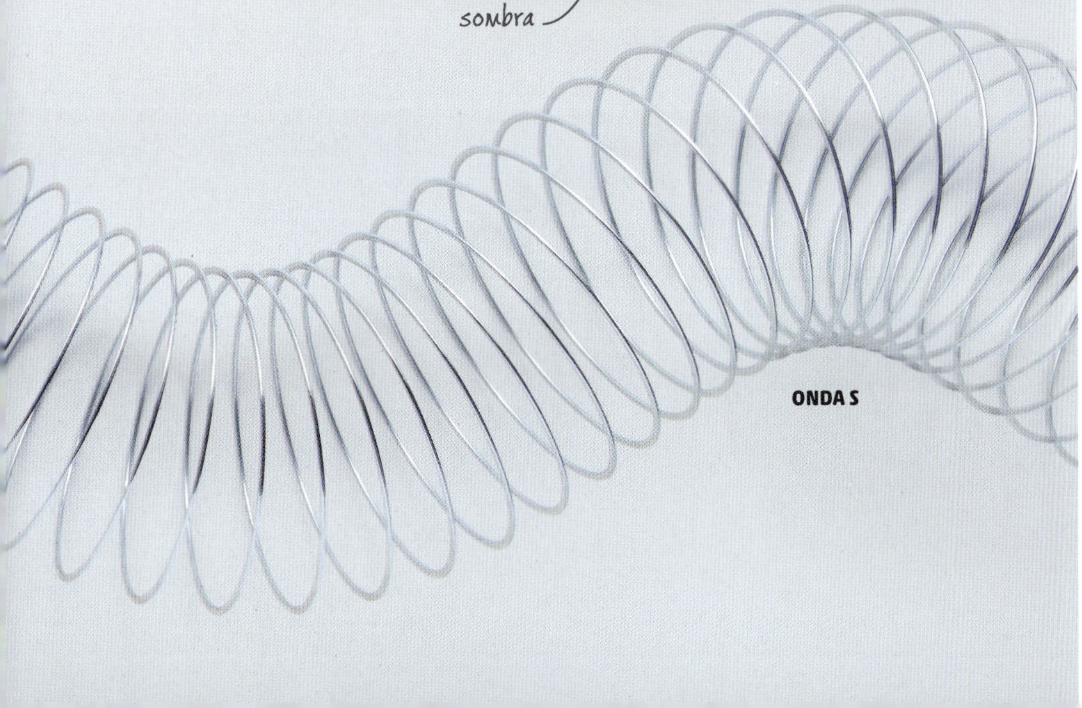

ONDAS SUPERFICIALES

Las ondas superficiales se dividen en dos: las ondas de Love mueven el suelo de lado a lado, como si fueran ondas S atrapadas en la superficie, y provocan los daños en carreteras y edificios. Las de Rayleigh agitan la superficie en un movimiento circular, como el de las olas del océano.

Las ondas P se refractan.

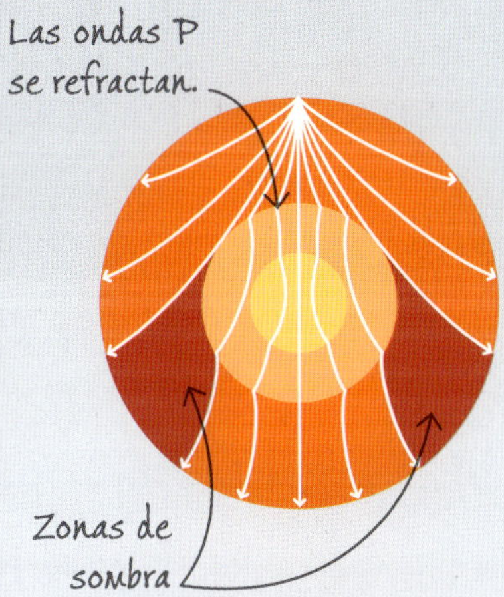

ONDAS P

Las ondas P pueden cruzar sólidos y líquidos, pero se refractan (doblan) cuando pasan de uno a otro. Las zonas de sombra revelan el tamaño del núcleo terrestre y la presencia de un núcleo interno sólido.

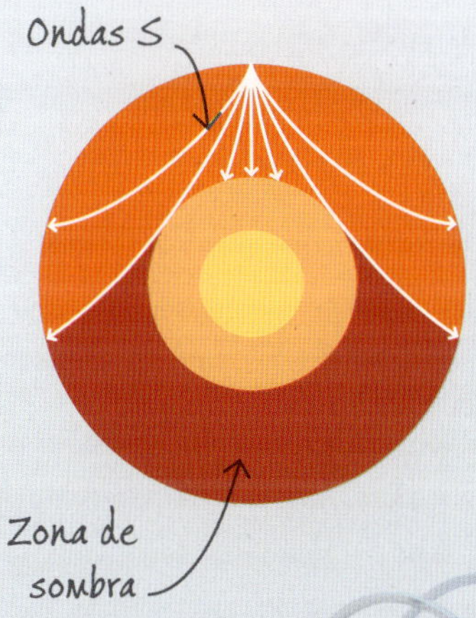

EL INTERIOR DE LA TIERRA

Al producirse un terremoto, las ondas sísmicas viajan a través de la Tierra y se pueden detectar por todo el planeta. No obstante, existen unas «zonas de sombra» en las que no se registran ondas. Estudiando la localización de las zonas de sombra de varios terremotos, los geólogos calcularon el tamaño de las capas interiores de la Tierra y su estado (si estas eran sólidas o líquidas).

Zonas de sombra

Ondas S

ONDAS S

Las ondas S pueden cruzar sólidos, pero no líquidos. Las grandes zonas de sombra del otro lado de la Tierra demuestran que el planeta tiene un núcleo externo fundido.

Zona de sombra

ONDA S

Las líneas horizontales marcan la fuerza de las ondas.

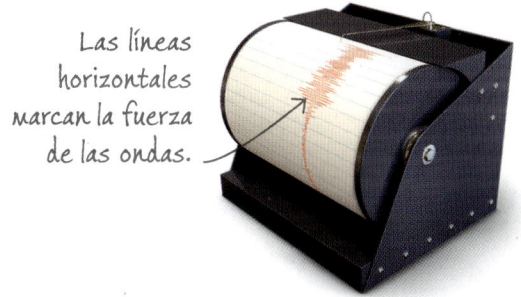

SISMÓMETROS

Los científicos utilizan unos instrumentos, los sismómetros, para medir las ondas sísmicas y estudiar los terremotos. El sismómetro se fija con firmeza al suelo para que tiemble al producirse un terremoto. Tradicionalmente, el movimiento se registraba con el trazo de un lápiz sobre un tambor de papel, pero los sismómetros modernos registran los datos digitalmente.

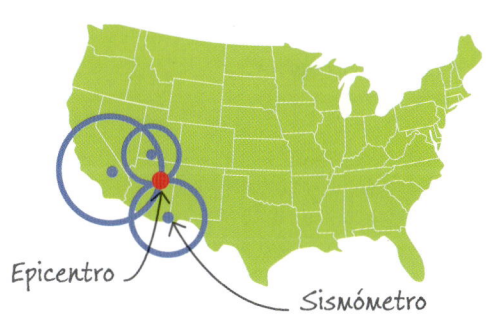

Epicentro

Sismómetro

UBICACIÓN DEL EPICENTRO

Para calcular exactamente dónde está situado el epicentro de un terremoto, los sismólogos necesitan tres sismómetros en lugares diferentes. Cada uno puede calcular la distancia hasta el epicentro midiendo el tiempo que tarda en detectar las ondas P y S (las ondas P son más rápidas). Cuando se conoce la distancia hasta los tres sismómetros, la intersección de sus círculos trazados sobre un mapa señala el epicentro.

CÓMO FUNCIONAN LOS TSUNAMIS

Cuando un terremoto, una erupción volcánica o un desprendimiento sucede en el mar, puede provocar una potente ola conocida como tsunami. Por lo general, los tsunamis no son más altos que las olas habituales, pero son miles de veces más largos y pueden avanzar a toda velocidad por el océano abierto incluso a 800 km/h. Los tsunamis más grandes llegan a una altura fenomenal cuando se acercan a la costa y provocan inundaciones catastróficas al penetrar en tierra firme.

FORMACIÓN DE TSUNAMIS

La mayoría de los tsunamis son causados por terremotos que provocan movimientos del lecho marino que desplazan un volumen colosal de agua oceánica y producen olas de tsunami que irradian en todas direcciones.

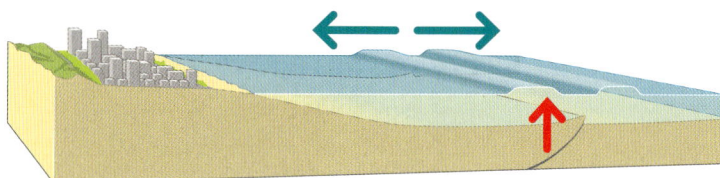

❶ DESPLAZAMIENTO DEL LECHO MARINO
El lecho marino sube de repente y crea una ola que avanza en todas direcciones. La ola es baja, pero tiene una longitud de cientos de kilómetros, y avanza a una velocidad terrorífica.

❷ CRECIMIENTO DE LA OLA
Cuando la ola llega a la orilla, la parte delantera frena mientras la parte trasera continúa avanzando. Como resultado, el agua se va acumulando y la ola cobra altura. Es posible que el agua de la costa se retire antes del impacto del tsunami, ya que primero puede llegar la depresión (el punto más bajo) de la ola.

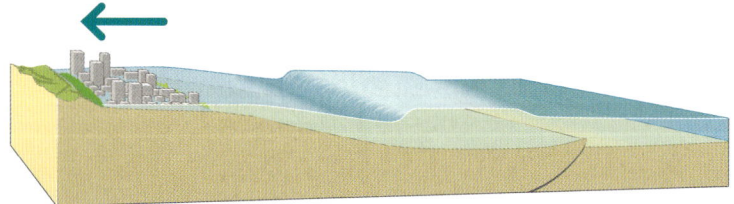

❸ INUNDACIÓN COSTERA
Con una altura superior a la de la tierra firme, el tsunami penetra hacia el interior más rápido de lo que un ser humano es capaz de correr. La oleada de agua puede arrastrar barcos, coches, árboles y escombros de los edificios derrumbados.

▼ TSUNAMI DE TŌHOKU

En 2011, Japón se vio sacudido por el mayor terremoto de su historia, causado por un movimiento repentino entre las placas tectónicas euroasiática y del Pacífico en las profundidades del océano Pacífico. Toda la isla principal de Japón se movió 2,4 m hacia el este, y el lecho marino saltó 7 m arriba, lo que desencadenó un tsunami que impactó contra el país 10 minutos más tarde. La ola alcanzó una altura máxima de 40,5 m y penetró hasta 10 km tierra adentro. Esta imagen –un fotograma del vídeo de un observador– muestra la ola superando las defensas contra tsunamis de Miyako.

AVISOS DE TSUNAMI

Los tsunamis no se pueden predecir, pero las boyas y sensores del lecho marino pueden detectarlos y dar el primer aviso. Después de un terremoto, se envía una alerta de tsunami a las comunidades costeras que podrían verse afectadas. Un signo de que una ola letal se acerca es que el mar se retire rápidamente de la playa; en tal caso, es necesario huir a un lugar más elevado.

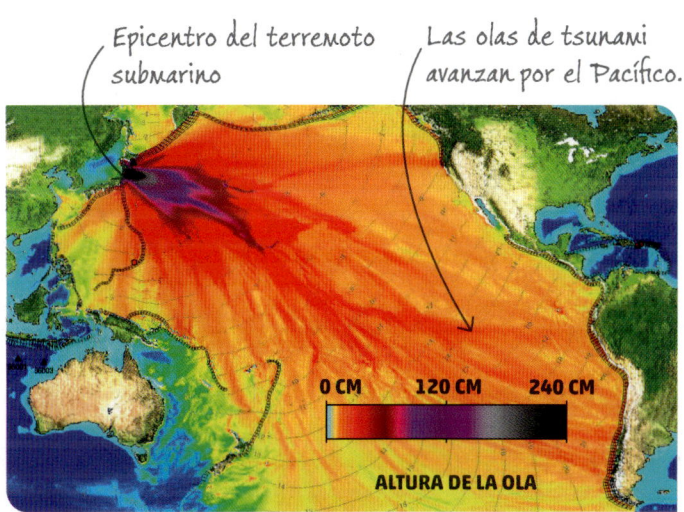

Epicentro del terremoto submarino

Las olas de tsunami avanzan por el Pacífico.

0 CM   120 CM   240 CM

ALTURA DE LA OLA

AL OTRO LADO DEL OCÉANO

Las olas de tsunami viajan alejándose de su punto inicial. Llevan una descomunal cantidad de energía y pueden cruzar un océano entero. El tsunami de 2011 que castigó Japón también viajó 9000 km por el océano Pacífico hasta llegar a California para impactar con sus olas de 2,7 m al cabo de unas pocas horas.

BANDA ACEH ANTES DEL TSUNAMI

TSUNAMI DE SAN ESTEBAN

El tsunami más letal jamás registrado tuvo lugar el 26 de diciembre de 2004 tras un masivo terremoto en el océano Índico. El tsunami acabó con la vida de unas 230 000 personas y provocó la destrucción generalizada en diversas costas del océano Índico.

BANDA ACEH DESPUÉS DEL TSUNAMI

La superficie de la Tierra está en constante cambio.
A lo largo de millones de años, las **fuerzas tectónicas**
elevan **montañas** y modifican la forma de los
continentes. Al mismo tiempo, las fuerzas de la
meteorización y la **erosión** desgastan la tierra firme
y convierten la roca sólida en arena y barro. Este ciclo
infinito de creación y destrucción ha creado todos los
paisajes del mundo, desde los valles alpinos hasta
los cañones del desierto y los litorales.

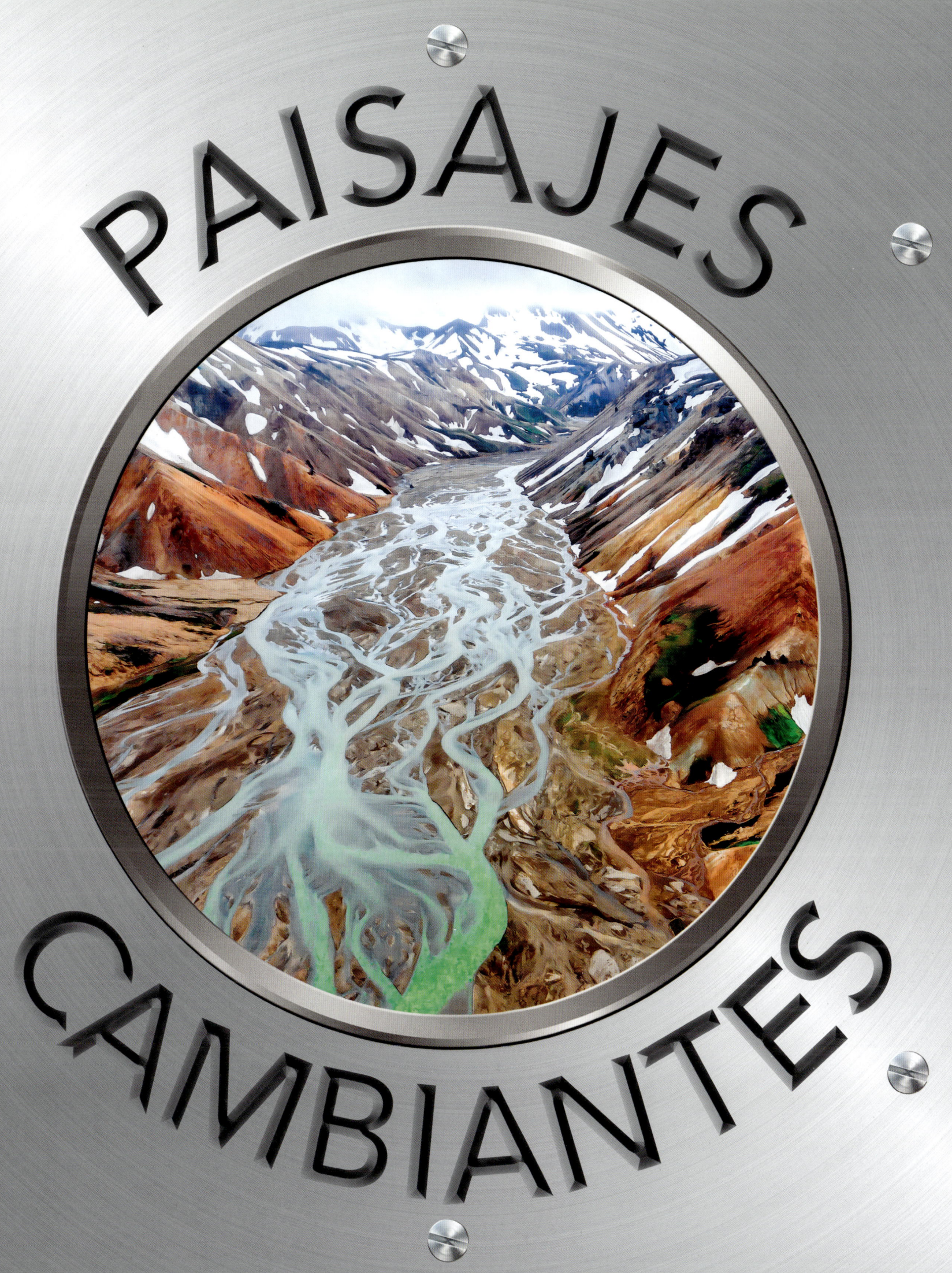

PAISAJES

CAMBIANTES

CÓMO SE FORMAN LOS
PAISAJES

La superficie de la Tierra es dinámica, y eso significa que está cambiando continuamente. Algunos de estos cambios son tan lentos que apenas nos damos cuenta de que suceden, pero algo que parece trivial, como la lluvia que cae en la ladera de una colina, puede desgastar la montaña entera con el tiempo necesario. Otros procesos, como las erupciones volcánicas y los desprendimientos, pueden provocar importantes cambios repentinos en el paisaje. Cada paisaje tiene una historia detrás.

Viento, lluvia y heladas rompen las rocas en partículas (meteorización).

Los ríos se llevan las partículas de roca (erosión).

El material se deposita en un punto nuevo.

METEORIZACIÓN Y EROSIÓN
Con el tiempo, la meteorización y la erosión destruyen los paisajes. La meteorización es el proceso que rompe las rocas en fragmentos más pequeños, de peñascos a arena y arcilla. La erosión es el proceso que transporta estos restos, ya sea mediante el viento, el agua, el hielo o la gravedad.

LA LLAVE DEL PASADO
Mary y Charles Lyell fueron una pareja de geólogos que visitaron los Alpes suizos en su luna de miel en 1832. Elaboraron la teoría de que procesos que han actuado durante largo tiempo han dado forma a los paisajes de la Tierra, y siguen haciéndolo hoy. Como reza la famosa frase de Charles Lyell: «El presente es la llave del pasado».

MARY HORNER LYELL

SIR CHARLES LYELL

▼ VALLE ALPINO
La cordillera de los Alpes fue subiendo al colisionar las placas tectónicas de África y Europa, doblando y plegando capas de roca que estaban en el lecho marino. En la edad de hielo, unos enormes glaciares esculpieron valles como el Lauterbrunnen en Suiza.

Los glaciares alpinos se forman al acumularse nieve durante siglos en las cimas.

❷

❸

❹

❺

Un glaciar llenaba el valle de Lauterbrunnen durante la edad de hielo. Los glaciares se mueven lentamente y esculpen valles en forma de U, con laterales empinados y fondos anchos y planos.

La nieve y el hielo rompen la roca filtrándose en el interior de grietas y expandiéndose cada vez que se congela y derrite.

Las cascadas cortan los acantilados y crean espectaculares gargantas.

❶

❶ TALUD DE GRAVEDAD
Los fragmentos de roca partida por la meteorización se acumulan en pendientes inclinadas, donde forman montones de escombros sueltos conocidos como taludes de gravedad.

❷ RÁPIDOS
Los rápidos son áreas de agua de curso veloz en ríos o arroyos de fondo rocoso. Se forman en lechos inclinados y rocosos.

❸ CUEVAS
Las cuevas se forman al pasar el agua subterránea a través de alguna roca blanda, como la piedra caliza. Esta reacciona con la acidez natural de la lluvia y poco a poco se va disolviendo.

❹ VEGAS
Los ríos se llevan los sedimentos y los depositan en los valles, donde estos forman unas exuberantes vegas.

❺ MEANDROS
Los meandros son las curvas de los ríos. Se forman al erosionarse el sedimento del exterior y quedar depositado en la parte interior.

❶ ANTES DE LA COMPRESIÓN
Se preparan capas planas de lechos de arena de colores para representar diferentes estratos de roca sedimentaria. Las capas más profundas representan capas de roca más antiguas.

La arena teñida representa las capas de roca sedimentaria.

❷ INICIO DEL PLEGADO
Cuando el movimiento de la placa empieza a empujar la arena, las capas se doblan y pliegan. El nivel de la superficie sube a medida que se apila la arena, igual que sube el terreno cuando las montañas empiezan a formarse.

Las capas empiezan a plegarse.

❸ DESARROLLO DE FALLAS
Aparecen fracturas cuando se sigue empujando las capas pero no se pueden doblar más. Estas fracturas se conocen como fallas de cabalgamiento.

Falla de cabalgamiento

El plegado continúa y la roca más antigua se sitúa por encima de las capas más jóvenes; esta estructura se conoce como napa.

❹ SUBIDA DE LAS MONTAÑAS
La corteza sigue haciéndose más gruesa y la arena sube para formar montañas. En el mundo real, el movimiento también avanza hacia abajo, por lo que las montañas cuentan con raíces muy profundas.

Se forman crestas y valles en la superficie.

▼ MODELOS DE MONTAÑAS
Para entender la formación de las montañas, los científicos emplean modelos de arena. Una máquina comprime lentamente capas de arena que representan las capas de roca de la corteza terrestre. Las capas de arena se pliegan y se rompen por las fallas, igual como pasa en la corteza terrestre. Las capas plegadas se apilan, haciendo que la corteza sea más gruesa y elevando el terreno.

Lejos de la zona de plegado, la placa tectónica permanece fina y sin deformar.

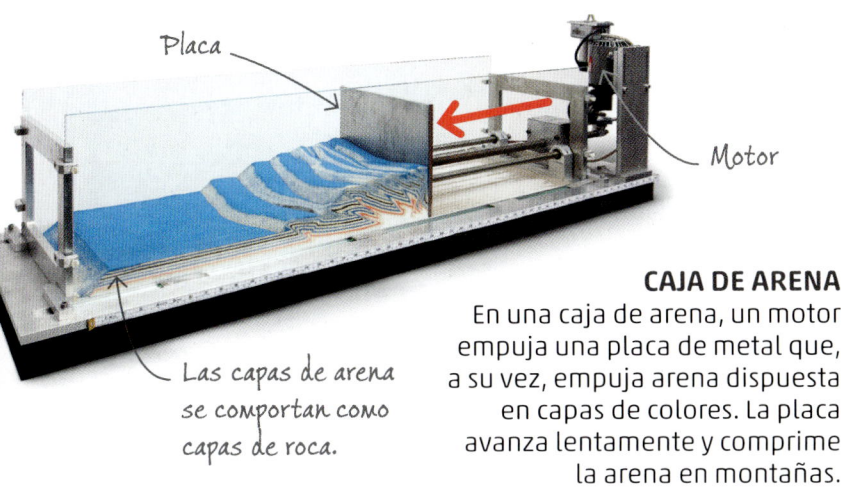

Placa

Motor

Las capas de arena se comportan como capas de roca.

CAJA DE ARENA
En una caja de arena, un motor empuja una placa de metal que, a su vez, empuja arena dispuesta en capas de colores. La placa avanza lentamente y comprime la arena en montañas.

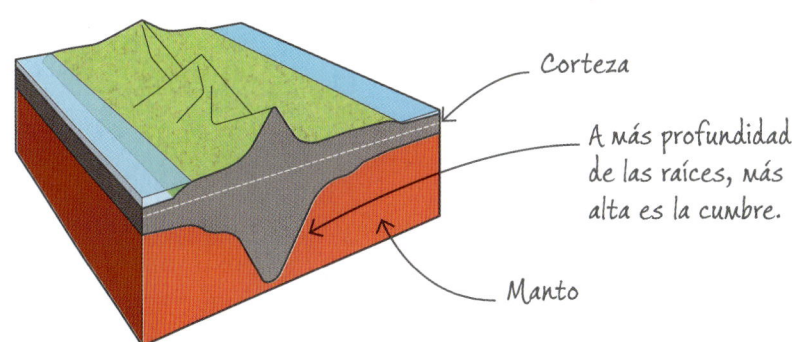

Corteza

A más profundidad de las raíces, más alta es la cumbre.

Manto

RAÍCES PROFUNDAS
Las montañas tienen cumbres elevadas, pero cuentan con raíces profundas. Las cordilleras «flotan» sobre la roca blanda pero más densa del manto y tienen sus raíces sumergidas en ella. A medida que la erosión desgasta las cimas, toda la cordillera va subiendo como un iceberg en el agua, manteniendo la cima en las alturas.

CÓMO SUBEN LAS MONTAÑAS

Las cordilleras se forman en los límites entre placas tectónicas. Las montañas más altas del mundo, la cordillera del Himalaya, siguen subiendo 1 cm al año por la colisión entre la placa índica y la euroasiática. Estos procesos tardan millones de años, pero los científicos logran simularlos usando modelos con arena.

ROCA PLEGADA
La erosión puede hacer visibles los pliegues internos de las montañas. Las montañas de Creta, en Grecia, se formaron al chocar África y Europa, que arrugó las capas de roca sedimentaria que antes habían formado parte del lecho marino.

PLIEGUES DE PIEDRA CALIZA, CRETA

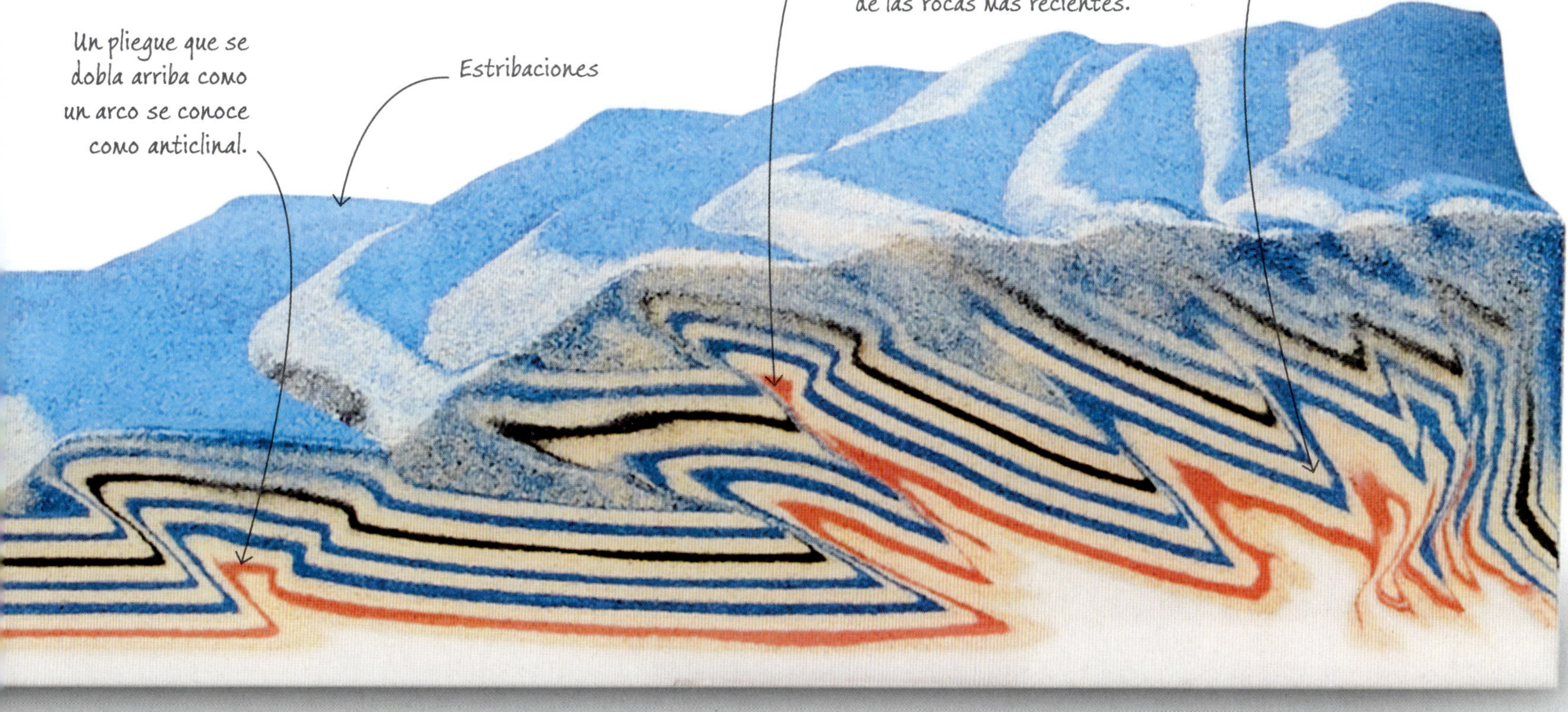

Una falla de cabalgamiento es una fractura inclinada que desplaza las rocas antiguas por encima de las rocas más recientes.

El pliegue que se dobla atrás en forma de U se conoce como sinclinal.

Un pliegue que se dobla arriba como un arco se conoce como anticlinal.

Estribaciones

CÓMO SE FORMAN LOS VALLES DE RIFT

Los rifts aparecen cuando un continente se estira hasta que se divide. Hacen falta millones de años para que se forme un valle de rift; este, al final, acaba por convertirse en un nuevo océano.

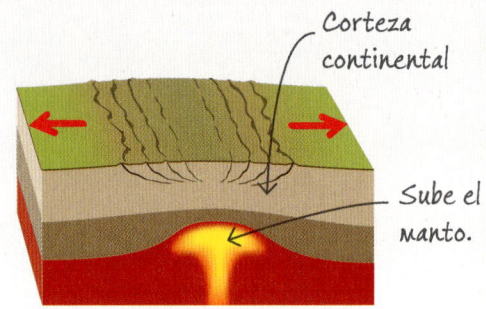

Corteza continental

Sube el manto.

1. LAS PLACAS DIVERGEN

Cuando las placas tectónicas se separan, se estiran y hacen que la corteza sea más fina. El manto sube, se funde en parte y forma magma.

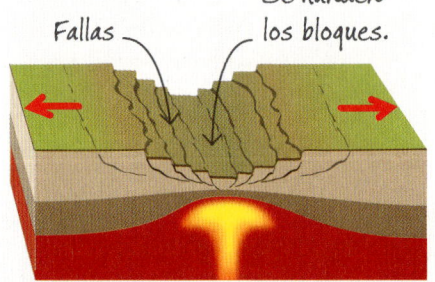

Fallas

Se hunden los bloques.

2. EL VALLE SE FORMA

La corteza se rompe por las fallas y se hunden los grandes bloques. Así se crea un valle alargado conocido como rift continental.

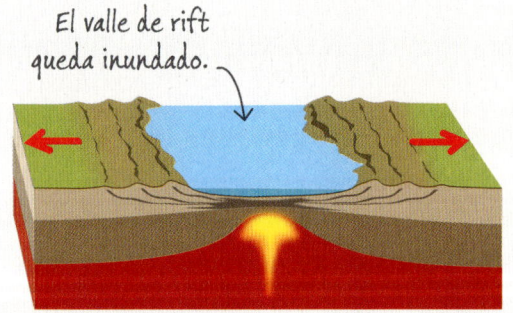

El valle de rift queda inundado.

3. APARECE EL OCÉANO

El proceso avanza, la tierra se hunde por debajo del nivel del mar y se inunda, formando un océano lineal como el actual mar Rojo.

CÓMO SE HUNDEN LOS VALLES DE RIFT

En algunas partes del mundo, las placas tectónicas vecinas se están separando. Cuando pasa, la corteza entre ellas se va haciendo más fina hasta que se rompe. El magma sube del manto, sale por las grietas y crea nueva corteza. Este proceso puede suceder en el lecho marino o en tierra firme. En el mar crea nuevas cuencas oceánicas. En tierra firme, rompe continentes enteros formando montañas y valles de rift.

▶ EL GRAN VALLE DEL RIFT

El Gran Valle del Rift de África cubre más de 3000 km desde Jordania a Mozambique y está partiendo poco a poco el continente. Aquí la corteza se ha estirado y roto en bloques separados por unas profundas grietas conocidas como fallas. Algunas secciones se han hundido y formado unos valles de paredes inclinadas, denominados fosas tectónicas, que están flanqueados por altiplanos. El magma que sube del manto alimenta los múltiples volcanes del Valle del Rift, incluido el Kilimanjaro, la cumbre más alta de África.

MODELOS DE RIFTS

Los geólogos utilizan modelos de arena para estudiar la formación de los valles de rift. Se colocan capas de arena de colores sobre una base móvil y se tira lentamente de ellas. Un proceso que puede tardar millones de años se ejecuta en cuestión de horas.

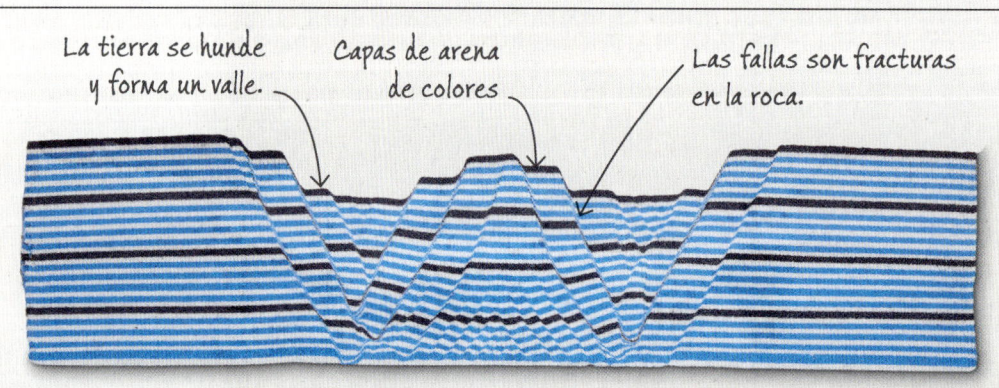

La tierra se hunde y forma un valle.

Capas de arena de colores

Las fallas son fracturas en la roca.

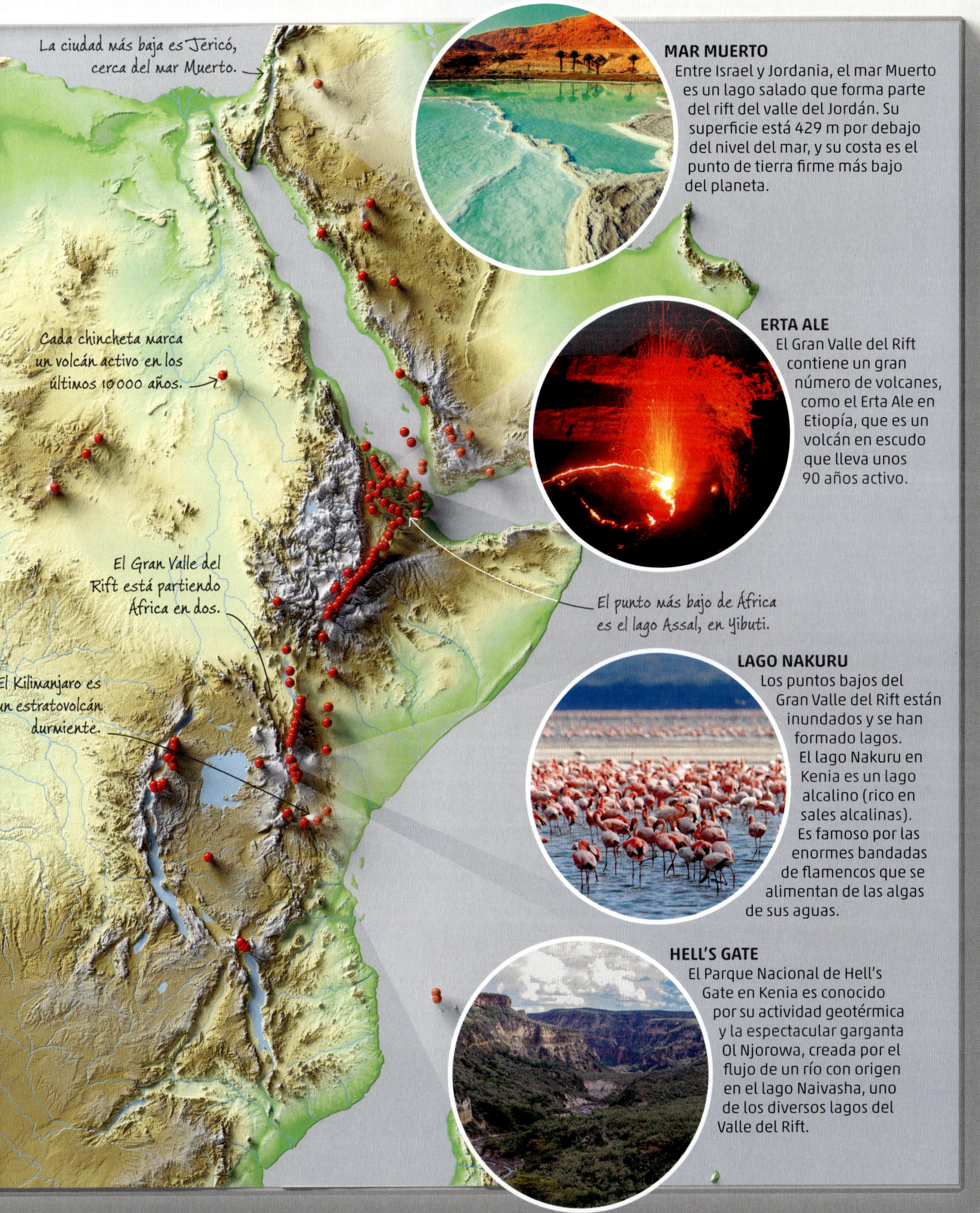

La ciudad más baja es Jericó, cerca del mar Muerto.

Cada chincheta marca un volcán activo en los últimos 10 000 años.

El Gran Valle del Rift está partiendo África en dos.

El Kilimanjaro es un estratovolcán durmiente.

MAR MUERTO
Entre Israel y Jordania, el mar Muerto es un lago salado que forma parte del rift del valle del Jordán. Su superficie está 429 m por debajo del nivel del mar, y su costa es el punto de tierra firme más bajo del planeta.

ERTA ALE
El Gran Valle del Rift contiene un gran número de volcanes, como el Erta Ale en Etiopía, que es un volcán en escudo que lleva unos 90 años activo.

El punto más bajo de África es el lago Assal, en Yibuti.

LAGO NAKURU
Los puntos bajos del Gran Valle del Rift están inundados y se han formado lagos. El lago Nakuru en Kenia es un lago alcalino (rico en sales alcalinas). Es famoso por las enormes bandadas de flamencos que se alimentan de las algas de sus aguas.

HELL'S GATE
El Parque Nacional de Hell's Gate en Kenia es conocido por su actividad geotérmica y la espectacular garganta Ol Njorowa, creada por el flujo de un río con origen en el lago Naivasha, uno de los diversos lagos del Valle del Rift.

CÓMO FUNCIONA LA
METEORIZACIÓN

Algunas rocas son más duras que otras, pero todos los tipos de roca acabarán descomponiéndose por un proceso conocido como meteorización. El golpeteo de la lluvia, las rachas de viento o incluso tus pies pisando un camino de montaña causan la meteorización. Este proceso desgasta las rocas y las convierte en diminutas partículas, como los granos de arena, que otro proceso, la erosión, se va a llevar. La meteorización y la erosión, cooperando a lo largo de millones de años, pueden desgastar cordilleras enteras.

SUELO FÉRTIL

El suelo está compuesto por partículas meteorizadas de roca mezcladas con restos de plantas y animales. Los suelos compuestos por una mezcla de tipos de roca contienen muchos minerales distintos y suelen ser los más fértiles, lo que los convierte en unos candidatos perfectos para cultivar campos.

▼ GRANITO METEORIZADO

La meteorización desgasta lentamente este crestón de granito de una colina de Dartmoor, Reino Unido. El granito es una roca muy dura compuesta por los minerales feldespato, biotita y cuarzo. A pesar de su dureza, siempre se acaba rompiendo. El feldespato y la biotita reaccionan químicamente con la acidez natural de la lluvia y se convierten en arcilla, que es más blanda, lo que hace que la roca se desmorone. El cuarzo es mucho más duro, pero sus cristales caen en forma de granos de arena cuando se meteorizan los otros minerales del granito.

METEORIZACIÓN FÍSICA

La meteorización física es cuando las rocas se descomponen por procesos físicos. El proceso de congelación-descongelación ha partido esta roca de la Antártida. El agua se filtra por las grietas de la roca y se expande al congelarse, lo que hace que las grietas se ensanchen hasta partir la roca.

METEORIZACIÓN BIOLÓGICA

La meteorización se produce de tres formas distintas. Si un ser vivo rompe la roca se conoce como meteorización biológica. Por ejemplo, cuando las raíces de una planta crecen en la grieta de una roca y la ensanchan pueden romper fragmentos de roca y llegar a romperla.

METEORIZACIÓN QUÍMICA

La meteorización química se produce cuando las reacciones químicas descomponen las rocas. La lluvia capta dióxido de carbono del aire y se torna un poco ácida. Se filtra por las grietas, donde se produce una reacción química que cambia y debilita algunos minerales.

Las grietas de la roca permiten la entrada de la lluvia que provoca la meteorización química.

MONTAÑAS MENGUANTES

Las cordilleras internas del oeste de Estados Unidos, como las montañas Blancas, habían sido tan altas como el Himalaya, con cimas que rivalizaban con el Everest. Tras millones de años de meteorización, la cumbre más alta de esta región, el monte White de California, tiene una altura actual de 4344 m, menos de la mitad que el Everest.

FRAGMENTACIÓN

Al meteorizarse, la roca maciza se separa y se fragmenta en granos de mineral. Los ríos se llevan estos fragmentos de roca partida y los transportan muy lejos, incluso hasta el mar.

CÓMO FUNCIONA LA EROSIÓN

Los paisajes de la Tierra están en cambio constante por la erosión, que es el desgaste de rocas y la retirada de partículas de roca por parte del viento, el agua y la gravedad. La erosión, junto con la meteorización (la descomposición de las rocas en partículas más pequeñas), puede crear espectaculares formas terrestres, desde acantilados y cañones hasta arcos y pináculos de roca.

ARENA

Mira de cerca la arena y verás que está compuesta por cristales minúsculos. Casi todos los tipos de arena están compuestos por granos de cuarzo, un duro mineral cristalino que forma parte de rocas ígneas como el granito. Cuando se rompen las rocas, los cristales de cuarzo caen y se van con el viento o el agua.

Cristal de cuarzo

▶ PINÁCULO DE ROCA

La erosión es la responsable de la forma que adoptan los pináculos de roca, como este del desierto del Sahara. La arena que lleva el viento ha desgastado este pináculo. Su forma aguzada indica que la fuerza de la erosión es más potente cerca de la base, donde un vórtice de viento arremolinado también ha creado una depresión en la arena. En algún momento, el pináculo perderá la estabilidad y se caerá.

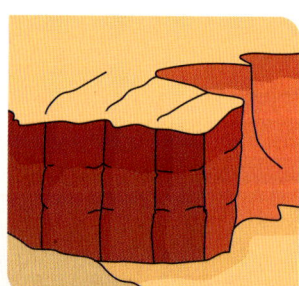

❶ MURO
El agua y el viento meteorizan el lateral de una meseta (área de tierra elevada) y dejan solo un muro de roca estrecho.

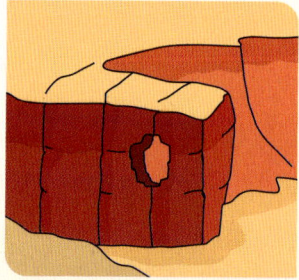

❷ VENTANA
La meteorización y la erosión siguen, y la pared se hace más fina. Aparecen entonces ventanas en las áreas más blandas y débiles del muro de roca.

❸ PINÁCULO
Al final lo único que queda del muro es una columna de roca conocida como pináculo. Con el paso del tiempo, el pináculo también acabará siendo víctima de la erosión.

EROSIÓN DEL VIENTO
Los vientos repletos de arena del Sahara erosionan la roca blanda expuesta y crean marcas elaboradas, como este enrejado de arenisca en Tassili n'Ajjer, Argelia.

EROSIÓN DE LOS RÍOS
A lo largo de millones de años, el río Colorado fue perforando la roca hasta formar este pronunciado meandro, conocido como la Curva de la Herradura, en Arizona, Estados Unidos.

EROSIÓN DE LAS OLAS
El embate de las olas erosiona acantilados y crea formaciones rocosas como este arco marino, conocido como Durdle Door, en el Reino Unido.

EROSIÓN DEL HIELO
El hielo también erosiona el terreno. Los glaciares, como el Pata de Elefante en Groenlandia, arrastran rocas y arena montaña abajo, cambian la forma de los valles y crean nuevos terrenos.

La arena que sopla el viento se va comiendo lentamente los laterales de este pináculo.

El viento que se arremolina alrededor de la base ha provocado la depresión. Es el mismo fenómeno que se produce cuando aparece un hueco en la nieve alrededor de un poste.

CÓMO SE PRODUCE UN
DESPRENDIMIENTO

En un desprendimiento, una gran cantidad de tierra, roca y barro baja por una ladera por la fuerza de la gravedad. Cada año, este tipo de erosión provoca miles de muertes y daños por valor de miles de millones de euros. La responsable en la mayoría de los casos es la lluvia, que empapa el suelo y lo hace más pesado, débil y resbaladizo. Los temblores de los terremotos o los volcanes y las actividades humanas como el desmonte para hacer una carretera también puede provocar el descenso de rocas y suelo.

Pendiente pelada que antes estaba cubierta de tierra y bosque.

Casas sepultadas por la tierra y los árboles arrancados

▶ TRAS EL TERREMOTO

En 2018, un potente terremoto hizo temblar la isla de Hokkaido en Japón; 36 personas murieron víctimas de los desprendimientos. La catástrofe fue todavía peor porque las fuertes precipitaciones antes del terremoto habían hecho que el terreno de las colinas estuviera más suelto y, por lo tanto, fuera más probable que bajara por la ladera.

TIPOS DE DESPRENDIMIENTO

Los desprendimientos pueden ser rápidos o lentos. En algunas ocasiones solo se perciben al cabo de unos años, ya que las rocas y el suelo bajan de forma paulatina. En otras, en cambio, es mucho más espectacular y la tierra y las rocas se separan de una ladera y forman una caótica mezcla de escombros.

Suelo en movimiento lento

Superficie curva

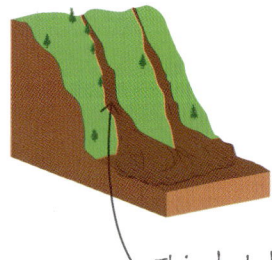

Flujo de lodo

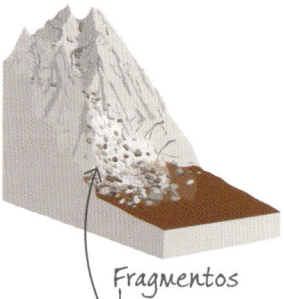

Fragmentos de roca

REPTACIÓN
Es el desprendimiento de tipo más lento. El suelo inestable baja de manera gradual y puede tomar aspecto de superficie ondulada en la ladera.

DESLIZAMIENTO
En este tipo de desprendimiento, parte de la ladera de una montaña se desprende del lecho de roca y se desliza abajo, a menudo siguiendo una superficie curva.

FLUJO DE LODO
Los flujos de lodo se producen cuando una copiosa lluvia o la nieve fundida convierten el suelo en lodo inestable que baja por la ladera en forma de canales.

DESPRENDIMIENTO DE ROCAS
Las rocas fragmentadas por la meteorización pueden bajar rodando por acantilados y laderas. La pila de rocas caídas se conoce como talud de gravedad.

LAHARES

Las erupciones volcánicas pueden provocar lahares, flujos de lodo que bajan a toda velocidad y pueden enterrar pueblos enteros. Se producen cuando una erupción derrite la nieve o el hielo de la parte superior de un volcán o cuando la lluvia torrencial se mezcla con los escombros volcánicos sueltos.

SEDIMENTO DE LAHAR EN EL SANTA HELENA, ESTADOS UNIDOS

ACANTILADOS EN RECESIÓN

Las olas desgastan los acantilados y causan desprendimientos. Con el tiempo, los del litoral van cediendo, lo que es una amenaza para las comunidades que tiempo atrás se encontraban a una distancia segura del mar.

EROSIÓN COSTERA EN CALIFORNIA, ESTADOS UNIDOS

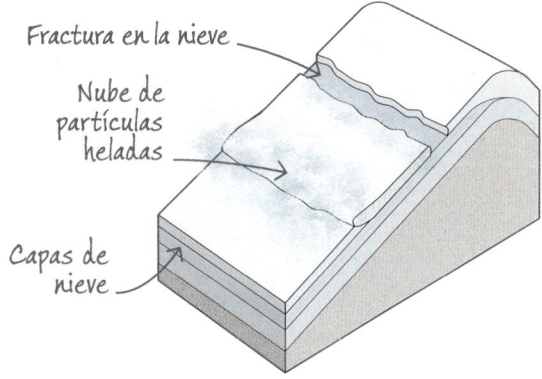

Fractura en la nieve

Nube de partículas heladas

Capas de nieve

ALUDES

Los aludes son desprendimientos de nieve. Ocurren cuando una capa nueva de nieve en una pendiente inclinada se separa y se desliza por encima de las capas más antiguas que tiene debajo, ganando velocidad a medida que baja y creando una nube de partículas heladas.

TIPOS DE DUNA

La forma y el tamaño de las dunas dependen de la velocidad y fuerza del viento, de la dirección y de la cantidad de arena que lleva. Hay cinco tipos de dunas.

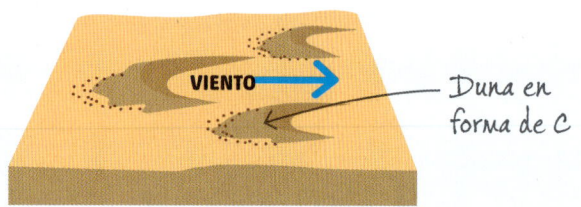

VIENTO

Duna en forma de C

Barjanes

Estas dunas en forma de C son las más habituales. Se forman allí donde el viento suele soplar siempre en la misma dirección.

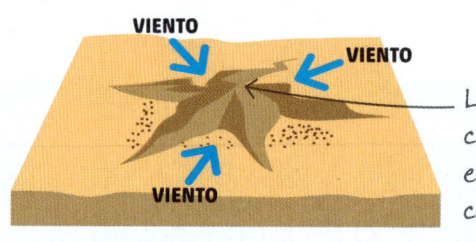

VIENTO

VIENTO

VIENTO

Las crestas coinciden en el punto central más alto.

Dunas en estrella

Muchas de las dunas más altas son dunas en estrella. Tienen tres o más crestas y se forman donde el viento sopla en direcciones diferentes.

CÓMO FUNCIONAN LAS DUNAS

Las dunas son montañas de arena en cambio perpetuo, creadas y modeladas por el viento. Son habituales en las playas, pero las más grandes se forman en los desiertos, donde las extensiones de dunas pueden cubrir cientos de kilómetros.

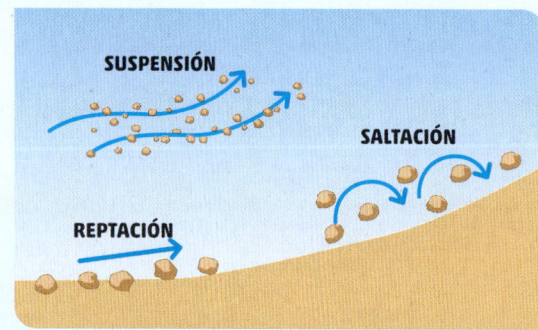

SUSPENSIÓN

SALTACIÓN

REPTACIÓN

CÓMO SE MUEVEN LAS PARTÍCULAS

El viento desplaza la arena de tres formas. Las partículas grandes ruedan por el suelo (reptación). Las medianas se mueven dando saltos (saltación) y las más finas avanzan volando (suspensión). Cuanto más rápido sopla el viento, más grandes son las partículas que puede mover.

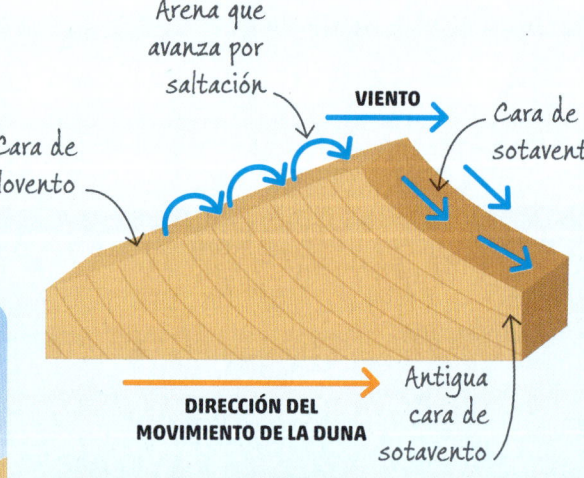

Arena que avanza por saltación

VIENTO

Cara de sotavento

Cara de barlovento

DIRECCIÓN DEL MOVIMIENTO DE LA DUNA

Antigua cara de sotavento

DUNAS EN MOVIMIENTO

La duna se empieza a formar cuando un obstáculo frena el viento y hace que pierda energía y libere su cargamento de arena. La duna, cada vez más grande, bloquea el viento y, por lo tanto, captura todavía más arena y se hace aún más grande. En la cara de barlovento, el viento hace subir los granos de arena por la pendiente poco pronunciada. Se apilan en la parte superior hasta que la cresta pierde la estabilidad y se derrumba hacia el lado más empinado. Cada vez que pasa esto, la duna avanza un poco. Cada año un barján puede llegar a moverse hasta 100 m.

El viento sopla la arena hacia la cara de barlovento de la duna.

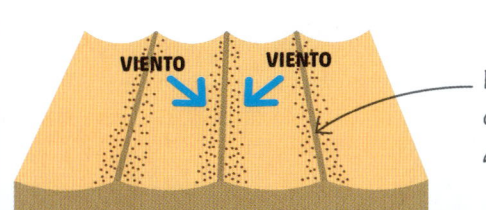

VIENTO **VIENTO**

Larga cresta de arena

Dunas longitudinales
Estas dunas son muy largas y a veces llegan a cubrir hasta 200 km. Se forman allí donde el viento sopla en dos direcciones diferentes.

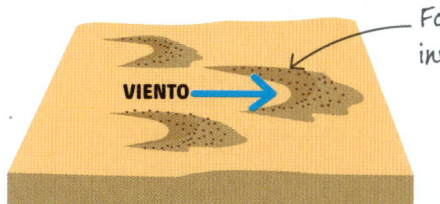

Forma de C invertida

VIENTO

Dunas parabólicas
Las dunas parabólicas se forman si el viento sopla siempre en la misma dirección. Las plantas no dejan que los extremos se desplacen.

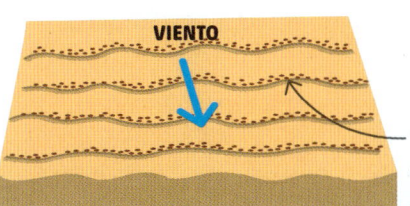

VIENTO

Cresta de arena ondulada

Dunas transversales
Estas dunas forman líneas largas y onduladas que crea el viento cuando sopla en una única dirección y lleva mucha arena.

VIDA EN LAS DUNAS

Es difícil vivir en las dunas, pero algunas especies se han adaptado a este hábitat. El pez de arena es un lagarto que «nada» por la arena para evitar el calor del sol. Esconde las patas cerca de su liso cuerpo estilizado y se desliza por debajo de la superficie.

DUNAS CANTORAS

A veces, una duna puede emitir un retumbo grave parecido al ruido de un avión. Los aludes de arena, que a veces pueden desencadenar las personas, son los responsables de las canciones de las dunas, que pueden durar minutos y escucharse a kilómetros de distancia.

DUNAS MARCIANAS

En otros planetas también hay dunas. Esta imagen en falso color muestra dunas en forma de media luna (en azul) cerca del polo norte de Marte. Las dunas son de arena volcánica y sacan la punta a través de una capa de escarcha de dióxido de carbono (áreas claras).

▼ DUNAS ROJIZAS

Las dunas rojas de Soussusvlei en Namibia, África, han tardado millones de años en formarse. En ellas están algunas de las más altas del mundo, con una altura parecida a la de la torre Eiffel, en Francia. Su color proviene del óxido de hierro de la arena. Las más antiguas presentan un tono más intenso.

La cara de sotavento de una duna es la cara que queda a resguardo del viento.

CÓMO FUNCIONAN LOS
GLACIARES

Los glaciares son gigantescas masas de hielo en movimiento. Es como si fueran ríos de curso muy lento. Se forman en lugares fríos en los que la nieve se acumula antes que se derrita, como por ejemplo en montañas y regiones polares. La mayoría de los glaciares avanzan menos de 1 m al día, pero con el paso del tiempo cambian de manera drástica la forma de los paisajes, moliendo rocas y excavando profundos valles entre montañas.

CUEVAS GLACIARES

El agua de deshielo se filtra por las grietas y erosiona el hielo hasta que llega a la base del glaciar, donde forma túneles y cuevas. Las cuevas del Breidamerkurjökull en Islandia son azules porque el glaciar filtra todos los colores de la luz, salvo el azul.

▼ GLACIAR ALETSCH

Con una longitud de más de 20 km y una profundidad de hasta 900 m, el glaciar Aletsch de Suiza es el mayor glaciar de los Alpes europeos. Este glaciar de valle lleva miles de años excavando un valle en forma de U, pero igual que muchos glaciares, actualmente está menguando debido al cambio climático.

GRIETAS

Las diferentes secciones de un glaciar se mueven a velocidades diferentes, lo que resulta en la formación de grietas gigantes. Estas profundas aberturas, con paredes prácticamente verticales, son un peligro para esquiadores y montañeros.

GLACIAR DE VALLE

Los glaciares de valle son gigantescos ríos de hielo que quedan atrapados entre montañas durante su bajada.

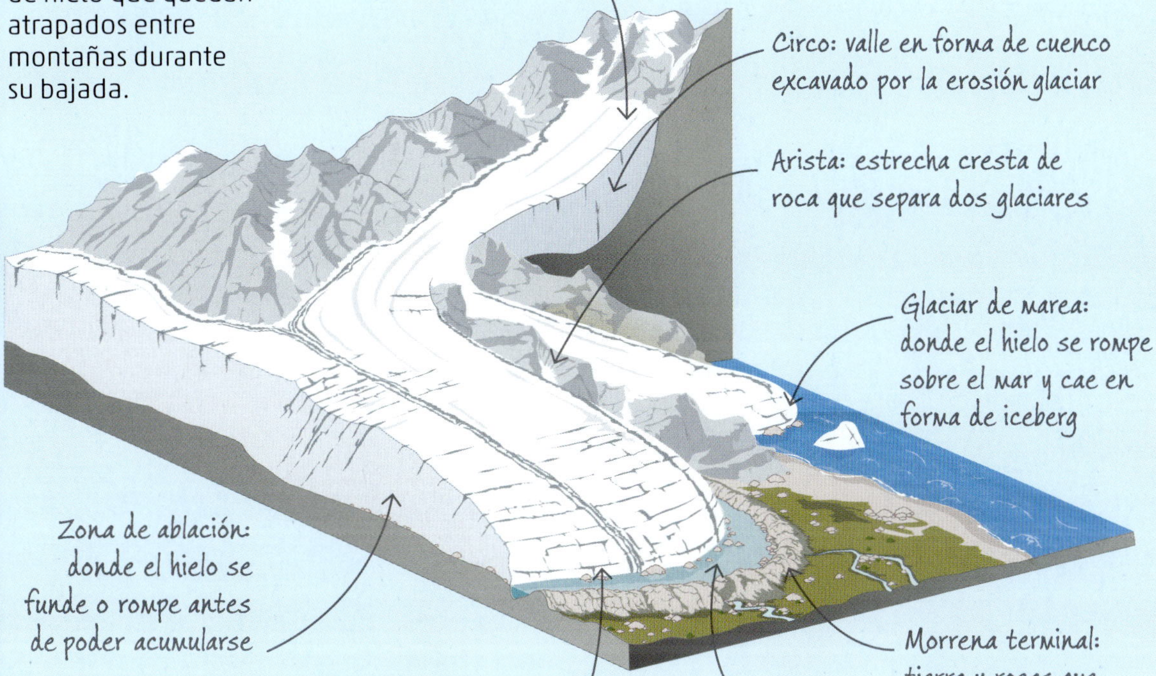

Zona de acumulación: donde cae más nieve que hielo se pierde
Circo: valle en forma de cuenco excavado por la erosión glaciar
Arista: estrecha cresta de roca que separa dos glaciares
Glaciar de marea: donde el hielo se rompe sobre el mar y cae en forma de iceberg
Zona de ablación: donde el hielo se funde o rompe antes de poder acumularse
Morrena terminal: tierra y rocas que ha transportado el glaciar hasta su extremo final
Agua de deshielo
Frente glaciar: donde acaba el glaciar

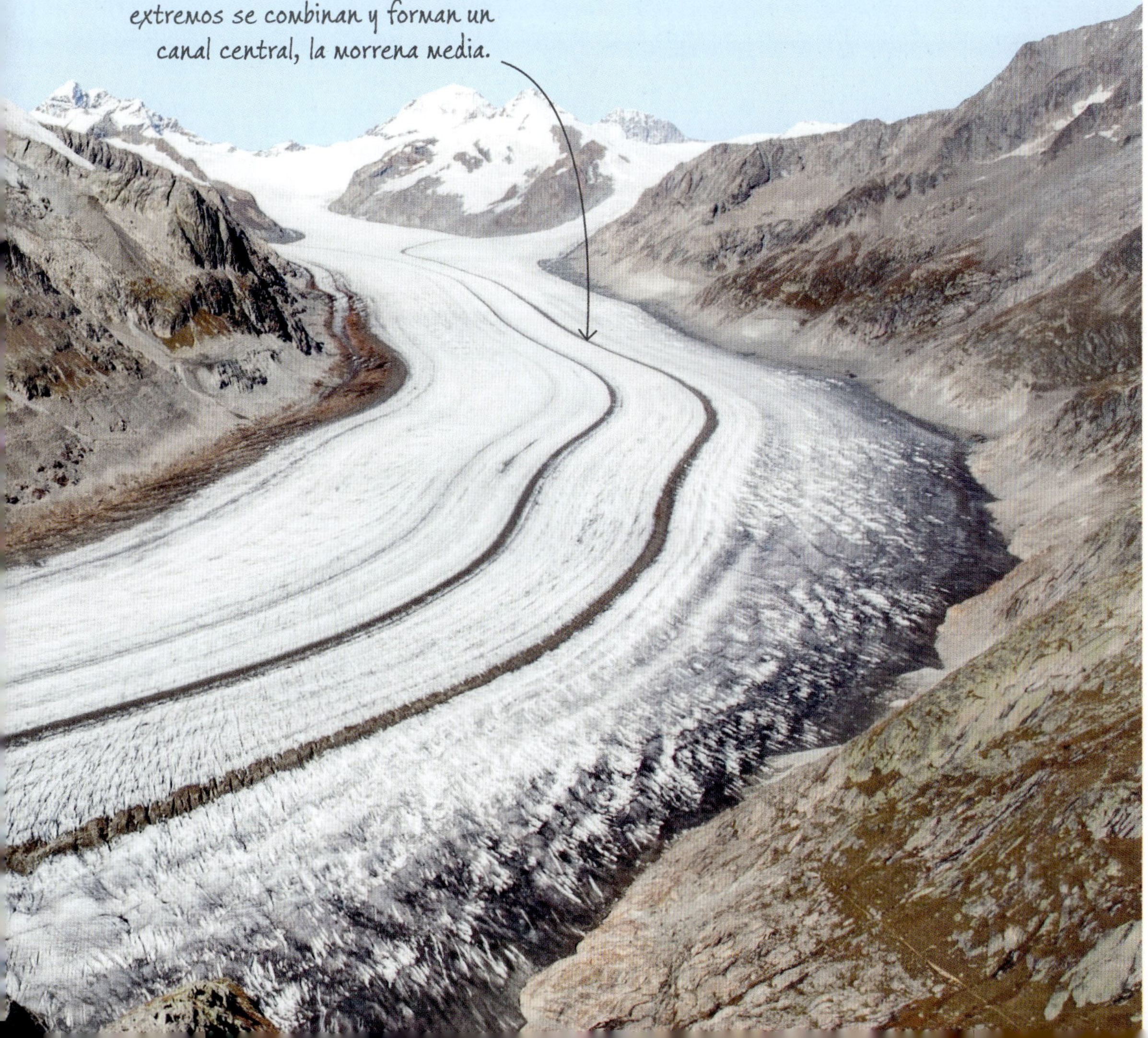

Cuando dos glaciares se encuentran, los escombros de tierra y roca de sus extremos se combinan y forman un canal central, la morrena media.

FORMACIÓN DE HIELO GLACIAR

Los glaciares se forman al acumularse nieve. Con el tiempo, el peso de la reciente aplasta la caída anteriormente y hace salir el aire, lo que la convierte primero en una sustancia granular más densa (firn), de aspecto parecido al azúcar húmedo, y finalmente en hielo sólido. Puede que tengan que pasar miles de años para que el hielo llegue al fondo de un glaciar, y los científicos calculan que el del fondo de la capa de hielo de la Antártida podría tener hasta un millón de años de antigüedad.

SUPERFICIE
NIEVE SUELTA
90 % AIRE
HIELO DE GRANO GRUESO
50 % AIRE
FIRN
20-30 % AIRE
HIELO GLACIAR
20 % AIRE EN BURBUJAS

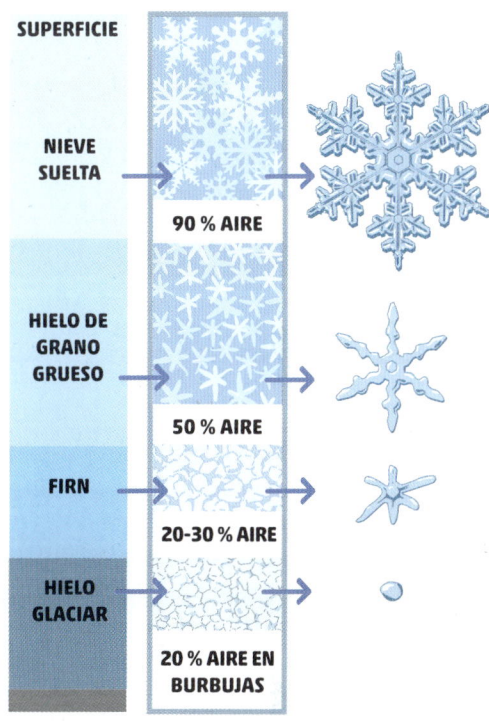

VALLES GLACIARES

Al derretirse los glaciares, los valles que ocupaban quedan en forma de U, con paredes empinadas y suelo curvado. Son distintos de los valles en forma de V que crean los ríos, porque la erosión del glaciar se produce por todo el valle, ampliándolo y haciendo que las paredes sean más inclinadas. Existen muchos valles glaciares en lugares que habían estado cubiertos por glaciares durante la edad de hielo, como en el Parque Nacional Yosemite, Estados Unidos, y los fiordos de Noruega.

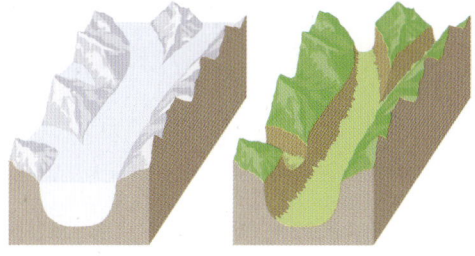

GLACIAR
VALLE EN FORMA DE U

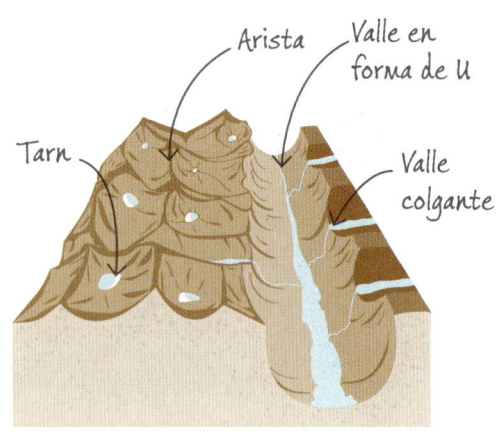

Arista
Valle en forma de U
Tarn
Valle colgante

PAISAJE ESCULPIDO

En lugares en los que había habido glaciares, quedan signos que demuestran que los ríos de hielo esculpieron las diferentes formas de las montañas y los valles.

VALLE COLGANTE

Un valle colgante es un valle de paredes elevadas creado por un glaciar tributario que antes alimentaba a un glaciar mayor. El valle queda por encima porque el glaciar más pequeño contenía menos hielo y no pudo erosionar a tanta profundidad como el principal. Los valles colgantes suelen terminar en una cascada.

◀ CASCADA STIRLING, NUEVA ZELANDA

ARISTA

Una arista es una afilada cresta rocosa esculpida entre valles glaciares vecinos. La palabra tiene su origen en el vocablo latín que designa la espina del pescado, cuya forma nos recuerda.

◀ BEN NEVIS, ESCOCIA

▲ TARN DE GRANITE CREEK, ALASKA

TARN

Los pequeños lagos que se forman en las alturas de las montañas, en el valle en forma de cuenco (circo) que antes ocupaba el cuerpo de un glaciar, se conocen como tarns. Su nombre proviene de *tjörn*, una palabra del escandinavo antiguo que significa «charca».

VALLE EN FORMA DE U

A medida que los glaciares van avanzando, arrastran rocas que van puliendo en valles fluviales en forma de V. El resultado de este proceso son los valles en forma de U, de empinadas paredes y fondo redondeado.

PARQUE NACIONAL YOSEMITE, ESTADOS UNIDOS ▶

RELIEVES GLACIARES

Los glaciares dan forma y moldean nuestros paisajes
esculpiendo valles, reformando montañas y modificando el suelo y las rocas. Antaño, los glaciares habían llegado a cubrir más de un tercio de la superficie de la Tierra, y los elementos que dejaron nos aportan una valiosa información sobre los climas del pasado.

BLOQUE ERRÁTICO

Los bloques erráticos son rocas que los glaciares transportan y abandonan en una ubicación donde las rocas autóctonas son diferentes. Pueden ser pequeños como un guijarro o más grandes que una casa. Estudiando los bloques erráticos, los geólogos pueden averiguar por dónde avanzaban los antiguos glaciares.

YORKSHIRE, REINO UNIDO

MORRENA

Morrena es el nombre que designa las rocas y la tierra que desplaza y acaba abandonando el glaciar. El sedimento que se acumula en el punto más alejado del glaciar se conoce como morrena terminal, y viene a ser el equivalente de la línea de pleamar en una playa.

◀ **GLACIAR KASKAPAKTE, SUECIA**

Morrena terminal

LAGO DE DOLINA

Cuando los grandes bloques de hielo de los glaciares en retroceso quedan separados por las rocas y piedras que llevan los glaciares, se derriten y crean huecos en el terreno. Estos a veces se llenan de agua y forman charcas profundas conocidas como lagos de dolina.

ALASKA, ESTADOS UNIDOS ▶

ESKER

Los eskers son crestas de arena y grava que dejan los ríos de deshielo que habían avanzado en túneles por debajo del glaciar. Los eskers más largos llegan a cubrir cientos de kilómetros, y los más altos tienen hasta 30 m de altura.

▼ **MANITOBA, CANADÁ**

DRUMLIN

Los glaciares avanzan arrastrándose por el paisaje y crean nuevos baches y protuberancias, conocidos como drumlins, con los escombros que llevan. Los montículos tienen un extremo más alargado que señala en la dirección que avanzaba el glaciar.

◀ **BAHÍA DE CLEW, IRLANDA**

DEPÓSITOS GLACIARES

Los glaciares transportan rocas y tierra a medida que avanzan. Cuando los glaciares se derriten, todos estos escombros quedan depositados en el terreno, donde forman elementos característicos en el paisaje, como drumlins, eskers, bloques erráticos y morrenas.

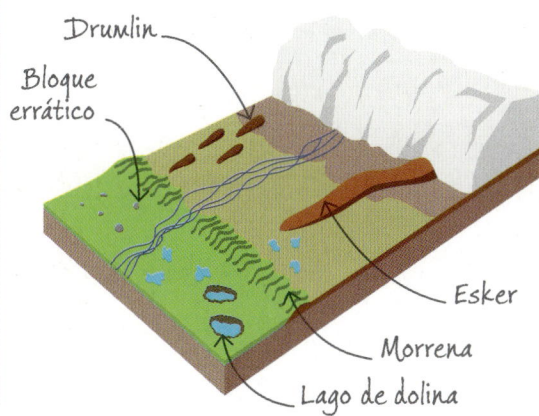

Drumlin

Bloque errático

Esker

Morrena

Lago de dolina

CÓMO FUNCIONAN LOS ICEBERGS

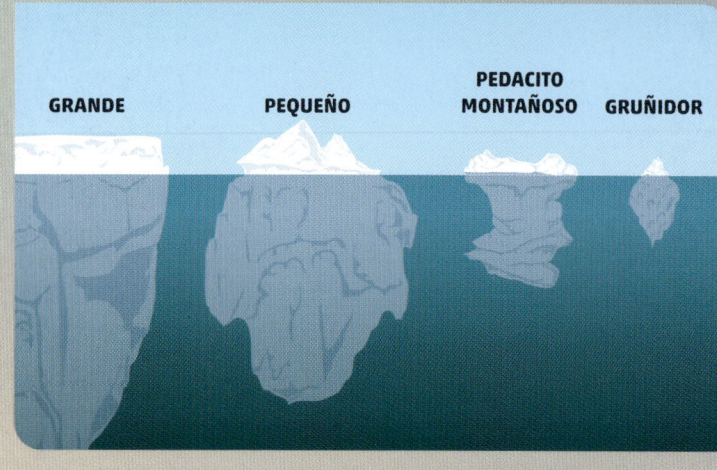

Los icebergs son como enormes cubitos de hielo que flotan por el océano. Están formados por hielo de agua dulce desprendido del frente de un glaciar o una plataforma de hielo. Se forman en las partes más frías del mundo y se pueden encontrar en los océanos Ártico y Atlántico Norte, y alrededor de la Antártida. Las corrientes oceánicas pueden llevarlos a la deriva miles de kilómetros; algunos incluso llegan a estar años deambulando hasta que no se derriten por completo.

ICEBERGS, PEDACITOS MONTAÑOSOS Y GRUÑIDORES

Los icebergs se clasifican según su tamaño. Los más pequeños son del tamaño de un coche. Los siguientes tienen aproximadamente el tamaño de una casa pequeña. Las otras cuatro categorías tienen nombres más sencillos: pequeños, medianos, grandes y muy grandes. Los de mayor tamaño pueden ser más grandes que algunos países.

VISTA SUBMARINA

Visto por debajo, el iceberg tiene un aspecto moteado porque al derretirse, el hielo deja marcas en su superficie. Los fragmentos de roca y tierra que recoge la base del glaciar en tierra firme se hunden hasta el lecho marino a medida que el iceberg se va derritiendo, aportando así nutrientes a la vida marina.

Las burbujas de aire del hielo reflejan la luz blanca y les dan el aspecto blanco.

ICEBERGS GIGANTES

Las grietas en las plataformas de hielo alrededor de la Antártida crean los icebergs más gigantescos, que son de forma plana (o tabular). En 2017, esta grieta de la barrera de hielo Larsen C hizo que se desprendiera un descomunal iceberg, conocido como A-68. medía 175 km de largo y 50 km de ancho.

¿DE DÓNDE VIENEN LOS ICEBERGS?

En el proceso de separarse del glaciar, cuando los icebergs se forman, provocan un potente estruendo al caer al mar. También pueden causar grandes olas. La mayoría de los icebergs del hemisferio norte provienen de Groenlandia: los glaciares de Groenlandia occidental producen 10 000 icebergs o más cada año. La mayoría de los del hemisferio sur tienen su origen en la Antártida.

ESCULTURAS DE HIELO

Los icebergs no se derriten uniformemente. La incesante acción del viento, la lluvia, las olas y las corrientes oceánicas pueden erosionar los icebergs de manera poco ordenada, como le ha sucedido a este iceberg con arco del océano Atlántico Norte.

Las partes azules de los icebergs están compuestas por hielo con menos burbujas de aire.

◄ ISLAS FLOTANTES

El hielo es menos denso que el agua, por eso los cubitos de hielo flotan en la bebida y los icebergs flotan en el mar. Los icebergs más grandes pesan más de 10 millones de toneladas y llegar a una altura de hasta 20 autobuses de dos pisos por encima de la superficie del océano. La mayor parte de los icebergs queda oculta bajo el agua: solo una décima parte de su volumen sobresale en las olas.

CÓMO GIRAN LOS RÍOS

Todos los ríos serpentean por tierra describiendo un patrón de ondas y curvas. Los meandros de los ríos no son fijos, sino que cambian continuamente a medida que los ríos erosionan el suelo y transportan enormes cantidades de tierra, arena y guijarros de un lugar a otro. Durante el transcurso de largos periodos de tiempo, los ríos cambian de curso, pero los cambios drásticos también pueden surgir de repente, con una inundación.

Entrada de agua
Sedimento
Mesa inclinada
El filtro retira el sedimento
Depósito y bomba
Desagüe

MESA FLUVIAL

Los científicos estudian cómo cambian los ríos con el paso del tiempo observando modelos en mesas fluviales. Se bombea agua en el extremo superior de la mesa y se deja que baje por un lecho de sedimento artificial. El flujo de agua arrastra el sedimento abajo y esculpe un canal que cambia de forma continuamente.

▼ RÍOS Y MODELOS

Tienen que pasar muchos años para que los grandes ríos cambien de curso, pero se puede observar el mismo proceso en cuestión de minutos si se construye un modelo de río en el laboratorio. El agua recoge sedimentos en los puntos donde avanza rápidamente y los deposita donde frena. Los meandros se hacen más grandes con el tiempo porque el agua avanza más rápido por el exterior de la curva, donde erosiona el suelo con más fuerza.

Sedimento erosionado

Sedimento depositado

Aparición del meandro

Meandro ancho por la retirada de sedimento

Sedimento depositado en la barra

❶ SE FORMA EL CANAL
El flujo de agua crea un canal al retirar los sedimentos. Las partículas más ligeras (las amarillas) son las primeras que se recogen y se depositan más abajo, cuando el agua es más lenta.

❷ FORMACIÓN DE LOS MEANDROS
Los meandros pueden aparecer en cualquier lugar donde haya pequeños obstáculos que desvíen el agua hacia un lado. El agua avanza más rápido por el exterior de los meandros, por eso cada vez se hacen más grandes.

❸ MEANDROS MÁS ANCHOS
Los meandros ondulan el río. Los sedimentos se acumulan en el interior de los meandros, donde el agua es más lenta, y se forman orillas superficiales (barras de sedimentos). El río fluye alrededor de esos obstáculos y los meandros se hacen aún más anchos.

Orilla más plana donde el sedimento se deposita en la barra de sedimentos

Orilla del río de erosión empinada

UN MEANDRO POR DENTRO

El río, además de ser más rápido, también es más profundo en el exterior del meandro. El agua baja a toda velocidad y en espiral, lo que desgasta la empinada pared erosionada de la orilla. En el lado contrario del río, más lento, el sedimento se va acumulando hasta llegar a formar una orilla superficial de arena y guijarros conocida como barra de sedimentos.

El flujo avanza en espiral.

Formación del atajo

BRAZOS MUERTOS

Con el tiempo, los meandros se vuelven cada vez más grandes, hasta que solo queda una estrecha franja de tierra entre curvas vecinas. Si el río logra superarla, el nuevo canal tiene un caudal más rápido y corta un nuevo lecho que abandona sedimentos en los laterales. Estos sedimentos aíslan el meandro antiguo y crean un brazo muerto.

SE ENSANCHAN LOS MEANDROS   **SE FORMA LA CURVA**   **BRAZO MUERTO**

POZAS Y RABIONES

Incluso un único guijarro puede ser el responsable de crear un meandro. La minúscula alteración del flujo del agua alrededor de un guijarro provoca cambios que se amplían con el paso del tiempo y que crearán elementos como pozas, rabiones (bancos de guijarros sumergidos) y meandros.

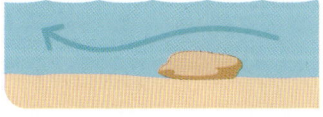

❶ OBSTRUCCIÓN
Cuando el agua se encuentra con un guijarro en el lecho del río, el flujo tiene que pasar por encima.

❷ FORMACIÓN DE HUECOS
El agua va alrededor del guijarro, se arremolina y acelera, y recoge arena del lecho. Se forman huecos en los puntos en los que se retira la arena.

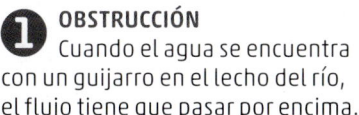

Rabión   Poza

❸ POZAS Y RABIONES
El guijarro acaba desplazado; los huecos se unen y crecen hasta formar una poza. Más abajo aparece un rabión, donde se acumulan guijarros y arena.

Erosión

❹ SE FORMAN ATAJOS
Si el meandro se hace muy grande, el río crea un atajo, que puede acabar formando un brazo muerto: una extensión de agua separada del río.

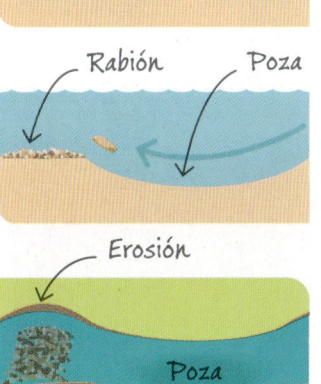

Poza

Rabión

❹ FORMACIÓN DEL MEANDRO
El rabión es un obstáculo que el agua intenta salvar rodeándolo, haciendo que la orilla del río se erosione y se forme un meandro.

RÍO TRENZADO

La mayoría de los ríos fluyen por un único canal. Sin embargo, si llevan mucha agua, su cauce se inclina o el agua está llena de sedimentos finos, el río quizá se descompone en una red de canales interconectados: un río trenzado. Como este de Islandia, un río trenzado tiene islas en las que se acumulan sedimentos. Las islas son inestables. Crecen, se encogen y desaparecen al irse modificando el curso de los canales.

CÓMO FUNCIONAN LAS
CASCADAS

Una cascada es la viva imagen de la fuerza de la erosión. La caída del agua y su cargamento de guijarros impacta de manera continua sobre el lecho del río bajo la cascada, llevándose el lecho de roca y comiéndose el acantilado. Las cascadas quizá parezcan inamovibles, pero avanzan río arriba muy lentamente, centímetro a centímetro. Dentro de miles de años, todas las cascadas se habrán desgastado por completo.

Una caída repentina en el lecho de un río se conoce con el término inglés *knickpoint*.

Voladizo de roca dura de la parte superior de la cascada.

La fuerza del agua desgasta la roca más débil.

CASCADA SEGMENTADA
Existen muchos tipos diferentes de cascadas. Las cataratas del Iguazú en Sudamérica son una cascada segmentada, ya que se compone de varios canales separados por islas de roca.

CASCADA DE BLOQUE
Las cascadas de bloque se forman en ríos anchos. El agua desciende en una ancha cortina sin interrupciones. La catarata Canadiense, una de las tres que forman las cataratas del Niágara en la frontera entre Estados Unidos y Canadá, es de este tipo.

CASCADA ESCALONADA
En una cascada escalonada, el río salta por una serie de escalones de roca. Las cataratas Detian, en la frontera entre Vietnam y China son un ejemplo de cascada escalonada.

CASCADA EN ABANICO
Las cascadas en abanico se abren sobre la roca horizontalmente a medida que el agua va bajando. La cascada Union, en Montana, Estados Unidos, es una cascada en abanico.

◀ CASCADA EN PICADO

La cascada Helmcken, en la Columbia Británica, Canadá, es una cascada en picado. El agua sale desde una repisa colgante y cae verticalmente por el aire, sin tocar la roca, hasta llegar a la poza, abajo.

CÓMO SE FORMAN LAS CASCADAS

Las cascadas aparecen con más frecuencia en terrenos empinados, donde los ríos bajan con más fuerza. Muchas empiezan a formarse cuando una veta de roca dura coincide con otra veta de roca blanda.

Roca dura

Roca blanda

1 CAMBIO EN EL LECHO DE ROCA
Una cascada se puede empezar a formar si el río pasa a través de un límite entre roca dura resistente a la erosión y un tipo de roca más blando.

2 FORMACIÓN DE LA CAÍDA
La roca más blanda se erosiona más deprisa que la roca dura y crea la caída. El agua gana fuerza al caer y acelera el proceso de erosión.

Voladizo

3 CUENCA SUMERGIDA
La caída del agua y los guijarros se arremolinan por la base del acantilado y excavan una ancha cuenca sumergida. El acantilado bajo la roca resistente retrocede y crea el voladizo.

4 SUBIDA
Al final, el voladizo acaba colapsando cuando ya no queda material debajo que lo sustente. El acantilado sigue retrocediendo, y el proceso se repite, haciendo que la cascada suba río arriba.

CATARATAS VICTORIA

En la lengua del pueblo lozi de África, las cataratas Victoria son «el humo que retumba». Los turistas notan en los pies su estruendo antes de verlas. Son las más grandes del mundo, con un ancho y una altura que duplica las del Niágara. Se formaron a partir de un área débil creada por una grieta en el lecho de roca basáltica. La erosión convirtió esta grieta en la garganta que hoy engulle el río Zambeze, y a veces a algún desafortunado cocodrilo o hipopótamo.

CÓMO FUNCIONA UNA
INUNDACIÓN

Las inundaciones se producen cuando grandes cantidades de agua sumergen terrenos que normalmente están secos. Algunas se producen de manera muy rápida y toman por sorpresa a las personas, pero otras se gestan gradualmente durante meses. Pueden causar daños devastadores, pero algunas son beneficiosas. Las crecidas de los ríos, por ejemplo, aportan sedimentos a la tierra y abonan el terreno.

▶ CRECIDAS

El deshielo o las fuertes lluvias pueden hacer que los ríos se desborden. En 2019, un invierno y primavera muy húmedos en el medio oeste de Estados Unidos acabaron con unas crecidas catastróficas del río Misisipi. Las áreas urbanas quedaron sumergidas, y hubo pérdidas de vidas y daños de miles de millones de dólares. Estas imágenes por satélite muestran la crecida cerca de la ciudad de Memphis, a la derecha.

DEFENSAS CONTRA INUNDACIONES
Aunque algunas inundaciones sean inevitables, existen maneras de reducir los daños que provocan, o incluso llegar a prevenirlos.

DEFENSAS NATURALES
Muchos humedales absorben el exceso de agua y luego la liberan lentamente en los meses secos. Los árboles también absorben mucha agua a través de las raíces, y los terrenos de vegetación densa frenan el avance del agua. Por ello, recuperar y promover los hábitats naturales, por ejemplo reintroduciendo castores en áreas concretas, puede protegernos contra las inundaciones.

DEFENSAS ARTIFICIALES
La mayoría de las defensas artificiales contra inundaciones son barreras físicas que retienen el agua, ya sea en el interior del río o a lo largo de sus orillas. La barrera del Támesis en Londres, Reino Unido, protege la ciudad de pleamares amenazantes impidiendo la entrada de agua con compuertas rotatorias entre muelles de hormigón.

FEBRERO DE 2014 (ANTES DE LA CRECIDA)

FEBRERO DE 2019 (DURANTE LA CRECIDA)

INUNDACIONES PLUVIALES

A veces cae un chaparrón sobre el suelo duro de las áreas urbanas, los sistemas de desagüe se colapsan y se produce una inundación pluvial. El agua queda atrapada entre edificios y áreas pavimentadas, se encharca en puntos bajos y convierte las calles en ríos.

INUNDACIONES COSTERAS

Cuando la pleamar coincide con una tormenta, las grandes olas pueden inundar las zonas del litoral. Los huracanes también pueden hacer subir el nivel del mar y provocar inundaciones incluso peores; los terremotos submarinos pueden causar tsunamis que barren todo lo que encuentran a su paso.

INUNDACIONES SUBTERRÁNEAS

La tierra y la roca porosa absorben la lluvia como una esponja. El agua subterránea suele avanzar lentamente hacia los ríos y la costa, pero los episodios largos de lluvia pueden hacer que se acumule más rápido que lo que tarda en vaciarse, hasta llegar a aparecer en la superficie y provocar una inundación.

CÓMO FUNCIONAN LOS
CAÑONES

Los cañones son valles profundos de paredes rocosas. Se forman a lo largo de millones de años al erosionar los ríos la roca y se van haciendo profundos. La mayoría de los grandes cañones se dan en regiones áridas, donde la meteorización y la erosión afectan sobre todo áreas cercanas al río. En climas más húmedos, los ríos crean valles en forma de V, pues la meteorización es más general.

▼ **GRAN CAÑÓN**
El Gran Cañón, en Arizona, Estados Unidos, es tan descomunal que si se vertiera en su interior toda el agua de todos los ríos de la Tierra, el cañón se llenaría tan solo hasta la mitad. Las paredes del cañón contienen casi 40 vetas de roca distintas; las más antiguas, en el fondo, tienen una edad de casi dos mil millones de años.

El paisaje es llano y seco.

Las franjas de roca se desgastan a su ritmo según la dureza y crean escalones.

Las rocas caídas se acumulan en taludes.

El río Colorado desgasta lentamente la roca del lecho del río.

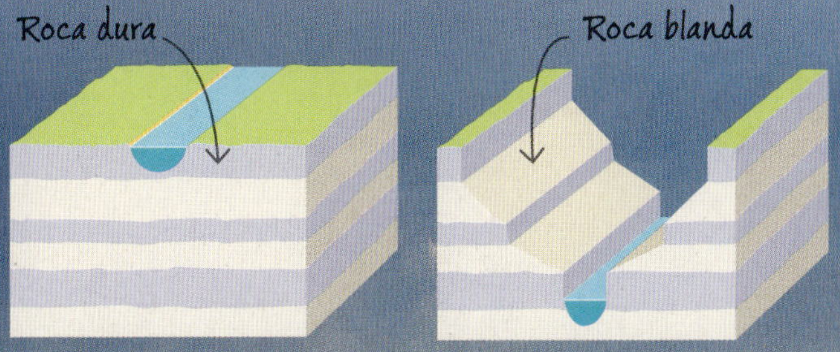

Roca dura

Roca blanda

CAÑÓN ESCALONADO

CÓMO SE FORMÓ EL GRAN CAÑÓN

El Gran Cañón es un cañón escalonado. Algunas de sus partes empezaron a formarse hace 70 millones de años, pero la mayoría se formaron en los últimos 6 millones de años, cuando el río Colorado talló la roca. Los escalones se forman porque la meseta del Colorado alterna capas de roca blanda y roca dura que se erosionan a velocidades diferentes.

La roca expuesta se debilita y acaba derrumbándose con el tiempo, haciendo el cañón más ancho por la parte superior.

CAÑÓN COLORADO, EGIPTO

CAÑONES DE RANURA

Los cañones estrechos de paredes verticales, como el Cañón Colorado de Egipto, se forman cuando el agua baja rápidamente a través de una única capa de roca. El agua erosiona la roca por abrasión: recoge escombros que actúan como papel de lija contra las paredes del cañón, especialmente cuando se producen inundaciones relámpago.

EROSIÓN VERTICAL
El agua talla rápidamente hacia abajo a través de una única capa de roca.

FORMACIÓN DEL SUELO
Si encuentra una capa más blanda, el cañón se ensancha con rapidez.

MAPA DE PROFUNDIDAD GENERADO POR ORDENADOR DEL CAÑÓN DE MONTEREY, CALIFORNIA

CAÑONES EN EL MAR

Los cañones submarinos están en el lecho marino cerca de los continentes. Es posible que tiempo atrás los ríos cortaran las partes superiores de estos cañones, cuando el nivel del mar era más bajo. Más tarde, al subir el nivel, los desprendimientos submarinos y las corrientes oceánicas hicieron crecer la longitud y la profundidad de los cañones.

CAÑÓN DEL ANTÍLOPE

Las paredes sinuosas de este cañón de Arizona, Estados Unidos, indican cómo se formó. El Cañón del Antílope es un cañón de ranura, esculpido en la arenisca del desierto inundación tras inundación. Durante miles de años, un sinfín de inundaciones relámpago con arena y barro han ido puliendo sus paredes. Incluso hoy, las inundaciones de la lluvia que cae muy lejos pueden llenar el cañón sin previo aviso.

CÓMO FUNCIONA EL
AGUA SUBTERRÁNEA

Más del 99 por ciento del agua dulce no congelada de la Tierra está oculta bajo tierra, atrapada en los diminutos espacios entre partículas de roca y tierra. Esta agua se conoce como agua subterránea, se mueve mucho más lentamente que el agua superficial y puede permanecer bajo tierra durante miles o millones de años. Es la que ayuda a que los ríos continúen llevando agua durante periodos de sequía, y aporta agua para la agricultura, y también para beber, a más de una quinta parte de la población del mundo.

▼ OASIS

En el desierto del Sahara, el agua subterránea puede emerger en los puntos de terreno bajo y formar oasis. El lago Gaberoun en Libia se alimenta del agua atrapada durante miles de años en rocas que quedan bajo las dunas. La evaporación ha hecho que el agua del lago sea demasiado salada para beber, pero los viajeros del desierto tienen algunos pozos con agua potable cerca.

Un mar de arena (erg) rodea el oasis.

El agua del lago Gaberoun es cinco veces más salada que la del mar. Se flota en ella sin necesidad de nadar.

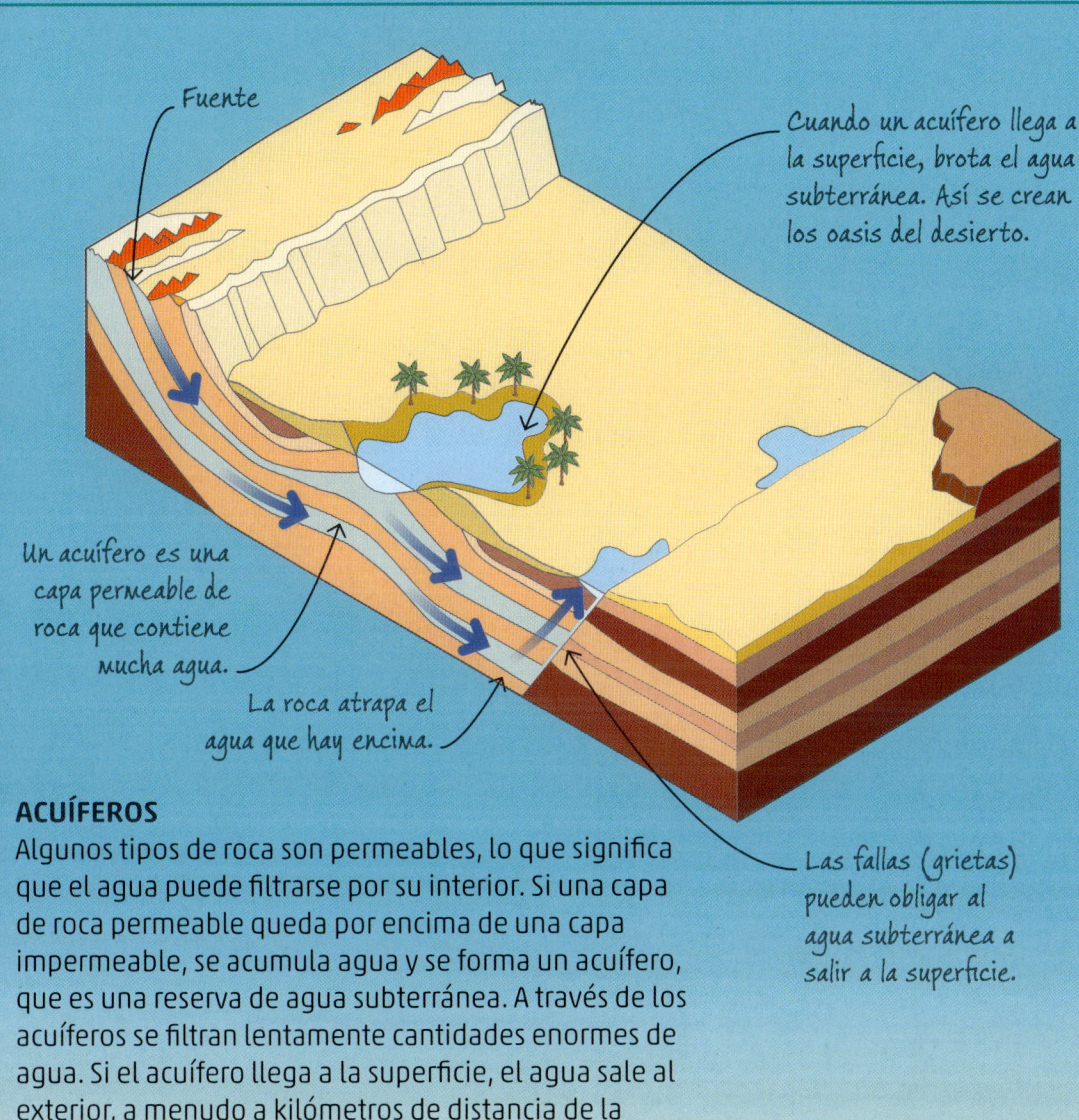

Fuente

Cuando un acuífero llega a la superficie, brota el agua subterránea. Así se crean los oasis del desierto.

Un acuífero es una capa permeable de roca que contiene mucha agua.

La roca atrapa el agua que hay encima.

Las fallas (grietas) pueden obligar al agua subterránea a salir a la superficie.

ACUÍFEROS

Algunos tipos de roca son permeables, lo que significa que el agua puede filtrarse por su interior. Si una capa de roca permeable queda por encima de una capa impermeable, se acumula agua y se forma un acuífero, que es una reserva de agua subterránea. A través de los acuíferos se filtran lentamente cantidades enormes de agua. Si el acuífero llega a la superficie, el agua sale al exterior, a menudo a kilómetros de distancia de la fuente original.

Alrededor de los oasis del Sahara crecen palmeras datileras.

AGUA EN LA ROCA

Algunos tipos de roca tienen pequeños huecos entre sus granos en los que penetra el agua. Para que una roca forme un buen acuífero, debe haber conexiones entre estos huecos para que el agua pueda avanzar. Las rocas sedimentarias, como la arenisca y la creta, son las mejores para crear acuíferos.

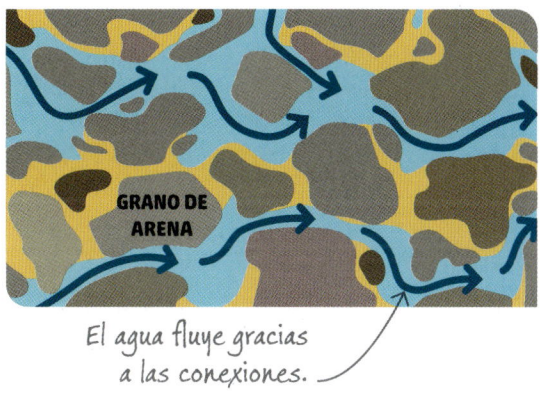

GRANO DE ARENA

El agua fluye gracias a las conexiones.

POZOS

Los pozos son profundos agujeros que llegan al agua subterránea. Normalmente, el agua de los pozos debe bombearse o sacarse a cubos. En algunos pozos, el agua brota por su propia presión. Estos manantiales se conocen como pozos artesianos y se forman cuando un agujero conecta con un acuífero confinado alimentado por una fuente de agua que queda a mayor altura que el pozo.

RÍOS SUBTERRÁNEOS

No toda el agua subterránea está atrapada en la roca permeable. En las zonas de piedra caliza, la acidez natural de la lluvia se come los minerales de las rocas y forma cavidades que acaban siendo cuevas. Por estos sistemas de cuevas fluyen ríos subterráneos, que en algún lugar forman cascadas y lagos ocultos.

CÓMO FUNCIONAN LAS CUEVAS

Las cuevas son espacios subterráneos naturales en rocas que se pueden explorar. Su tamaño va desde pequeños huecos en los que apenas se puede colar una persona hasta enormes cavernas de kilómetros de longitud. Algunas están llenas de agua y otras están secas o solo gotean. Pueden ser de distintos tipos de roca, pero la mayoría se forman en piedra caliza.

Un arroyo en la superficie desaparece bajo tierra a través de un sumidero.

Galería seca: el antiguo curso de un arroyo subterráneo

Sumidero

Las grietas de la piedra caliza permiten la filtración del agua

Estalactita

Piedra caliza

El arroyo subterráneo sigue ampliando el sistema.

Río subterráneo

Columna

Estalagmita

SISTEMA DE CUEVAS DE PIEDRA CALIZA

La lluvia es ácida por naturaleza, porque absorbe el dióxido de cárbono del aire. Por eso reacciona químicamente con los minerales de la piedra caliza, los disuelve en algunos puntos para formar cuevas y los deposita en otros para formar espeleotemas (estalactitas, estalagmita y demás).

Los macarrones son finos tubos huecos formados por gotas a partir del techo de la cueva; cada gota forma un fino anillo de calcita, un mineral.

Las estalactitas se forman al obstruirse el interior de los macarrones. El agua empieza a bajar por el exterior, lo que permite que la calcita se deposite en forma de cono más grueso.

Las columnas se crean cuando se unen una estalactita y una estalagmita.

Las estalagmitas se forman a partir de gotas que impactan en el suelo de la cueva y crean depósitos de calcita que van subiendo con el tiempo.

Las coladas son láminas de calcita que se forman con el agua que baja por las paredes o avanza por el suelo de una cueva.

◄ UNA CUEVA POR DENTRO

La cueva de Harrison es una cueva de piedra caliza situada en la isla caribeña de Barbados. Contiene todo tipo de elementos geológicos, como estalactitas, estalagmitas y columnas. Todas estas formaciones se forman a partir de depósitos minerales que aporta el agua subterránea que gotea por la cueva.

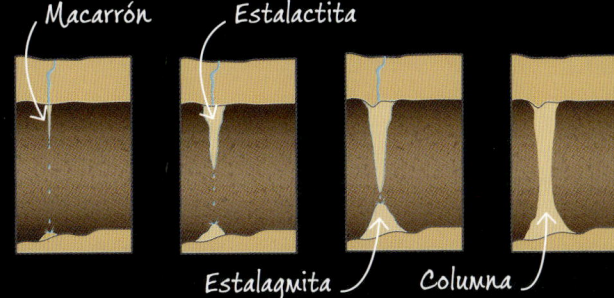

Macarrón   Estalactita

Estalagmita   Columna

FORMACIÓN DE COLUMNAS

Las columnas se forman cuando se fusionan una estalactita y una estalagmita. El proceso puede tardar miles de años. La más alta que se conoce mide un poco más de 60 m y se encuentra en una cueva de Tailandia.

CUEVAS INUNDADAS

El agua puede llenar rápidamente las cuevas cuando llueve. Los espeleólogos deben comprobar la previsión meteorológica para evitar quedar atrapados; muchos llevan equipo de buceo para explorar bajo el agua.

ANIMALES DE LAS CUEVAS

Muchas cuevas alojan su propia vida salvaje exclusiva. No hace falta tener ojos en la oscuridad absoluta, por eso algunas especies, como esta salamandra, los han perdido.

TERRENO FÉRTIL

El terreno de los deltas se compone sobre todo de lodo, un sedimento que hace que el suelo sea rico y fértil. El delta del Ganges es una de las regiones más fértiles.

En los deltas, los ríos se dividen en muchas bifurcaciones (efluentes).

Las áreas de color verde oscuro son manglares naturales.

CÓMO SE FORMA UN DELTA

Los científicos estudian cómo crecen los deltas dejando correr agua por una gran bandeja de arena coloreada. La ligera arena amarilla acaba siendo arrastrada hacia el mar, donde se acumula en forma de abanico y crea terreno nuevo. Al apilarse la arena en un punto, el río se ve obligado a cambiar su curso y empieza a depositar sedimentos en otro sitio. El delta crece porque el río cambia de curso de manera continua y se ramifica al avanzar.

❶ EROSIÓN
El río avanza, erosiona el suelo y arrastra partículas de sedimento aguas abajo, hacia el mar.

❷ DEPÓSITO
El río pierde velocidad al acercarse al mar, lo que hace que los sedimentos dejen de avanzar con el agua y se acumulen.

❸ ABANICO
El sedimento adopta forma de abanico, entra en el mar y crea suelo nuevo. El río cambia su curso al avanzar por encima.

❹ DELTA
El río sigue avanzando, ramificándose y formando nuevos canales. Cada canal deposita más sedimentos y amplía así el delta.

UN DELTA POR DEBAJO

Los deltas crecen porque el río aporta más sedimentos que los que se llevan las olas. Los sedimentos más antiguos suelen estar debajo, y los más recientes, arriba. Los guijarros y la grava se acumulan donde el río llega al mar, y las arenas más finas y el barro suelen quedarse más lejos.

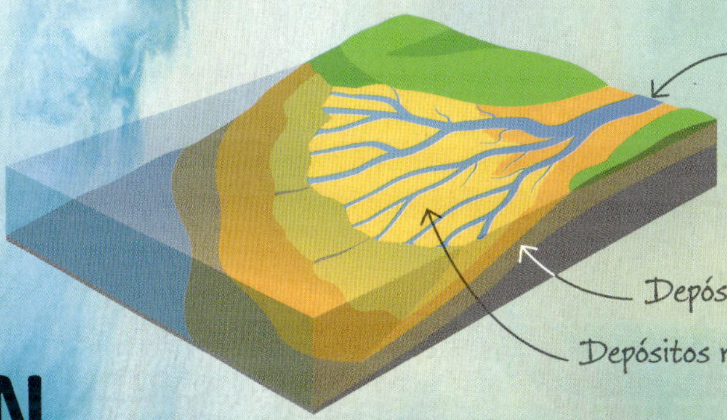

Río

Depósitos antiguos

Depósitos recientes

▲ DELTA DEL GANGES

En el delta del Ganges en la India y Bangladés (el más grande, unas tres veces mayor que Bélgica) viven unos 280 millones de personas. En esta imagen de satélite se ven las enormes masas de sedimento que avanzan por el océano Índico.

CÓMO FUNCIONAN
LOS DELTAS Y LOS
ESTUARIOS

Los ríos llevan una gran cantidad de sedimentos de la tierra al mar. Los más grandes vierten tanto sedimento en la costa que se acumula y forma terreno nuevo: un delta. Los más pequeños tienen desembocaduras anchas y fangosas conocidas como estuarios, donde el río y la marea libran una batalla para desplazar la arena y el barro.

ESTUARIOS

En un estuario, el barro y la arena penetran tierra adentro cuando la marea sube, pero el río los vuelve a echar cuando baja la marea. Estas fuerzas crean grandes canales entre islas de sedimento. Los estuarios con las corrientes más poderosas hacia el interior quedan colmados de barro y son problemáticos para los barcos. Los estuarios con corrientes más fuertes hacia el exterior son más estables y tienen canales más profundos.

CÓMO CAMBIA LA LÍNEA DE COSTA

PLATAFORMAS COSTERAS

Cuando una línea costera rocosa se retira con el tiempo, puede que quede una superficie rocosa horizontal o de pendiente suave. En ella puede haber charcas de marea que quedan bajo el agua en pleamar y expuestas en bajamar.

Las líneas costeras son un elemento del planeta en cambio constante. El embate de las olas erosiona constantemente los acantilados rocosos de las costas, donde esculpen cuevas y debilitan sus paredes, que acaban derrumbándose en el mar. Las olas también depositan arena y rocas en la línea costera, donde forman playas que cubren partes del litoral.

▶ LÍNEAS COSTERAS ROCOSAS

El desgaste gradual de las líneas costeras rocosas crea unos paisajes increíbles, como estas formaciones de creta, llamadas Old Harry Rocks, ante la costa de Dorset en el Reino Unido. Las olas erosionan los acantilados y también depositan rocas y arena en las bahías a lo largo de la costa.

La creta es una roca sedimentaria que se erosiona fácilmente y crea acantilados blancos.

Tiempo atrás, este farallón estaba unido a tierra firme.

ESPIRÁCULOS
Los espiráculos se forman al colapsarse el techo de una cueva litoral y dejar un agujero en la parte superior de un acantilado. Las olas entran en la cueva y el agua se ve forzada a subir y salir por el agujero como una fuente.

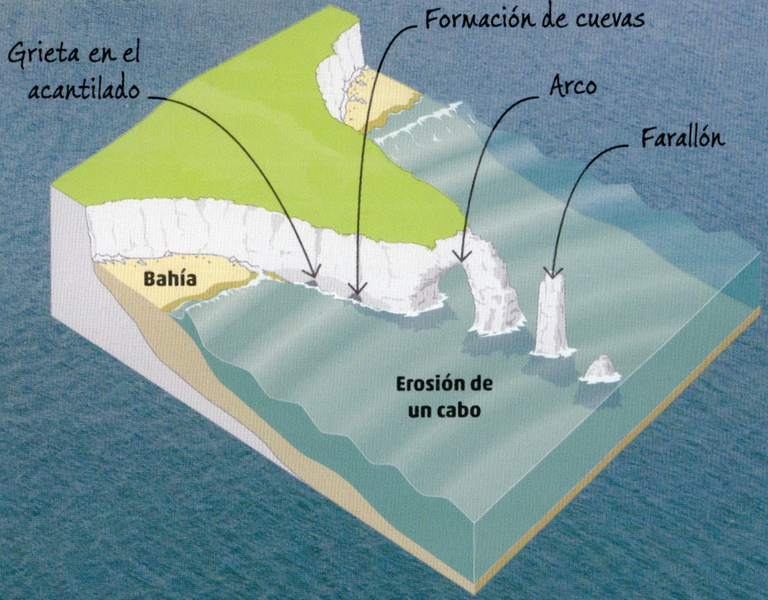

LÍNEAS COSTERAS DE ARENA
Las playas se forman por la acumulación de guijarros y arena llevados por las olas, y cambian de forma constantemente. En condiciones de calma, con olas suaves, la arena y los guijarros se van acumulando lentamente. Con las tormentas, las olas se llevan de nuevo la arena y los guijarros.

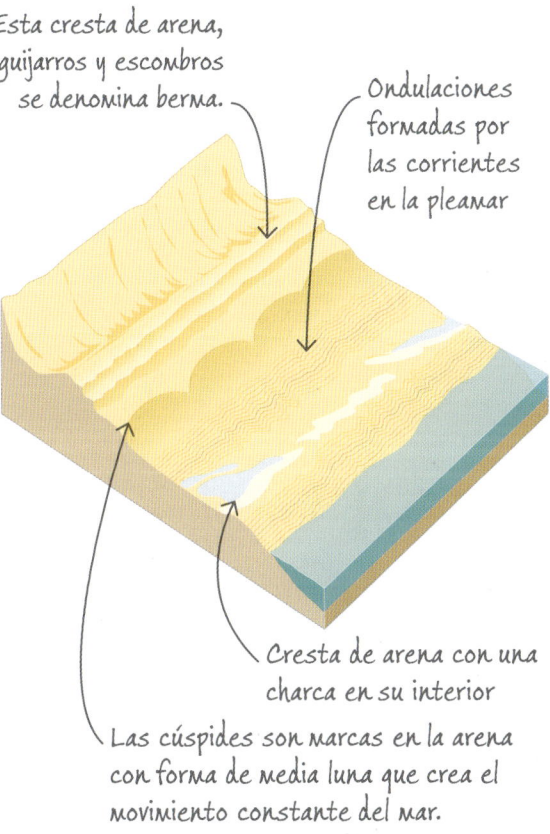

Esta cresta de arena, guijarros y escombros se denomina berma.

Ondulaciones formadas por las corrientes en la pleamar

Cresta de arena con una charca en su interior

Las cúspides son marcas en la arena con forma de media luna que crea el movimiento constante del mar.

CÓMO SE FORMA UN FARALLÓN
La fuerza de las olas chocando contra los acantilados puede abrir grietas en la roca, que con el tiempo se hacen más grandes y forman cuevas, o incluso más grandes y forman arcos. Cuando un arco colapsa, a veces deja un farallón, que es una columna de roca alta en el mar.

Grieta en el acantilado

Formación de cuevas

Arco

Farallón

Bahía

Erosión de un cabo

DERIVA LITORAL
Si las olas llegan en diagonal a una playa, también empujan la arena y los guijarros en diagonal. Sin embargo, el agua que vuelve al mar (con la resaca) tira de la arena y los guijarros en línea recta. El resultado final es un movimiento de arena y guijarros en zigzag a lo largo de la playa; este proceso se conoce como deriva litoral. A menudo se colocan unas barreras conocidas como espolones en las playas para controlar la erosión que provoca la deriva litoral.

→ **OLAS ENTRANTES**   → **RESACA**

VIENTO PREDOMINANTE

Espolones en Eastbourne, Reino Unido   Espolón

CÓMO FUNCIONAN LAS OLAS

Las olas se forman cuando el viento sopla sobre la superficie del mar.
Absorben la energía del viento y pueden llevarla a miles de kilómetros antes de romper en playas con apenas una brizna de viento. Aunque el agua de las olas parezca desplazarse horizontalmente, en realidad se mueve arriba y abajo agitada por la energía del viento.

El surfista alemán Sebastian Steudtner posee el récord del mundo de la mayor ola jamás surfeada.

La longitud de onda es la distancia de cresta a cresta o de valle a valle.

La cresta empieza a romper.

La ola rompe en la playa.

Movimiento circular, más pequeño a mayor profundidad

CERCA DE LA ORILLA
En el mar abierto, el agua de la superficie forma un movimiento circular con cada ola que pasa. Cuando la ola se acerca a aguas poco profundas, su movimiento circular se va estirando hasta acabar rompiendo en la playa.

El movimiento de la ola se estira.

La base de la ola choca con el lecho marino y pierde velocidad.

Las motos acuáticas de rescate están a punto por si algún surfista cae bajo las olas de Nazaré.

OLAS VAGABUNDAS

En ocasiones, dos grandes olas se combinan y crean una única ola gigante conocida como ola vagabunda. Puede suceder cuando dos grupos de olas chocan en un ángulo perfecto o cuando una tormenta hace que las olas se combinen por azar. Las olas vagabundas más altas que un edificio de ocho plantas pueden hundir barcos.

Corriente de resaca   Ola entrante

CORRIENTE DE RESACA

En las playas de suelo irregular, el agua que llevan las olas hacia tierra firme puede volver al mar a través de un único canal potente y de mayor profundidad. Esto se conoce como corriente de resaca y puede ser mortal. Cada año, las corrientes de resaca arrastran a cientos de bañistas, que se ahogan intentando nadar contra la poderosa corriente.

◄ OLAS GIGANTES

Cuando las olas se acercan a tierra firme y el agua pierde profundidad, también pierden velocidad, pero se hacen más altas. En Nazaré, ante la costa de Portugal, se forman unas olas descomunales (de hasta 25 m de altura) que atraen a surfistas de todo el mundo. Aquí, la energía de las olas de superficie entrantes se combina con la energía de las olas de un cañón submarino para crear las olas más grandes jamás surfeadas.

Las olas forman espuma al romper.

OLAS TORCIDAS

Igual que las ondas de luz que se desvían y se frenan al pasar por un cristal, las olas también se pueden torcer al tocar tierra. Si la punta de una ola llega antes a aguas superficiales, se frena y toda la ola se tuerce. Esto modifica cómo erosiona el terreno. Las áreas de tierra que sobresalen hacia el mar reciben el impacto de las puntas rápidas de las olas y se erosionan, mientras que las puntas lentas de las olas tienden a depositar arena y formar playas.

Mira alguna roca de cerca; quizá puedas ver cientos de diminutos **cristales** entrelazados. Son **minerales**, las sustancias químicas sólidas cristalinas que componen los elementos básicos de la Tierra. Los minerales cristalizan en forma sólida de distintas maneras, como cuando la **roca fundida se enfría y solidifica**. Pueden ir desde minúsculas partículas de barro gris apagado hasta deslumbrantes **piedras preciosas** de colores muy brillantes.

ROCAS Y

MINERALES

CÓMO FUNCIONA EL CICLO DE LAS ROCAS

La rocosa corteza terrestre supera los 4000 millones de años de antigüedad, pero es complicado encontrar una roca de esa edad. Las rocas sufren un proceso constante de descomposición y reciclaje conocido como el ciclo de las rocas. Cada roca, piedra y guijarro nos cuenta una historia diferente.

► EL CICLO DE LAS ROCAS

En el ciclo de las rocas, la erosión, el calor, la presión o una combinación de estos fenómenos transforma las rocas antiguas en rocas nuevas. Por ejemplo, en las profundidades de la corteza terrestre las temperaturas elevadas y los cambios de presión funden las rocas viejas y forman magma, que sube hacia la superficie y se solidifica al enfriarse. La mayoría de los cambios tardan cientos, miles o incluso millones de años.

COMPACTACIÓN Y CEMENTACIÓN

METEORIZACIÓN Y EROSIÓN

SEDIMENTOS

METEORIZACIÓN Y EROSIÓN

METEORIZACIÓN Y EROSIÓN

CALOR Y PRESIÓN

Mírate de cerca alguna roca y quizá verás granos o cristales de los minerales que lo componen.

Esta roca de granito contiene cristales de varios minerales, como el cuarzo, el feldespato y la biotita.

FUSIÓN

FUSIÓN

ENFRIAMIENTO

El cuarzo está compuesto por silicio y oxígeno. Su nombre químico es dióxido de silicio, SiO_2.

ROCA ÍGNEA

Cuando las rocas de la profundidad subterránea reciben suficiente calor, se derriten y forman magma. El magma es menos denso que la roca sólida y puede subir hacia la parte superior de la corteza terrestre o incluso erupcionar a la superficie, donde se enfría y forma rocas ígneas, como la andesita y el basalto.

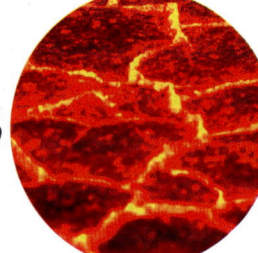

MAGMA

DÓNDE SE FORMAN LAS ROCAS

Las rocas sedimentarias se forman en la superficie de la Tierra cuando las capas de sedimento se acumulan en el lecho de ríos, mares y lagos. Las rocas metamórficas se forman en las profundidades de la corteza terrestre, o en otras áreas de gran calor y presión. La roca ígnea se forma bajo tierra, cuando la roca fundida (magma) se enfría lentamente, o en la superficie de la Tierra, cuando la lava escupida por un volcán se enfría rápidamente.

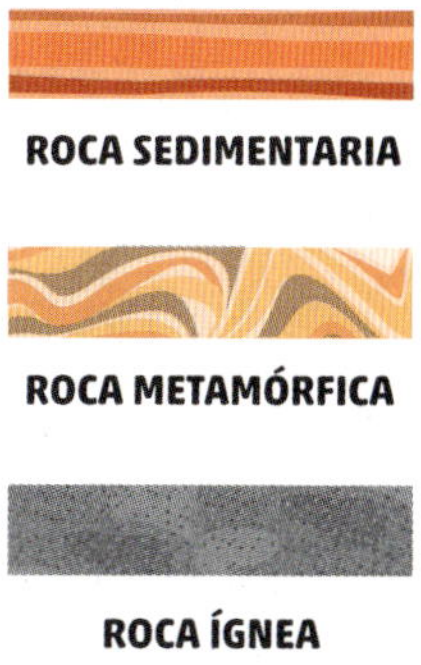

ROCA SEDIMENTARIA

ROCA METAMÓRFICA

ROCA ÍGNEA

La meteorización descompone la roca.

ROCA SEDIMENTARIA

La meteorización y la erosión descomponen las rocas de la superficie de la Tierra, forman barro y arena, que se posa en capas en el lecho de ríos, lagos y mares. Con el paso del tiempo, los minerales que se forman en los minúsculos espacios entre las partículas de sedimento prensan y endurecen las capas más profundas. Así se forman las rocas sedimentarias, como la arenisca (arriba) y la caliza.

CALOR Y PRESIÓN

Las rocas no siguen el ciclo de las rocas en un orden concreto, sino que cualquier tipo de roca se puede convertir en cualquier otro tipo de roca.

ROCAS ESPACIALES

Los meteoritos son rocas del espacio que caen en la Tierra. La mayoría contienen hierro y níquel, y por eso son magnéticas y pesan mucho. Muchas tienen una corteza negra y lisa de roca, fundida al penetrar el meteorito a toda velocidad en la atmósfera.

METEORITO HOBA CERCA DE GROOTFONTEIN, NAMIBIA

FUSIÓN

ROCA METAMÓRFICA

Cuando las fuerzas tectónicas modifican la corteza terrestre, es posible que las rocas queden enterradas a una profundidad aún mayor. La gran intensidad de calor y presión puede hacer que los minerales cambien sin llegar a fundirse por completo, lo que da lugar a rocas metamórficas como la cuarcita, el mármol (arriba) y la pizarra.

CÓMO FUNCIONAN LAS ROCAS ÍGNEAS

El agua y la meteorología erosionan las rocas de la superficie de la Tierra y, aun así, la corteza no se adelgaza, sino que aparece roca nueva, pues las rocas fundidas flotan, suben, se enfrían y se endurecen. Las rocas formadas a partir de roca fundida que se enfría y endurece se conocen como rocas ígneas, es decir, «de fuego».

GRANOS ÍGNEOS

En las profundidades, el magma se enfría lentamente y los cristales de mineral pueden seguir creciendo mucho tiempo antes de que la roca quede del todo sólida. Estos toscos granos de mineral se distinguen con facilidad en el granito.

FELDESPATO PLAGIOCLASA
Los feldespatos son los minerales más habituales en las rocas de granito.

MICA BIOTITA Y ANFÍBOL
Los granos negros son minerales ricos en hierro, como la mica biotita o el anfíbol.

FELDESPATO POTÁSICO
El feldespato potásico es el responsable del color del granito rosa.

CUARZO
El granito contiene como mínimo una quinta parte de cuarzo.

El granito es una roca dura que tarda mucho tiempo en meteorizarse y erosionarse.

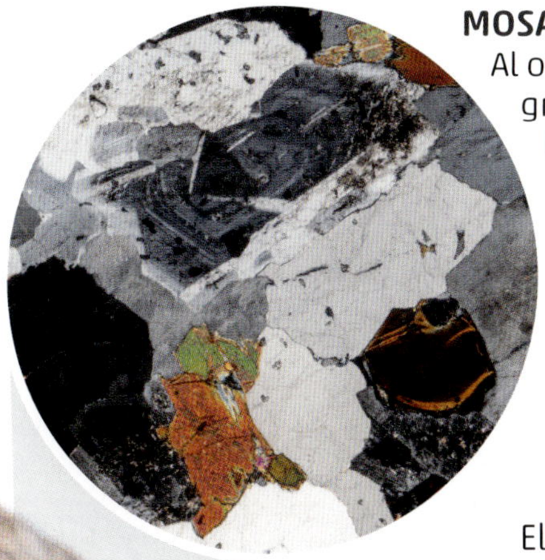

MOSAICO MINERAL

Al observar una fracción muy fina de granito en el microscopio se revela la existencia de minúsculos cristales de mineral entrelazados. Mientras que la mayoría de las rocas están formadas por una mezcla de dos o más minerales, los propios minerales son sustancias puras.

◄ GRANITO

El granito es una de las rocas ígneas más frecuentes. Se forma cuando el magma fundido tarda muchos años en enfriarse muy por debajo de la superficie de la Tierra. Los principales componentes minerales del granito (el cuarzo y los feldespatos) son ricos en sílice (dióxido de silicio). Esta pista nos indica que el granito se forma a partir de lutita o arenisca fundidas, completa o parcialmente, en las profundidades.

PISTAS DE CRISTAL

Aunque todas las rocas ígneas se forman a partir de magma o lava, existe una enorme variación en los cristales de mineral que las componen. El tamaño de estos granos otorga diferentes texturas a las rocas ígneas e indica la velocidad a la que se enfriaron.

OBSIDIANA

La vítrea obsidiana se forma cuando la lava rica en sílice se enfría muy deprisa (en cuestión de horas) y los cristales de mineral no tienen tiempo de crecer.

PIEDRA PÓMEZ

La piedra pómez se forma cuando la lava de un volcán se mezcla con agua y gases. Se enfría y endurece muy deprisa. Por eso está llena de diminutas burbujas, y muy pocas veces presenta cristales visibles.

Cristal de topacio azul en una pegmatita

PEGMATITAS

Si el magma se enfría despacio, puede que los cristales sigan creciendo durante miles o incluso millones de años. Las pegmatitas son rocas con cristales de más de 1 cm e incluyen minerales que solo cristalizan a temperaturas bajas.

¿DENTRO O FUERA?

Las rocas ígneas se clasifican como intrusivas o extrusivas, según su lugar de formación. Las rocas intrusivas, como el granito, se forman en las profundidades de la corteza terrestre, a menudo a partir de magma que se ha abierto camino entre capas de roca antes de enfriarse lentamente. Las rocas extrusivas se forman cuando el magma abandona la corteza en forma de lava y se enfría rápidamente.

LAVA ENFRIÁNDOSE Y FORMANDO ROCA BASÁLTICA EN KILAUEA, HAWÁI

CÓMO SE FORMAN LAS
INTRUSIONES
ÍGNEAS

Las intrusiones ígneas son formaciones rocosas creadas por el magma que se funde, avanza por la corteza terrestre pero no logra erupcionar a través de un volcán. Cuando la erosión desgasta la roca más blanda que está alrededor de las intrusiones, quedan en pie estas masas de resistente roca dura.

▼ TORRE DEL DIABLO (MATO TIPILA)
Este gigantesco bloque de roca ígnea de Wyoming, Estados Unidos, es una intrusión ígnea que se formó a gran profundidad hace unos 50 millones de años, quizá como lacolito o cuello volcánico. Con el paso del tiempo, la roca sedimentaria que tenía alrededor se ha desgastado y solo queda la dura roca ígnea de pie, como si fuera un monumento gigante.

La intrusión sobresale 264 m por encima del paisaje.

DENTRO O FUERA
Una intrusión ígnea puede tomar varias formas diferentes. El magma líquido puede conseguir avanzar horizontalmente entre capas de roca, y el magma más viscoso sube más lentamente hacia la superficie, rompiendo y fundiendo las rocas que tiene encima.

Los stocks se parecen a los batolitos, pero son más pequeños.

Los cuellos volcánicos se forman cuando se enfría el magma en el interior de una chimenea volcánica.

Los lacolitos son intrusiones con forma de seta.

Las láminas adoptan forma horizontal y paralela entre capas de roca.

Los batolitos son enormes y de formas irregulares.

Un xenolito es una roca que queda atrapada en el magma cuando este se enfría.

Los diques son láminas que cortan verticalmente a través de otras capas de roca.

COLUMNAS DE ROCA

La roca ígnea de la Torre del Diablo está formada por espectaculares columnas hexagonales (de seis caras) y pentagonales (de cinco), cada una con una altura de cientos de metros. Se formaron cuando el magma fundido se enfrió, se encogió y, finalmente, se agrietó.

HALF DOME

El Half Dome del Parque Nacional Yosemite de Estados Unidos es un batolito con los restos de una antigua cámara magmática en su interior. Originalmente adoptó forma de cúpula, pero la erosión la partió en dos y creó su cara vertical en un lateral.

LA PALMA

La erosión puede revelar la forma de un dique dentro de la roca que lo rodea, como este ejemplo en la isla de La Palma, en Canarias. Estas instantáneas en el tiempo aportan unas valiosas pistas sobre cómo la lava consigue abrirse camino a través de la corteza terrestre.

UNST

Este lacolito de la isla de Unst, en Escocia, adoptó su característica forma de cúpula cuando el magma, al subir, se repartió horizontalmente entre capas de roca y empujó arriba la capa de roca superior.

MONTAÑA FINGER

La montaña Finger de la Antártida es una enorme lámina de dolerita entre capas de arenisca. La dolerita es una oscura roca dura que se forma cuando se enfría el magma.

La Torre del Diablo está hecha de una roca ígnea conocida como pórfido de fonolita.

La pizarra suele ser gris, pero también puede ser verde, púrpura o roja.

2 PIZARRA
Cerca de la superficie terrestre, donde la temperatura no es muy elevada, la lutita se transforma en pizarra. Esta roca metamórfica de bajo grado es quebradiza y tiene granos finos.

3 FILITA
A temperatura y presión ligeramente superiores, la pizarra se puede transformar en filita. Sus minúsculos cristales de mica, perfectamente ordenados, reflejan la luz y le dan brillo.

1 LUTITA
La lutita es una roca sedimentaria de grano fino porque se ha formado a partir de la compactación de capas de arcilla y lodo.

▶ GRADOS DE LAS ROCAS METAMÓRFICAS
Cuando el magma calienta rocas como la lutita y las comprime con la fuerza suficiente, se convierten en rocas metamórficas. Algunas rocas sufren múltiples transformaciones y pasan de un tipo de roca metamórfica a otro. El grado nos indica cuánto ha cambiado la roca: a mayor grado, mayor transformación.

CÓMO FUNCIONAN LAS ROCAS
METAMÓRFICAS

A unos 100 km por debajo de tus pies, el manto de la Tierra está tan caliente que puede fundir roca y convertirla en magma. No obstante, las rocas que están mucho más cerca de la superficie también pueden encontrarse bajo condiciones extremas. A lo largo de las fallas en las que coinciden las gigantescas placas tectónicas de la Tierra, y alrededor del magma que se abre paso hacia la superficie, las rocas existentes pueden sufrir tanto calor o presión que se convierten en formas nuevas sin fundirse completamente. Las rocas que se forman de esta manera decimos que son metamórficas.

BAJO PRESIÓN
Las franjas, pliegues u olas son la primera pista que indica que estás ante una roca metamórfica. Estos patrones pueden ser microscópicos o enormes. Los más grandes son las formaciones de roca metamórfica del interior de las cordilleras cuando la colisión entre placas tectónicas comprime y arruga la corteza terrestre.

Las franjas oscuras son minerales pesados, como la hornblenda.

Las franjas claras suelen ser minerales de sílice, como cuarzo y feldespato.

4 ESQUISTO

A temperaturas incluso más elevadas el metamorfismo va un paso más allá y transforma la filita en esquisto de grado medio. Los granos de mineral del esquisto son grandes y se distinguen a simple vista.

5 GNEIS

A temperaturas y presiones muy elevadas, la lutita se transforma en gneis de alto grado; a menudo presenta franjas.

TRANSFORMACIÓN

Las rocas metamórficas pueden alterarse ligeramente o transformarse hasta el punto de que puede ser complicado averiguar cuál era su forma original, igual que una mariposa al salir de su crisálida de oruga. No es tan solo el aspecto lo que cambia, ya que las propiedades de las rocas metamórficas suelen ser completamente diferentes a las de sus rocas progenitoras (los protolitos).

PIZARRA

Cuando la presión transforma la lutita en pizarra, algunos minerales se disponen en ángulo recto con respecto a la dirección de la compresión. Así se crean capas planas que se separan con facilidad, lo que hace que la pizarra sea un material popular para confeccionar tejados.

MÁRMOL

El mármol se forma cuando la caliza es sometida a calor y presión. El mineral calcita vuelve a cristalizar y forma cristales entrelazados, y por eso el mármol es mucho más duro que la caliza.

IMPACTITA

No todas las rocas metamórficas se forman en las profundidades. El impacto de un meteorito puede hacer cambiar roca, arena o tierra en rocas conocidas como impactitas, que incluyen unos tipos raros de cristal natural muy apreciados como piedras preciosas en el antiguo Egipto.

DIFERENTES TIPOS DE SEDIMENTOS

Las partículas a partir de las que se forman las rocas sedimentarias, y la manera en que se forman, determinan si la roca será dura o blanda. Muchas rocas sedimentarias contienen fósiles, y algunos tipos están compuestos casi por completo de fósiles.

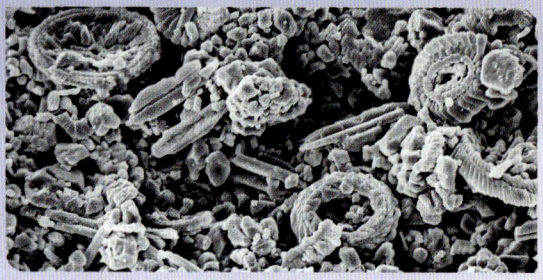

CALIZA Y CRETA
Los fósiles de organismos marinos componen la creta y muchos tipos de caliza. Esta imagen microscópica de creta muestra los fragmentos de diminutas cáscaras de carbonato cálcico.

ARENISCA
Una quinta parte de todas las rocas sedimentarias son de arenisca, formada a partir de arena. Se usa a menudo como material de construcción, ya que es resistente pero fácil de labrar.

LUTOLITA Y LUTITA
La lutolita y la lutita se forman cuando las partículas muy finas de barro y arcilla se comprimen mucho y queda poco espacio para la cimentación de los minerales entre los granos. Por eso estas rocas son blandas y friables.

CONGLOMERADO
Se compone de fragmentos más grandes de roca, desde barro y grava hasta guijarros o peñascos arrastrados por las aguas. Los mantiene unidos un material de grano más fino conocido como matriz.

CÓMO FUNCIONAN LAS ROCAS SEDIMENTARIAS

En la superficie de la Tierra las rocas se van desgastando gradualmente. A lo largo de millones de años, la erosión y la meteorización llegan incluso a descomponer montañas en minúsculas partículas de lodo, arena y barro que acaban llegando a ríos y océanos, donde se posan en el fondo. Al cabo de millones de años más, los sedimentos se comprimen y cementan cuando se forman minerales en los minúsculos espacios que las separan. De este modo se convierten en roca sedimentaria.

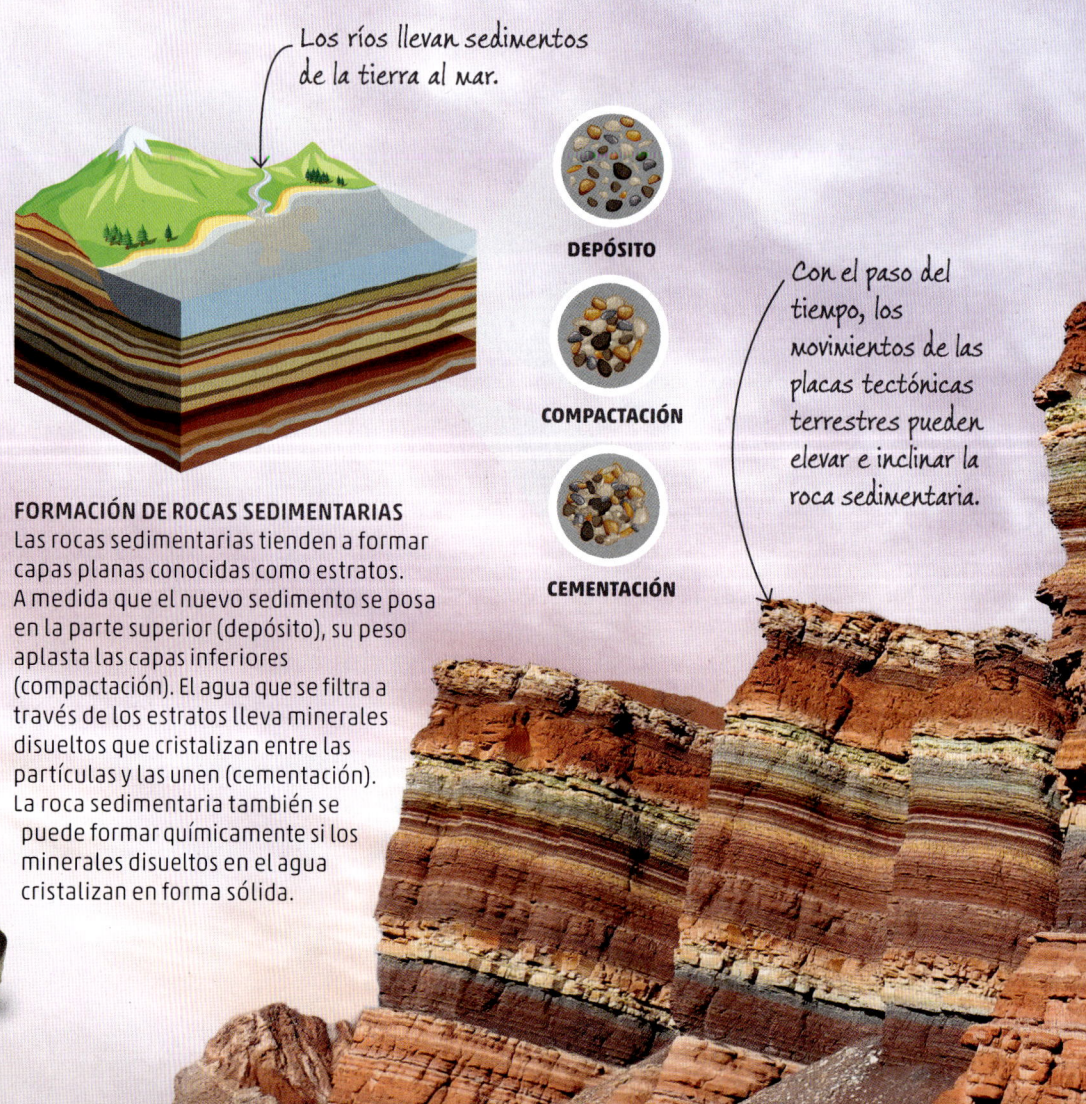

Los ríos llevan sedimentos de la tierra al mar.

DEPÓSITO

COMPACTACIÓN

CEMENTACIÓN

Con el paso del tiempo, los movimientos de las placas tectónicas terrestres pueden elevar e inclinar la roca sedimentaria.

FORMACIÓN DE ROCAS SEDIMENTARIAS
Las rocas sedimentarias tienden a formar capas planas conocidas como estratos. A medida que el nuevo sedimento se posa en la parte superior (depósito), su peso aplasta las capas inferiores (compactación). El agua que se filtra a través de los estratos lleva minerales disueltos que cristalizan entre las partículas y las unen (cementación). La roca sedimentaria también se puede formar químicamente si los minerales disueltos en el agua cristalizan en forma sólida.

▼ CAPA SOBRE CAPA

La meteorización en la Quebrada de las Conchas de Argentina ha revelado unas espectaculares capas de arenisca, limolita, lutita y conglomerado. Estas capas se han formado a partir de los sedimentos arrastrados por flujos de agua rápida. El agua salía por un pequeño orificio, se abría en abanico, perdía velocidad y los sedimentos se posaban en el fondo.

Algunas capas son de conglomerado, una roca sedimentaria de grano grande.

Las capas verde-gris son de lutita.

Casi todas las capas son de arenisca y limolita. Los colores rojo y naranja provienen del hierro, oxidado por el contacto con el aire.

VISTA MICROSCÓPICA

Si observas la arenisca a través de un microscopio, verás los granos individuales junto con la matriz que los mantiene unidos. Otros tipos de roca sedimentaria, como la lutolita, también pueden contener fósiles microscópicos como granos de polen, que sirven para averiguar la edad de la roca.

CÓMO FUNCIONAN LOS
CRISTALES

La mayoría de las sustancias sólidas puras, desde los minerales a los metales, están compuestas por cristales, a menudo demasiado pequeños para verlos. Sin embargo, en algunas rocas son visibles en forma de granos o en formas geométricas más grandes. Los cristales se forman cuando los átomos o las moléculas de una sustancia se ordenan en un patrón repetitivo. Esto puede pasar cuando los minerales de las rocas fundidas (magma) se enfrían y solidifican, o cuando el agua alrededor de los minerales disueltos se evapora.

A pesar de su aspecto, los cubos de la pirita aparecen de manera natural.

▼ PIRITA

La forma de un cristal depende de la estructura de sus átomos y moléculas. En la pirita, los átomos de hierro y azufre están ordenados en unidades repetidas que también tienen forma de cubo; por eso, los cristales adoptan esta misma forma. La pirita se conoce como el oro de los pobres, porque a veces se confunde con oro de verdad. Para distinguirlos, se puede rascar con la uña: en el oro queda una marca, al contrario que en la pirita.

CUBOS ATÓMICOS
Los átomos de hierro y azufre de la pirita están ordenados en forma de cubos, lo que da a los cristales su aspecto antinatural.

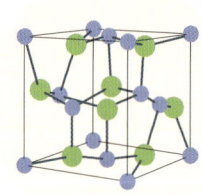

Muchas estructuras cúbicas repetidas

SISTEMAS CRISTALINOS
Un cristal empieza como una unidad (un grupo de átomos o moléculas). A medida que los cristales crecen, se acumulan más unidades. En las condiciones ideales, se ordenan perfectamente avanzando en ejes en tres dimensiones. La forma de un cristal depende del número de ejes, su longitud y el ángulo entre ellos, pero todos los cristales se pueden agrupar en una de las siete clases básicas conocidas como sistemas cristalinos.

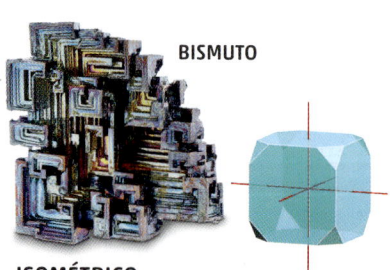

BISMUTO

ISOMÉTRICO
Tres ejes de la misma longitud y en ángulo recto entre ellos. Los cristales isométricos incluyen cubos, octaedros o dodecaedros.

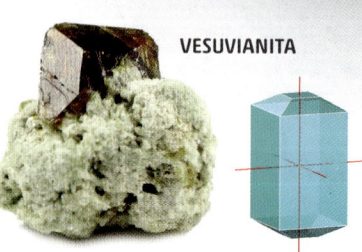

VESUVIANITA

TETRAGONAL
Tres ejes en ángulo recto entre ellos, pero uno es más largo que los otros dos. Los cristales tetragonales incluyen cuboides o bloques cuadrados con una punta en cada extremo.

TOPACIO

ORTORRÓMBICO
Tres ejes, todos ellos de diferente longitud, en ángulo recto entre ellos. Los cristales ortorrómbicos pueden parecer cristales tetragonales aplastados hacia un lado.

ALÓTROPOS

Unos mismos átomos crean cristales distintos en condiciones diferentes. En alta presión, los átomos de carbono forman duros cristales de diamante cuando se ordenan en estructuras tetraédricas (de pirámide). A baja presión, en cambio, forman capas planas de blando grafito, con enlaces débiles entre ellas. Estas dos formas del carbono se conocen como alótropos del carbono.

El grafito es blando. Es la sustancia del interior de los lápices.

El diamante es el mineral más duro de la Tierra.

CRISTALES GIGANTES

En las condiciones idóneas y con el tiempo necesario, los cristales pueden llegar a crecer hasta tamaños colosales, como estos cristales de yeso descubiertos en la mina de Naica, en México.

ESMERALDA

HEXAGONAL
Tres ejes horizontales a 120° entre ellos, más un eje vertical. Los cristales hexagonales a veces parecen bloques de seis caras con una punta en cada extremo.

AMATISTA

TRIGONAL
Tres ejes horizontales a 120° entre ellos, más un eje vertical. Es como el hexagonal, pero con menos líneas de simetría. Los cristales trigonales a veces parecen un bloque triangular con una punta en cada extremo.

KUNZITA

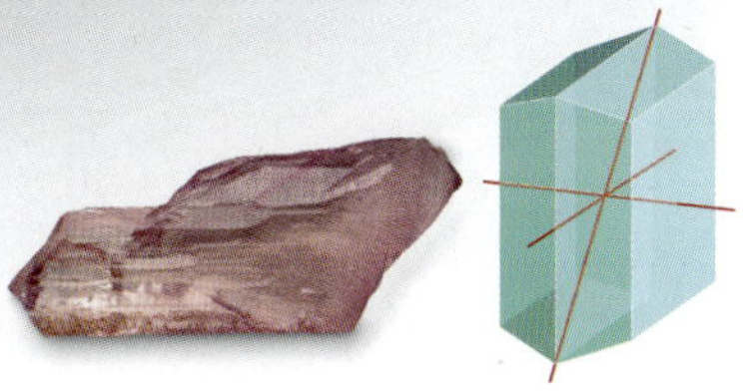

MONOCLÍNICO
Dos ejes están en ángulo recto entre ellos, mientras que un tercer eje está inclinado. Los tres ejes pueden tener longitudes diferentes. Los cristales monoclínicos tienen caras inclinadas hacia un lado.

AMAZONITA

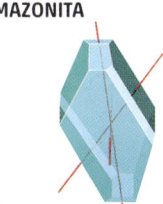

TRICLÍNICO/ROMBOEDRO
Tres ejes están en ángulos distintos y tienen longitudes diferentes. Los cristales triclínicos son los menos simétricos y a menudo parece que tengan una forma aleatoria, a pesar de repetir un esquema.

HÁBITOS CRISTALINOS

Los componentes microscópicos de los cristales de un mineral son formas limpias y ordenadas. No obstante, cuando los cristales se acumulan en la naturaleza, pueden crecer y adoptar formas más complejas, desde fibras y agujas hasta grupos en racimo y láminas planas. Estas formas características tienen nombres especiales y se conocen como hábitos cristalinos.

FIBROSO
Los minerales silicatos pueden formar cristales tan largos, finos y flexibles que parece que sean fibras vegetales o animales. El asbestos es el más famoso, pero por malo: si se respiran, las fibras de asbestos estropean los pulmones de las personas.

Fibras finas

ACICULAR
Los cristales de mesolita crecen formando largas y finas agujas y parecen un grupo de alfileres en un minúsculo alfiletero. Este hábito, conocido como acicular, da cristales muy frágiles y quebradizos.

RADIAL
Los cristales de wavellita parten hacia fuera desde un único punto y forman esferas. Al cortarse por la mitad, los fibrosos cristales apretujados parecen explosiones de estrellas brillantes.

CONCÉNTRICO
La malaquita suele tener un patrón de franjas que alternan capas verdes oscuras y claras, a menudo en círculos concéntricos. Estos patrones pueden aparecer al tallar y pulir la piedra.

Grupos de cristales de cuarzo

BOTROIDAL
El nombre de estos grupos de masas redondeadas significa «grupo de uvas». De cerca, cada «uva» es una acumulación de diminutos cristales de caras planas.

LENTICULAR

Las rosas del desierto se forman en lugares secos y arenosos de México cuando se evapora el agua y queda el yeso disuelto. Los cristales en forma de lenteja se agrupan de manera que parecen pétalos de rosa.

LAMINAR

Laminar significa «en forma de lámina» y describe minerales que forman finas láminas friables. Las láminas más finas son de mica, y tienen más o menos el mismo grosor que una hoja de papel.

AGREGADO

Cuando dos o más tipos de cristal crecen juntos se dice que son un agregado. Aquí, los grupos globulares de calcita parece que salgan entre un bosque de cristales de cuarzo.

TABULAR

Es típico que los cristales de anhidrita crezcan en formas tabulares (de tabla) planas. A veces parecen pequeños blocs de notas o naipes apilados.

Las caras opuestas permanecen paralelas.

PRISMÁTICO

Cuando los cristales crecen lentamente y con el espacio necesario, tienen la oportunidad de crear grandes formas prismáticas que ilustran la geometría interna de sus piezas básicas.

El berilio suele formar cristales hexagonales que parecen lápices.

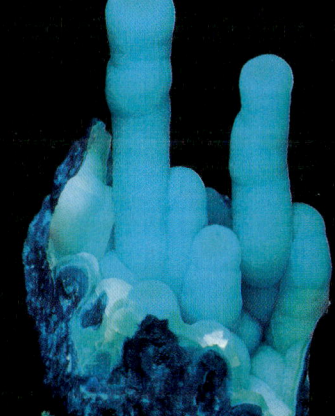

ESTALAGMÍTICO

Los grupos de cristales de crisocola puede que parezcan estalagmitas, pero están en el interior de rocas huecas en lugar del interior de las cuevas. El precioso color azul verdoso proviene del elemento cobre.

EN CETRO

Los cristales de calcita en diente de perro tienen punta afilada. A veces, los extremos son cristales separados que crecen en las puntas de otros más antiguos. Esta disposición se conoce como hábito en cetro.

POR QUÉ BRILLAN LOS
MINERALES

Nunca descartes una roca porque tenga un aspecto apagado: quizá tiene una propiedad extraordinaria conocida como fluorescencia, que hace que brille con colores resplandecientes bajo la luz ultravioleta. Las rocas brillantes más espectaculares contienen cientos de granos fluorescentes que destellan como minúsculas luces, como si emitieran luz desde el interior.

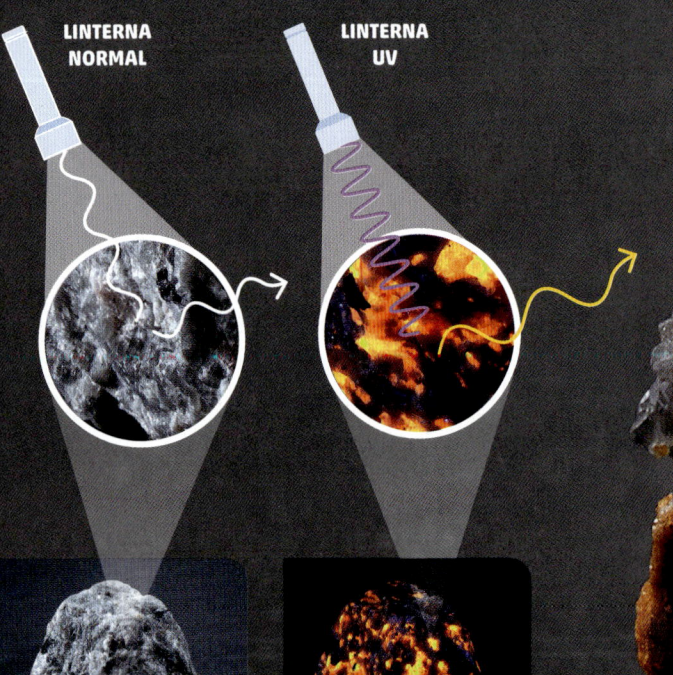

LINTERNA NORMAL

LINTERNA UV

SIENITA CON LUZ BLANCA

SIENITA CON LUZ UV

CÓMO FUNCIONA LA FLUORESCENCIA

Los minerales fluorescentes resplandecen al iluminarlos con una linterna ultravioleta (UV). La luz UV tiene una longitud de onda más corta que la luz normal, pero tiene más energía y es invisible para nuestros ojos. Cuando ilumina un mineral fluorescente, como esta sienita, los electrones de unos átomos concretos absorben la energía y saltan a órbitas más altas de sus átomos. Cuando vuelven a sus antiguas órbitas, emiten una luz de energía inferior y longitud de onda más larga: la luz visible.

Los cristales de cerusita son de color blanco marronoso bajo la luz normal.

▼ BRILLO EN LA OSCURIDAD

Esta roca contiene cristales del mineral cerusita (carbonato de plomo). Algunos cristales de cerusita se tornan amarillos intensos fluorescentes bajo la luz ultravioleta (UV). Los geólogos no saben con seguridad si se debe al alto contenido en plomo del mineral o a la presencia de impurezas como la plata. Los minerales fluorescentes dejan de brillar tan pronto como se apaga la linterna UV, pero otros tipos de minerales tienen un brillo más persistente que se conoce como fosforescencia.

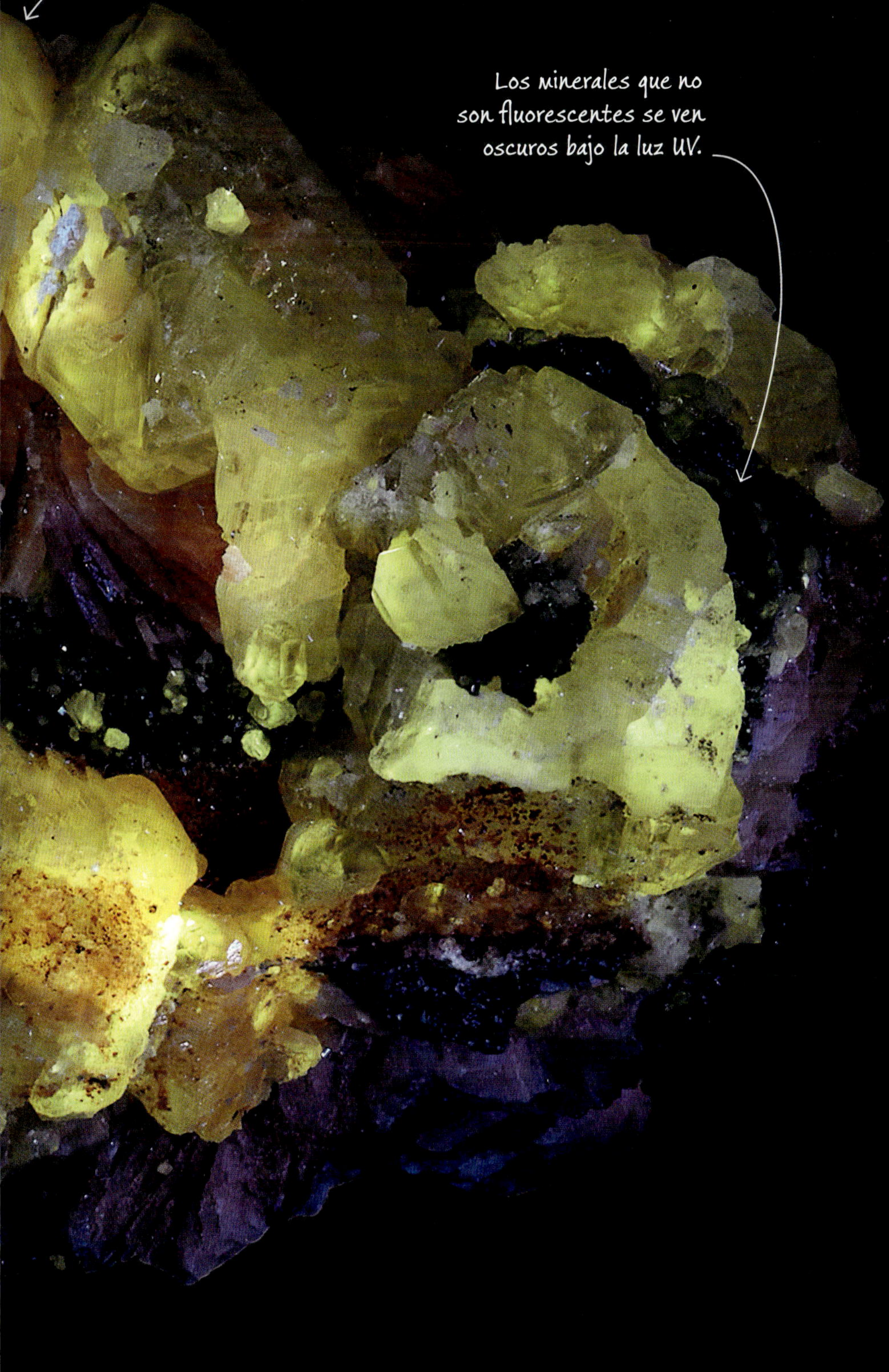

La cerusita brilla en amarillo vivo bajo la luz UV.

Los minerales que no son fluorescentes se ven oscuros bajo la luz UV.

CALCITA

La calcita es uno de los minerales fluorescentes más habituales. Los rastros del elemento manganeso hacen que brille rosa anaranjado.

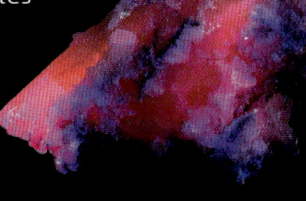

ESFALERITA

La esfalerita suele brillar naranja bajo la luz UV, pero algunos ejemplares brillan con un arcoíris de colores gracias a su mezcla de impurezas.

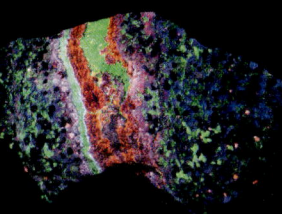

FLUORITA

La fluorescencia debe su nombre a la fluorita, el primer mineral que se descubrió que brillaba bajo la luz UV. No todos los ejemplares brillan, solo los que contienen los elementos itrio, europio o samario.

WILLEMITA

Los cristales verdes de esta roca son de willemita, un mineral rico en cinc. Es uno de los minerales fosforescentes más brillantes, con un resplandor que perdura mucho tiempo tras apagar la luz UV.

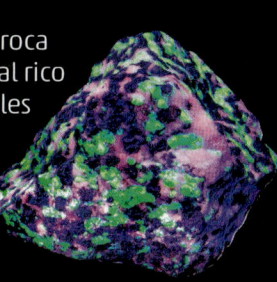

CORUNDO

Los rubíes y los zafiros son formas del mineral corundo. Los rubíes brillan en rojo vivo bajo la luz UV, pero los zafiros verdes y azules no son fluorescentes.

SODALITA

Algunas rocas de sienita son ricas en sodalita, un mineral fluorescente. Bajo la luz UV, los cristales de sodalita brillan con un salvaje resplandor naranja.

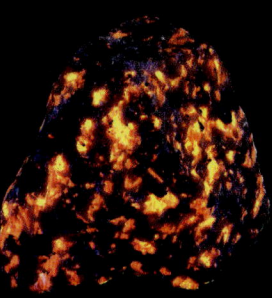

CÓMO FUNCIONAN LOS
PIGMENTOS

Las rocas y los minerales están entre las principales fuentes de pigmentos naturales, las coloridas sustancias que se utilizan para elaborar pinturas. Las pinturas rupestres de la Edad de Piedra demuestran que los seres humanos llevan más de 100 000 años moliendo y calentando rocas para elaborar colores.

ROJO PELIGROSO
El cinabrio (sulfuro de mercurio) es un mineral que se halla cerca de volcanes y fuentes termales. Antiguamente se molía para obtener el bermellón, un pigmento de color rojo sangre. Actualmente ya no se hace porque al calentar el cinabrio se libera nocivo vapor de mercurio.

CINABRIO EN POLVO

CINABRIO

PINTURA BERMELLÓN

VERDE PSICODÉLICO
La malaquita es un mineral de carbonato de cobre y una de las fuentes de pigmento verde más antiguas. Se ha encontrado en pinturas de las paredes de antiguas tumbas egipcias.

MALAQUITA

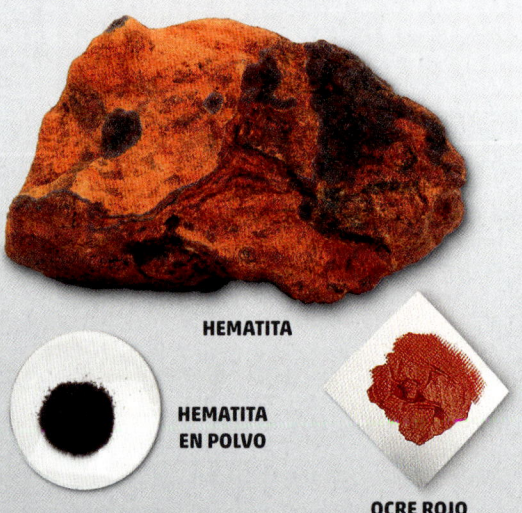

HEMATITA

HEMATITA EN POLVO

OCRE ROJO

ROJO HIERRO
Hace miles de años que se utilizan rocas y minerales que contienen óxidos de hierro para obtener pigmentos. Los colores terrosos del ocre amarillo, ocre rojo y sombra café recuerdan a las rocas y suelos de donde provienen. También se pueden tostar para obtener pigmentos más oscuros.

LAZURITA EN POLVO

LAZURITA

PINTURA AZUL ULTRAMAR

AZUL PRECIADO
Existen muy pocos pigmentos azules en la naturaleza, por eso el mineral lazurita antaño era tan apreciado como el oro. Se puede pulir para crear la piedra preciosa lapislázuli o moler para crear el brillante pigmento azul ultramar.

OROPIMENTE EN POLVO

OROPIMENTE

PINTURA AMARILLO REAL

ORO MORTAL
El mineral oropimente tiene un resplandor dorado que conserva incluso tras molerlo y convertirlo en pintura. También se conoce como «amarillo real»; se utilizaba para decorar manuscritos medievales. El oropimente no contiene oro, sino un elemento mortal, el arsénico; antaño servía también para elaborar venenos letales.

AZUL CLÁSICO

Los artistas del antiguo Egipto utilizaban un mineral de carbonato de cobre conocido como azurita para elaborar pigmentos azules. Cuanto más fino se muele, más claro se vuelve el polvo azul.

**PINTURA AZUL
AZURITA**

**AZURITA
EN POLVO**

AZURITA

**REJALGAR
EN POLVO**

**PINTURA NARANJA
ARSÉNICO**

REJALGAR

NARANJA EGIPCIO

Al moler el mineral rejalgar, este se convierte en un pigmento naranja vivo, que en el antiguo Egipto se utilizaba para decorar papiros y tumbas. Actualmente apenas se utiliza porque, como el oropimente, contiene arsénico, un elemento tóxico.

TIZA

**TIZA
EN POLVO**

**PINTURA
BLANCO TIZA**

PIGMENTOS BLANCOS

La blanda tiza fue uno de los primeros minerales que se molieron para utilizarse como pigmento blanco. Se ha hallado en arte rupestre prehistórico, y actualmente continúa siendo un material artístico popular.

**MALAQUITA
EN POLVO**

**PINTURA VERDE
MALAQUITA**

PIGMENTOS NEGROS

Los minerales grafito (una forma de carbono) y óxido de manganeso como la pirolusita son fuentes de pigmentos negros y marrón oscuro.

GRAFITO

**GRAFITO
EN POLVO**

PINTURA NEGRA

PRUEBA DE RAYA

Muchos minerales varían de color, y esto puede dificultar su identificación. Para descubrir su color real se puede utilizar una prueba de raya, que consiste en rascar un plato de porcelana con un mineral. Los minerales más duros que la porcelana antes se tienen que lijar o moler.

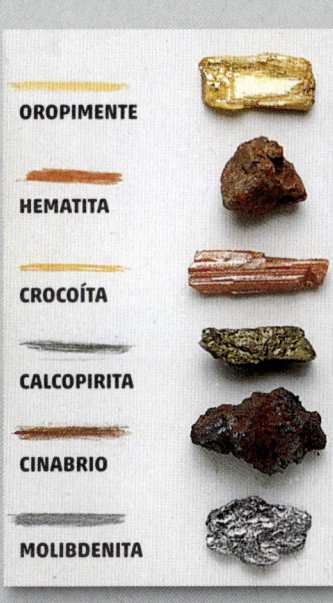

OROPIMENTE

HEMATITA

CROCOÍTA

CALCOPIRITA

CINABRIO

MOLIBDENITA

ESMERALDA

La esmeralda es una de las diferentes variedades del mineral berilio. Su color verde intenso proviene de una impureza: el elemento cromo. Las esmeraldas son raras, y por eso se considera que tienen valor. Otros tipos de berilio, como el mineral azul claro aguamarina, son más habituales y menos caros.

Las caras simétricas que se tallan en las piedras preciosas se conocen como facetas.

ESMERALDA

ROCA CON ESMERALDA EN BRUTO

ZAFIRO

Los zafiros están compuestos por un mineral conocido como corundo (óxido de aluminio). Su variedad de colores, desde azul y verde a amarillo o rosa intenso, se debe a sus impurezas. Los zafiros azules contienen rastros de hierro y titanio en lugares que tendrían que ocupar átomos de aluminio. Así, el cristal absorbe todos los colores salvo el azul, que es el que refleja.

ZAFIRO AZUL

ROCA CON ZAFIRO EN BRUTO

RUBÍ

Los rubíes son cristales de corundo en que un máximo del 1 por ciento del aluminio se ha cambiado por átomos de cromio. El rubí debe su intenso color rojo a esta impureza. Como el zafiro, es muy duro y resistente, ideal para la joyería.

ROCA CON RUBÍ EN BRUTO

Al tallar una piedra preciosa, la luz se refleja en su interior, lo que aumenta su color, brillo y valor.

TIPOS DE PIEDRAS PRECIOSAS

Cuando descubres los secretos de la ciencia de la Tierra, cada roca parece un tesoro. Pero las rocas más valoradas son las piedras preciosas. El valor de estos cristalinos minerales reside en sus relucientes colores. Por lo general se tallan y pulen para mejorar su forma y que reflejen la luz, lo que realza su belleza.

RUBÍ TALLADO

JADE

Los minerales jadeíta y nefrita son el origen de la piedra semipreciosa jade, apreciada por su color verde y textura lisa. Es dura, pero se puede esculpir para darle formas elaboradas.

Las piedras preciosas se pueden dejar lisas y pulidas.

JADE SIN PULIR

JADE PULIDO

GRANATE

Los granates están compuestos por silicatos. Igual que los zafiros y los rubíes, su color se debe a las impurezas. Los silicatos no son raros, por eso los granates no son tan valiosos como los zafiros o los rubíes.

GRANATE TALLADO

ROCA CON GRANATES

LAPISLÁZULI

La mayoría de las gemas son cristales de un único mineral, pero el lapislázuli es una mezcla de varios, entre ellos lazurita azul, calcita blanca, pirita dorada y sodalita azul. Es poco frecuente y se aprecia por su intenso color azul, y se pule para obtener piedras preciosas redondeadas (cabujones).

LAPISLÁZULI PULIDO

LAPISLÁZULI EN BRUTO

HELIOLITO

Los feldespatos son los minerales más habituales de la corteza terrestre, pero a veces crecen hasta ser grandes cristales que se usan como piedras preciosas. El heliolito es dorado y presenta un brillo metálico gracias a las partículas de otros minerales incrustadas en el feldespato.

HELIOLITO EN BRUTO

HELIOLITO PULIDO

PIEDRA DE LUNA

La piedra de luna es una piedra preciosa de feldespato. Tiene color nacarado con reflejos azules iridiscentes, es decir, el color brilla y cambia al observarse desde diferentes ángulos, igual que los colores de una burbuja de jabón.

PIEDRA DE LUNA EN BRUTO

PIEDRA DE LUNA PULIDA

ÓPALO

El ópalo está compuesto por sílice y agua. Esto lo convierte en un mineraloide, y no un mineral. El ópalo no tiene la estructura interior ordenada de los minerales cristalinos, sino que cada ópalo es una sustancia única. Los ópalos más apreciados tienen una iridiscencia brillante y muestran un arcoíris de distintos colores. Los ópalos negros son más raros que los diamantes y pueden ser incluso más caros.

ÓPALO EN BRUTO

ÓPALO PULIDO

CÓMO SON LOS DIAMANTES

Cada año se pagan miles de millones de euros por minúsculas piezas de diamante, un mineral compuesto por carbono, el mismo elemento que forma el carbón y el grafito de los lápices. ¿Qué hace tan especiales los diamantes? Para los joyeros, su rareza y su resplandor. Para la industria, su dureza extrema. Para los geólogos, la historia de su viaje explosivo hasta la superficie de la Tierra.

Las impurezas en el cristal del diamante o la exposición a radiación natural produce diamantes verdes.

UN DIAMANTE POR DENTRO

La dureza del diamante se debe a la forma en que se unen sus átomos cuando el carbono cristaliza a temperatura y presión altas. Cada átomo forma resistentes enlaces con otros cuatro átomos de carbono en forma tetraédrica (de pirámide triangular). Esta forma resiste la compresión en cualquier dirección y hace que el diamante sea muy duro.

Forma tetraédrica

El mineral olivina da color verdoso a la kimberlita.

Diamante incrustado en kimberlita

DIAMANTES PASAJEROS

Los diamantes naturales son muy antiguos, con al menos 1000 millones de años, y se han formado al menos a 150 km de profundidad. Los geólogos siguen sin saber cómo se forman exactamente. La mayoría de los que se encuentran en minas están incrustados en una roca conocida como kimberlita, que se forma a partir del magma que sube hacia la superficie terrestre durante las erupciones volcánicas. En su viaje de subida, la kimberlita transporta piedras preciosas en forma de pasajero, incluyendo los diamantes.

Los diamantes Bort son cristales con grano de baja calidad, que normalmente se muelen y utilizan como abrasivos a nivel industrial.

▼ DIAMANTES EN BRUTO

Los diamantes naturales en bruto aparecen en varias formas y colores. Algunos cristales son octaedros (dos pirámides unidas por su base cuadrada), mientras que otros son redondos o de forma irregular. Los colores más habituales son el blanco, el amarillo y el marrón, pero los diamantes también pueden ser verdes, naranjas, rojos y azules.

BARRENA DE DIAMANTE

El diamante es la sustancia natural más dura, lo que lo hace ideal para cortar o perforar otras sustancias duras, como rocas, metales y piedras preciosas, incluso otros diamantes. La barrena de punta de diamante que se ve en esta fotografía está puliendo metal.

La calidad de este cristal octaédrico lo hace idóneo para tallarlo como piedra preciosa.

TALLADO DE DIAMANTES

Como las otras piedras preciosas, los diamantes se tallan en todo tipo de formas simétricas con muchas facetas (caras planas). Las facetas reflejan la luz en el interior de la joya y hacen que brille. Los diamantes son tan duros que solo se pueden tallar y pulir con herramientas recubiertas de diamante.

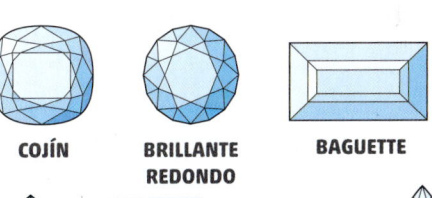

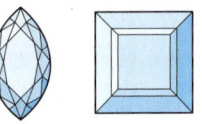

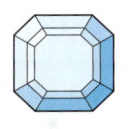
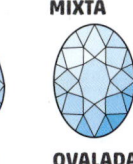

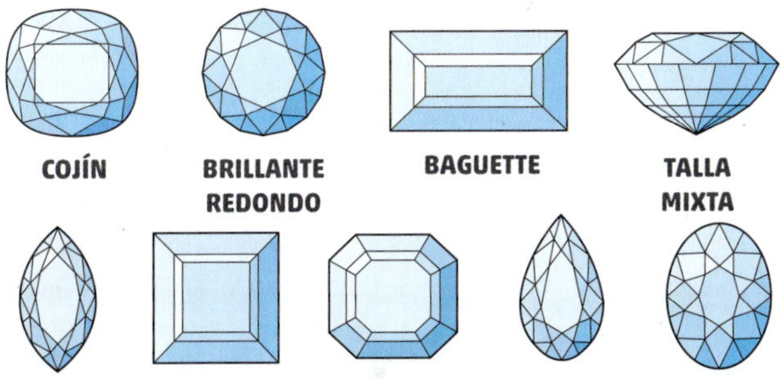

COJÍN   BRILLANTE REDONDO   BAGUETTE   TALLA MIXTA

MARQUESA   PRINCESA   ESCALONADA   PERA   OVALADA

FUEGO DE DIAMANTE

El diamante refracta (desvía) la luz con más fuerza que el cristal. Por eso la luz rebota por el interior del diamante tallado y se descompone en un arcoíris de colores que da al diamante un resplandor de color conocido como fuego de diamante.

DIAMANTE DE TALLA BRILLANTE

CÓMO FUNCIONAN LOS ELEMENTOS NATIVOS

Los elementos químicos son los componentes básicos de la materia; cada uno de ellos está compuesto por un único tipo de átomo. Casi toda la materia que nos rodea está formada por compuestos: sustancias con átomos de diferentes elementos unidos. Sin embargo, en la corteza terrestre se puede encontrar un reducido número de elementos en su forma pura. Estos elementos se conocen como elementos nativos.

Las columnas verticales se denominan grupos.

Las filas horizontales se denominan períodos.

LA TABLA PERIÓDICA
La tabla periódica ordena todos los elementos según su número atómico (número de protones del núcleo del átomo). Los elementos que comparten una misma columna tienen unas propiedades químicas parecidas. Cada elemento tiene su propio símbolo químico. Por ejemplo, el del carbono es C, el del oro es Au, el de la plata es Ag y el del cobre es Cu.

▼ PLATA NATIVA
La plata se clasifica como metal precioso porque es relativamente rara. Se ha utilizado durante mucho tiempo como forma de dinero y en la antigüedad era más apreciada que el oro. Actualmente ambos metales son importantes en la electrónica porque son buenos conductores de la electricidad. La plata también es «dúctil», lo que significa que se puede estirar en forma de hilos, y estos pueden llegar a ser tan finos que con un solo gramo de plata se puede llegar a cubrir hasta 2 km.

La plata se mancha (pierde su brillo) porque reacciona con el azufre del aire para formar sulfuro de plata. Para hacer que la plata vuelva a brillar, se puede pulir esta película.

Cuando la plata nativa cristaliza en huecos, adopta todo tipo de formas increíbles, desde escamas y placas hasta cristales de finas ramas y alambres largos y enroscados.

La plata nativa puede presentar un hábito filiforme (en forma de alambre).

ORO

Como no reacciona con facilidad con otros elementos, el oro no se mancha y mantiene su brillo. Esto, junto con su rareza y color, hace que sea uno de los metales más apreciados.

PLATINO

El platino, más escaso incluso que el oro, es más valioso. Tiene una temperatura de fusión más elevada y por eso tradicionalmente se ha labrado a golpe de martillo.

COBRE

El tercer metal más usado del mundo es el cobre. Se utiliza en los cables eléctricos. Hace unos 5000 años, se descubrió que se podía crear un metal más duro mezclándolo con estaño, lo que inició la Edad del Bronce.

AZUFRE

En rocas cerca de volcanes se pueden encontrar cristales de azufre amarillo vivo puro. A pesar de que forma compuestos apestosos, el azufre puro no huele.

CARBONO

Llevamos miles de años usando carbono, como carbón, diamante o grafito. No fue hasta principios del siglo xix cuando se descubrió que estas tres sustancias eran formas distintas de un mismo elemento.

MENAS

El hierro y muchos otros metales útiles se hallan en rocas en forma de compuestos químicos en lugar de elementos nativos. Estos metales se extraen de sus menas (rocas) por fusión, cocción o reacciones químicas.

CHARCAS DE AZUFRE

Uno de los lugares más extraordinarios de la Tierra es la depresión de Danakil, en Etiopía. Aquí, las fuentes termales son amarillas y naranjas a causa del azufre y el hierro que humean entre chimeneas volcánicas activas y hedor de huevos podridos. El magma calienta el agua de la fuente hasta casi hervir. Está saturada de sales y presenta una acidez muy alta y, aun así, se han hallado extrañas formas de microorganismos que proliferan en este caldo químico infernal.

BIOMINERALES

Aunque la mayoría de los minerales se encuentran en forma de roca, se pueden hallar también dentro de seres vivos, que crean estos biominerales como estructura, para defenderse, como sensores o para almacenar sustancias útiles. Se han descubierto más de 60 biominerales distintos en microbios, plantas, animales y hongos. Incluso se cree que los cristales minerales desempeñaron un papel principal en la aparición de la vida.

JOYAS DEL MAR

Las aguas superficiales del mar están repletas de billones de minúsculos organismos de aspecto vegetal conocidos como fitoplancton. Muchos de estos organismos unicelulares se protegen con caparazones de minerales de sílice o carbonato cálcico. Las diatomeas tienen unos caparazones de sílice muy ornamentados; a veces se las denomina las joyas del mar.

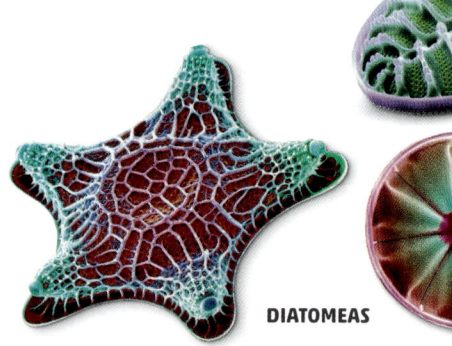

DIATOMEAS

PROTECCIÓN VEGETAL

Todas las plantas contienen cristales de oxalato de calcio. En las hojas y los tallos se forman cristales en forma de aguja para evitar que los insectos se las coman. Algunas plantas tienen espinas o pelos urticantes con puntas de oxalato de calcio para defenderse de los herbívoros.

PARRA VIRGEN

AGUJAS DE OXALATO DE CALCIO

CALIZA

Al morir el fitoplancton, sus restos caen al fondo del mar. En millones de años, se acumulan gruesas capas de caparazones de fitoplancton que se convierten en roca caliza conocidos como cocolitóforos.

El brillo iridiscente del nácar es muy apreciado en joyas, muebles e instrumentos musicales.

NÁCAR

El caparazón de algunos moluscos se endurece con una película de nácar. Este deslumbrante mineral es una forma de carbonato cálcico conocida como aragonita. Aparece en minúsculas placas atrapadas entre proteína elástica para evitar grietas y hace que el caparazón resista bien los ataques de cangrejos o peces.

Al morir el molusco, solo queda su caparazón de carbonato cálcico.

CAPARAZÓN EN ESPIRAL

Muchos moluscos, desde caracoles terrestres hasta sus parientes marinos, producen caparazones de aragonita para proteger sus blandos cuerpos de los predadores y la deshidratación. El mineral se forma en capas y se hace más grande a medida que el molusco crece. Por eso los caparazones de algún marisco y de los caracoles adoptan forma de espiral.

COCOLITÓFORO

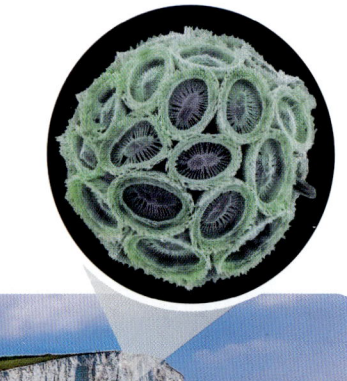

ACANTILADOS DE CALIZA, REINO UNIDO

PERLAS

Además de recubrir el caparazón con nácar, las ostras y los mejillones a veces también recubren partículas de suciedad con el mineral. Al cabo de meses o años, el nácar se acaba acumulando y forma una perla. Los humanos hemos aprovechado como joyas estas brillantes gotas de residuos durante siglos.

PERLA EN UNA OSTRA JAPONESA

PIEZAS DE LA ARMADURA

El primer exoesqueleto del cangrejo es una estructura flexible de proteína e hidratos de carbono. Al llenarse con calcita los huecos de la estructura, el caparazón se endurece para crear su formidable armadura.

ARQUITECTOS DE LOS ARRECIFES

Los pólipos, unas diminutas criaturas que parecen de gelatina, son los que crean los arrecifes de coral. Cada uno crea un duro refugio de carbonato cálcico, del que saca sus tentáculos para obtener comida. Al morir los pólipos, una nueva generación se forma sobre la anterior. Así, los arrecifes de coral crecen a lo largo de millones de años.

ESQUELETO DE CORAL

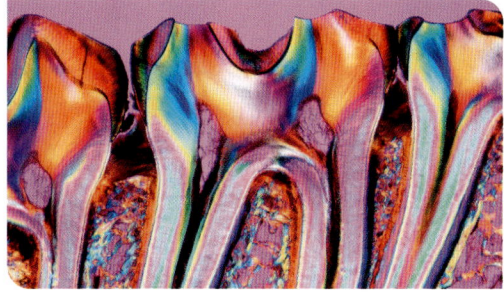

HUESOS Y DIENTES

Los huesos y dientes humanos se forman con diminutos cristales de apatita, mineral de fosfato cálcico también hallado en rocas. Todos los huesos del cuerpo cuentan con una red de células vivas que controlan la disposición de los cristales de apatita. El esmalte de los dientes es en un 95 por ciento de apatita, lo que lo convierte en la sustancia más dura del cuerpo.

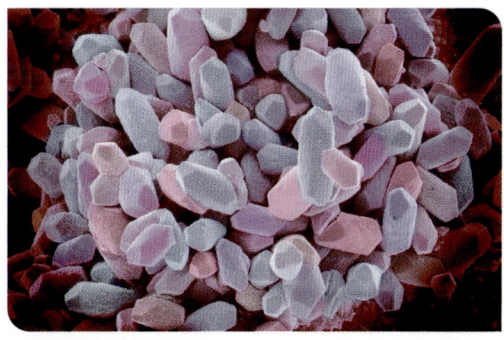

EN EQUILIBRIO

Los otolitos (piedras del oído) son unos minúsculos cristales de carbonato cálcico que se forman dentro del oído interno. Al mover la cabeza, los cristales se mueven un poquito en su lecho de gel. Esto envía señales al cerebro, que dice a los músculos cómo ajustar su posición para mantener el equilibrio del cuerpo.

MINERALES NO DESEADOS

Algunas enfermedades aparecen por el crecimiento de cristales de mineral en el lugar equivocado del cuerpo. Por ejemplo, las piedras en los riñones crecen a partir de sales disueltas en la orina. Esta imagen microscópica muestra los cristales de oxalato cálcico que sobresalen de la superficie de una piedra en el riñón.

CAPARAZÓN DE NAUTILO

La vida en la Tierra no existiría si nuestro planeta no tuviera **atmósfera**. Este fino manto de **gases** nos protege del salvaje fulgor del Sol y el gélido vacío del espacio exterior. Nos proporciona aire respirable, un **clima** estable y un suministro constante de agua dulce en forma de lluvia y nieve.

LA
ATMÓSFERA

CÓMO FUNCIONA LA
ATMÓSFERA

La atmósfera es un fino manto de aire que rodea nuestro planeta. Si la Tierra no tuviera atmósfera, los animales no podrían respirar ni las plantas podrían crecer. Sin una cálida capa de aire por encima, la superficie de la Tierra sería gélida y toda el agua del mundo se convertiría en hielo. No habría viento, ni nubes ni lluvia; de hecho, no habría clima alguno, tan solo el Sol saliendo y poniéndose cada día.

CAPA DE OZONO
Solo dos gases copan casi todo el aire de la atmósfera: el nitrógeno (78 %) y el oxígeno (21 %). El oxígeno hace que el aire sea respirable. También nos protege de la peligrosa radiación ultravioleta del Sol, que absorbe el ozono, una forma del oxígeno. Este gas se encuentra en la estratosfera (la segunda capa de la atmósfera).

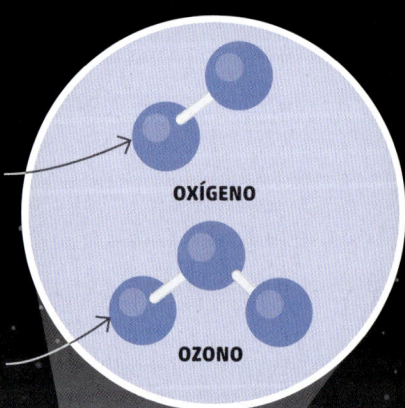

Las moléculas de oxígeno normales tienen dos átomos.

OXÍGENO

Cada molécula de ozono tiene tres átomos.

OZONO

Horizonte de la Tierra

▼ LA ATMÓSFERA TERRESTRE DESDE EL ESPACIO
En esta fotografía, la atmósfera aparece en forma de neblina azul que se va oscureciendo con la altura. La atmósfera no tiene un final definido: el aire se va haciendo más fino hasta que lo único que queda es espacio vacío.

La mayoría de las nubes están en la capa más baja de la atmósfera: la troposfera.

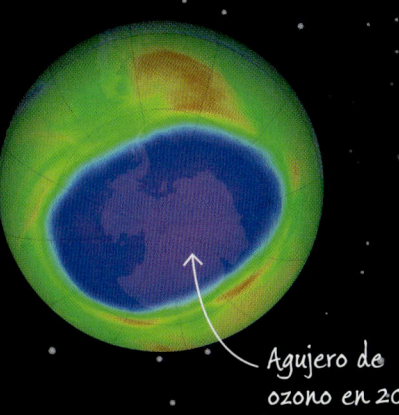

Agujero de ozono en 2020

EL AGUJERO DE OZONO

En 1970, se vio que la capa de ozono sobre la Antártida era muy delgada. La causa del «agujero de ozono» eran los CFC, sustancias químicas utilizadas en neveras y aerosoles. Tras la prohibición de los CFC, el agujero empezó a cerrarse lentamente.

NUBES ESTRATOSFÉRICAS

La estratosfera no suele tener nubes. No obstante, en algunas ocasiones se forman nubes multicolor de brillantes cristales de hielo en regiones polares frías. El momento idóneo para verlas es justo después del ocaso, cuando el cielo se está oscureciendo pero las nubes altas atrapan los últimos rayos de luz.

CAPAS DE LA ATMÓSFERA

La atmósfera se divide en cinco capas, definidas por los cambios de temperatura entre ellas.

EXOSFERA
700-10 000 km

El límite exterior de la atmósfera, donde acaba desapareciendo en el espacio, se denomina exosfera.

TERMOSFERA
80-700 km

En teoría, esta es la capa más caliente de la atmósfera, pues la intensa luz del Sol puede calentar las moléculas del aire hasta los 1500 °C durante el día. No obstante, hay en ella tan pocas moléculas de aire que cualquier ser humano notaría muchísimo frío. La Estación Espacial Internacional y muchos satélites orbitan la Tierra en esta capa.

MESOSFERA
50-80 km

La mesosfera es la capa más fría, con temperaturas que pueden caer hasta los -85 °C por la noche. Los meteoros que impactan con la Tierra se inflaman en la mesosfera y crean estrellas fugaces.

ESTRATOSFERA
12-50 km

Los aviones y los globos sonda vuelan por la estratosfera, normalmente sin nubes. En esta capa, la temperatura sube con la altura gracias al gas ozono, que absorbe la energía del Sol.

TROPOSFERA
0-12 km

Nosotros vivimos en esta fina capa. Es la parte más cálida y densa de la atmósfera, y contiene mucho vapor de agua del mar. Casi todas las nubes y los sistemas climáticos tienen lugar aquí.

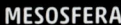

ESCALA DE BEAUFORT
Antiguamente existían pocos instrumentos científicos para medir la velocidad del viento. Por eso en 1805 se diseñó la escala de Beaufort para describir la fuerza del viento basándose en los efectos que producía sobre los árboles, los edificios y las olas. Esta escala se continúa utilizando en la actualidad, con más velocidades del viento.

CALMA
El humo asciende verticalmente.
Viento a 0 km/h

VENTOLINA
El viento hace mover el humo.
2-5 km/h

BRISA MUY DÉBIL
El viento se nota en la cara.
6-11 km/h

BRISA LIGERA
Se mueven hojas y ramas pequeñas.
12-19 km/h

BRISA MODERADA
Se levantan hojas del suelo.
20-28 km/h

CÓMO SOPLA EL
VIENTO

Las velas capturan el viento para propulsar el velero hacia delante.

El viento es aire en movimiento por la atmósfera. El aire fluye de áreas de alta presión a áreas de baja presión, igual que un río fluye desde un sitio alto a otro más bajo. La rotación de la Tierra también ejerce una gran influencia sobre la dirección de los vientos.

▶ **CAMBIO DE AIRES**
En casi todo el mundo la dirección del viento es muy variable. Sin embargo, en los océanos tropicales, los vientos suelen soplar de este a oeste. En la época de los barcos a vela, estos vientos de levante se conocían como vientos alisios y ayudaban a los marinos a transportar mercancías por todo el mundo.

⑤ BRISA FRESCA
Un árbol pequeño empieza a moverse.
29-38 km/h

⑥ BRISA FUERTE
Se agitan las ramas grandes.
39-49 km/h

⑦ VIENTO FUERTE
Se mueven los árboles enteros.
50-61 km/h

⑧ VIENTO DURO
Los árboles pierden ramas pequeñas.
62-74 km/h

⑨ VIENTO MUY DURO
Daños leves en tejados.
75-88 km/h

⑩ TEMPORAL
Árboles arrancados; daño en edificios.
89-102 km/h

⑪ BORRASCA
Destrucción de edificios.
103-117 km/h

⑫ HURACÁN
Daños devastadores.
Más de 118 km/h

APROVECHAR EL VIENTO

Durante siglos, se ha aprovechado el viento para obtener harina moliendo trigo en molinos de viento. Hoy se utilizan turbinas eólicas para generar electricidad. Los lugares ventosos, como las cimas o el mar, son ideales para su instalación.

CORRIENTES EN CHORRO

A unos 10-15 km sobre la superficie de la Tierra existen unas estrechas franjas de vientos muy potentes que se conocen como corrientes en chorro, cuya velocidad puede superar los 240 km/h. Los aviones las utilizan para acelerar en su trayecto.

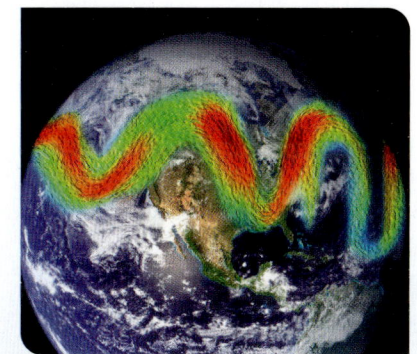

EFECTO CORIOLIS

La rotación terrestre desvía los vientos que soplan por la superficie. Esta desviación se conoce como efecto Coriolis y se puede demostrar con un globo terráqueo giratorio.

❶ Haz girar el globo en el sentido contrario a las agujas del reloj para representar la rotación de la Tierra. A continuación, con un bolígrafo traza rápidamente una línea vertical, de norte a sur.

❷ La línea no es recta, sino que se desvía hacia el oeste con la rotación del globo y se transforma en una curva. Lo mismo les pasa a los vientos alisios de la Tierra, y por eso soplan de este a oeste.

VIENTOS PREDOMINANTES

Algunos vientos tienden a soplar en una dirección concreta en la superficie de la Tierra. Se conocen como vientos predominantes y ejercen influencia sobre el clima local. Los vientos de poniente, por ejemplo, suelen ser cálidos y húmedos. Los vientos de superficie dependen de las células de circulación, cuyo ciclo de aire se produce en las alturas de la atmósfera.

Célula de circulación

Vientos polares del este

Vientos de poniente

Vientos alisios del nordeste

Vientos alisios del sudeste

Vientos de poniente

Vientos polares del este

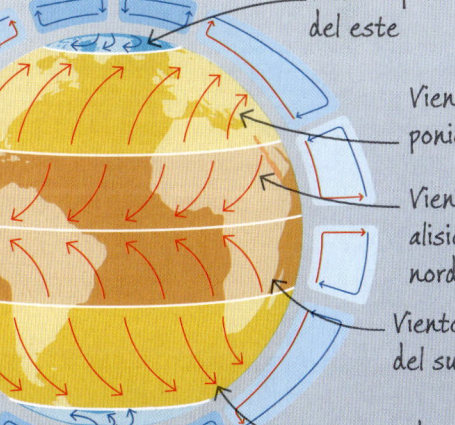

CÓMO FUNCIONAN LOS CLIMAS FRÍOS Y CÁLIDOS

Algunos lugares sufren un calor infernal durante todo el año, otros están siempre helados y otros tienen veranos cálidos e inviernos fríos. Estos patrones meteorológicos de larga duración se conocen como climas. Tenemos diferentes climas por la forma esférica de la Tierra y la manera que recibe el calor del Sol.

Una corriente oceánica cálida hace que el noroeste de Europa sea más cálido que Canadá, al otro lado del Atlántico.

▶ PROMEDIO DE TEMPERATURA

Este globo terráqueo muestra el promedio anual de temperaturas de la Tierra. Las partes más calurosas están en las regiones tropicales, cerca del ecuador. Las áreas más frías están en los polos.

TRÓPICO DE CÁNCER

ECUADOR

TRÓPICO DE CAPRICORNIO

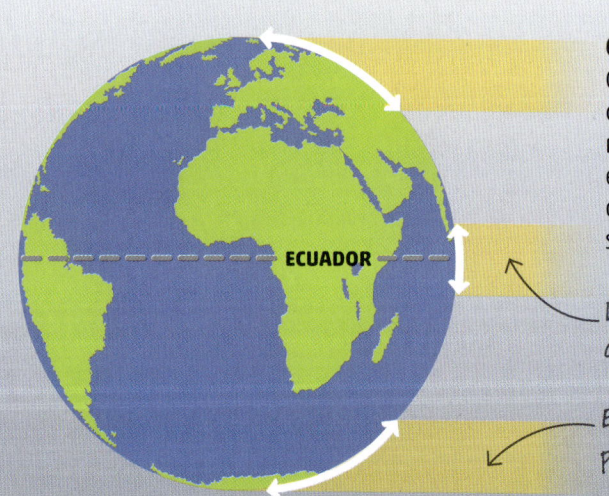

ECUADOR

CALENTAMIENTO IRREGULAR

Como la superficie de la Tierra es curva, el calor del Sol se reparte por un área mucho más grande cerca de los polos que en el ecuador. Por eso el clima es más cálido cerca del ecuador: la misma cantidad de energía solar se concentra en un área más pequeña.

Los rayos de sol impactan directamente sobre el ecuador.

El sol llega a las regiones polares en ángulo agudo por la curvatura de la superficie de la Tierra.

ZONAS CLIMÁTICAS

A grandes rasgos, la Tierra se puede dividir en cuatro zonas climáticas en cada hemisferio. Estas zonas diferentes están separadas por unos círculos imaginarios que rodean la Tierra. La regiónes tropicales, por ejemplo, quedan entre los trópicos de Cáncer y Capricornio.

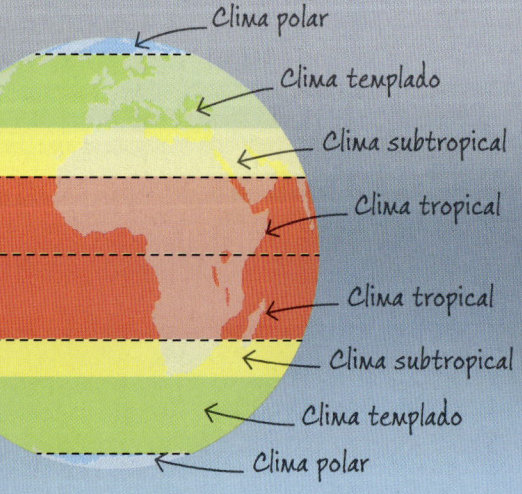

Clima polar
Clima templado
Clima subtropical
Clima tropical
Clima tropical
Clima subtropical
Clima templado
Clima polar

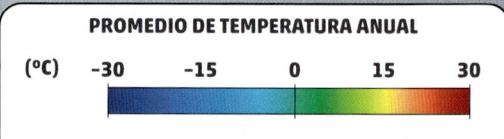

PROMEDIO DE TEMPERATURA ANUAL

(ºC) −30 −15 0 15 30

CÍRCULO
ÁRTICO

CLIMA POLAR
Las regiones polares reciben poco calor del Sol, a pesar de que durante el verano nunca se pone. El clima es gélido todo el año, sobre todo en invierno, cuando no recibe luz solar.

◀ **SVALBARD, NORUEGA**

Esta elevada meseta de Asia
está situada a unos 4000 m
sobre el nivel del mar, por
eso el área es muy fría.

CLIMA TEMPLADO
Los lugares a medio camino entre el ecuador y los polos tienen veranos cálidos e inviernos fríos. El clima de estas regiones es templado (suave), ni muy caluroso ni muy frío.

◀ **PARQUE NACIONAL DE
BORYOMI-JARAGAULI, GEORGIA**

CLIMA SUBTROPICAL
Las áreas subtropicales tienen veranos largos y calurosos e inviernos cortos y suaves. Gran parte de los grandes desiertos del mundo quedan en la zona subtropical.

◀ **PROVINCIA DE MEDINA,
ARABIA SAUDÍ**

CLIMA TROPICAL
El ecuador goza de mucho calor del Sol que calienta el aire y lo hace subir. El aire contiene mucha humedad, que se condensa y forma nubes. Por eso el clima de las regiones tropicales es caluroso, pero también tiene muchas nubes y humedad.

◀ **BOSQUE IMPENETRABLE
BWINDI, UGANDA**

CÓMO FUNCIONAN LOS
CLIMAS SECOS
Y HÚMEDOS

Los vientos recogen humedad de los mares, que precipita en forma de lluvia o nieve sobre tierra firme. No obstante, no todas las regiones reciben la misma cantidad de precipitación: en los desiertos llueve muy poco, mientras que algunas áreas reciben más agua en un solo día que los desiertos en un año entero.

▶ HÚMEDO Y SECO

Este globo terráqueo ilustra el promedio de precipitación anual de diferentes partes del mundo. Los lugares más húmedos (en azul oscuro) quedan cerca del ecuador. En cambio, los desiertos, que son los lugares más secos (en azul celeste), se sitúan sobre todo justo al norte o justo al sur de las zonas húmedas, a lo largo de los trópicos de Cáncer y Capricornio.

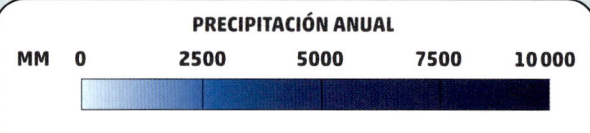

PRECIPITACIÓN ANUAL

MM	0	2500	5000	7500	10 000

¿POR QUÉ ES TAN HÚMEDO EL ECUADOR?

Las células de Hadley son ciclos de aire que hacen que el ecuador sea húmedo y las regiones vecinas sean secas.

1 Los vientos alisios, cargados de humedad, convergen en el ecuador. El clima cálido calienta el aire húmedo y lo hace subir.

2 El aire sube, se enfría y el vapor de agua se condensa para crear nubes y lluvia, que vuelve a caer al suelo.

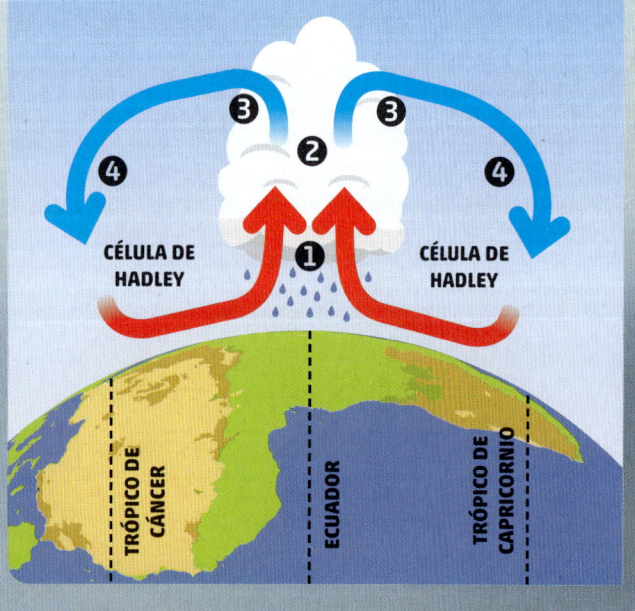

CÉLULA DE HADLEY

CÉLULA DE HADLEY

TRÓPICO DE CÁNCER

ECUADOR

TRÓPICO DE CAPRICORNIO

3 Tras haberse enfriado y perdido su humedad, ahora el aire es seco. Se aleja del ecuador y se propaga hacia el norte y el sur.

4 El aire frío y seco vuelve a bajar por los trópicos de Cáncer y Capricornio, y aporta a estas áreas un clima seco. A continuación el aire vuelve hacia el ecuador y el ciclo se vuelve a repetir.

DESIERTOS

Los desiertos tienen una precipitación anual inferior a 25 cm, y pueden pasar meses o incluso años sin recibir precipitación alguna. Los animales y las plantas necesitan adaptaciones especiales para sobrevivir en los desiertos.

SELVAS TROPICALES

En el ecuador llueve prácticamente cada día; la precipitación anual puede superar los 200 cm. El clima cálido y la lluvia abundante son ideales para las plantas, por eso las selvas tropicales proliferan en el ecuador.

ESTACIONES HÚMEDAS Y SECAS

Las áreas tropicales entre la zona desértica y el ecuador tienden a presentar estaciones secas y húmedas muy específicas. Las plantas mueren o quedan inactivas durante la estación seca, y el terreno se vuelve árido y polvoriento. Cuando la lluvia vuelve, el paisaje pasa de nuevo al verde.

TRÓPICO DE CÁNCER

ECUADOR

TRÓPICO DE CAPRICORNIO

EL DESIERTO MÁS SECO

No todos los desiertos del mundo son calurosos. La Antártida es un «desierto polar» porque solo recibe unos 50 mm de precipitación anual, en forma de nieve, que se acumula sin derretirse por el frío extremo. El polo sur está a 2830 m sobre el nivel del mar, pero en su mayor parte es solo una gruesa capa de hielo.

CINTURÓN DE LLUVIAS

Un cinturón permanente de nubes y lluvias rodea el ecuador. Los húmedos vientos alisios que soplan por los océanos, avanzando siempre hacia el ecuador, aportan humedad constantemente a este cinturón. Dado que el eje de la Tierra está inclinado, el cinturón de lluvias pasa al norte durante el verano boreal y al sur durante el invierno boreal, y crea así un ciclo de estaciones secas y húmedas que se repite año tras año.

CÓMO FUNCIONAN LAS CORRIENTES OCEÁNICAS

Los océanos desempeñan un papel crucial en el clima de la Tierra, absorbiendo el calor del Sol y repartiéndolo en flujos de agua conocidos como corrientes. Estas corrientes son mucho más lentas que los vientos, normalmente avanzan por debajo de medio metro por segundo en la superficie, e incluso menos más abajo.

▼ **LA CORRIENTE DEL GOLFO**
Esta imagen, creada a partir de datos de satélites, muestra una corriente de agua cálida, conocida como la corriente del Golfo, que parte del golfo de México y avanza hacia Europa llevando calor hacia el norte. El viento y la fría agua salada del océano al hundirse cerca del polo norte son los responsables del movimiento de esta corriente. Gracias a la corriente del Golfo, el noroeste de Europa tiene un clima relativamente suave por su latitud.

El agua cálida sale del golfo de México.

En esta imagen de satélite, el agua más cálida aparece en rojo o amarillo, y el agua fría, en azul.

CORRIENTES GLOBALES

Este mapa muestra las corrientes oceánicas por todo el mundo. Los océanos más grandes tienen corrientes de circulación, conocidas como giros, que provocan los vientos de superficie. Los giros avanzan en el sentido de las agujas del reloj en el hemisferio norte y en el sentido contrario en el hemisferio sur. Una corriente fría también fluye por el hemisferio sur de manera constante y sin tierra firme que la interrumpa. Se debe a potentes vientos de poniente conocidos como los Cuarenta Rugientes, que soplan entre los 40° y 50° de latitud.

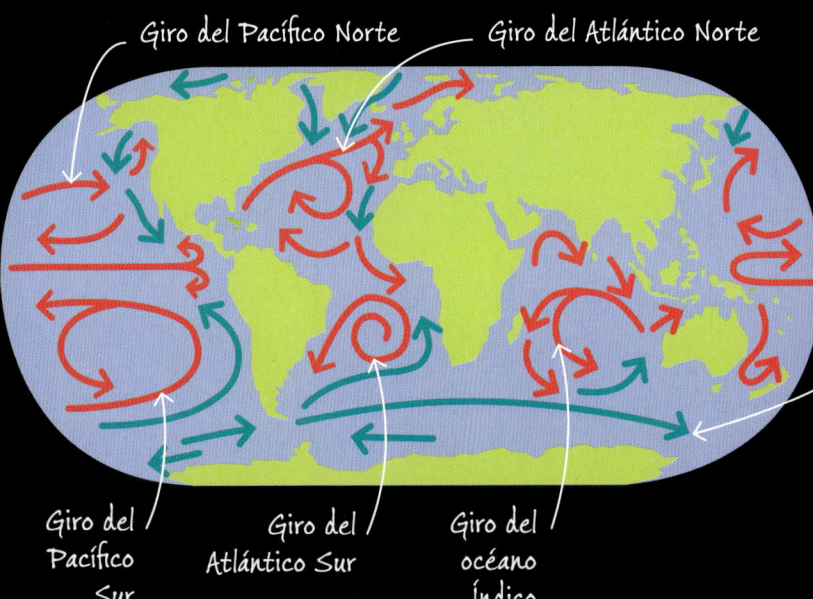

Giro del Pacífico Norte

Giro del Atlántico Norte

La corriente circumpolar antártica da la vuelta al globo entero propulsada por los Cuarenta Rugientes.

🟥 **CORRIENTES CÁLIDAS**

🟦 **CORRIENTES FRÍAS**

Giro del Pacífico Sur

Giro del Atlántico Sur

Giro del océano Índico

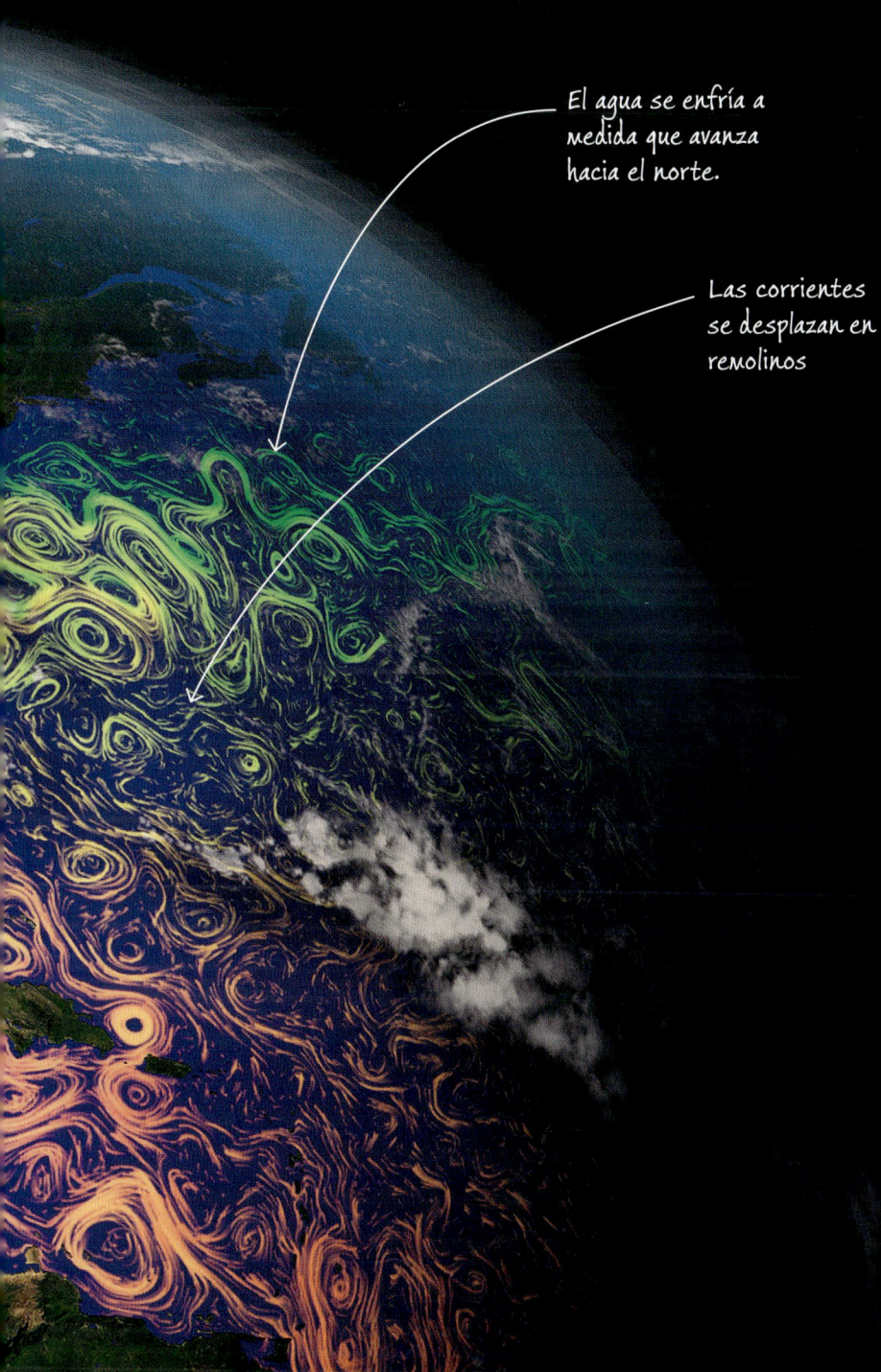

El agua se enfría a medida que avanza hacia el norte.

Las corrientes se desplazan en remolinos

CINTA TRANSPORTADORA OCEÁNICA

Las corrientes de superficie se suman a las corrientes submarinas de gran profundidad y crean una «cinta transportadora oceánica» de agua que conecta los océanos. Esta es más lenta que las corrientes causadas por el viento, pues tarda unos 1000 años en completar un ciclo entero. Las corrientes submarinas empiezan cerca del polo norte, donde la fría agua salada se hunde y comienza su lento trayecto por el mundo.

BASURA FLOTANTE

La «Gran mancha de basura en el Pacífico» es un área enorme de basura flotante que ha ido quedando atrapada en el interior del remolino de corrientes del giro del Pacífico Norte. Contiene grandes elementos desechados, como redes de pesca y envases de plástico, además de billones de minúsculas partículas de plástico, imposibles de ver a simple vista (microplásticos).

RESIDUOS QUE HAN LLEGADO A UNA PLAYA DE HAWÁI

Cuando un frente frío se acerca, primero se forman las nubes altas.

FRENTES DESDE EL ESPACIO
Podemos ver los frentes desde el espacio a través de imágenes de satélite. Aparecen como largas franjas de nubes, algunas de ellas de más de 1000 km de longitud. Las imágenes por satélite nos ayudan a investigar los patrones meteorológicos y predecir dónde caerán las siguientes tormentas basándonos en el movimiento de las nubes.

CÓMO FUNCIONAN LOS
FRENTES

El aire de la atmósfera terrestre no tiene una distribución uniforme. A veces, un descomunal volumen de aire colisiona con otro volumen de aire que es más cálido, más frío, más húmedo o más seco. Los límites entre estas masas de aire en colisión se denominan frentes y son como campos de batalla. A menudo llevan mal tiempo, con nubes, lluvia, nieve y tormentas.

▲ FRENTE FRÍO
La aproximación de un frente frío se traduce en cambios espectaculares. Primero se forman nubes altas y finas cuando el aire cálido es propulsado hacia arriba. Al cabo de poco las nubes se vuelven más densas y oscuras, ya que bloquean más luz del Sol, lo que indica que se acerca la lluvia.

MAPAS METEOROLÓGICOS

Un mapa meteorológico utiliza símbolos de colores para representar los frentes y unas líneas conocidas como isóbaras para ilustrar las áreas con la misma presión. Las áreas de alta presión se traducen en tiempo estable y seco, al contrario que las de baja presión, que conllevan tiempo inestable, lo que a menudo implica lluvia y viento.

Área de baja presión

Un frente cálido se marca con semicírculos rojos

Área de alta presión

Un frente ocluido se marca con triángulos y semicírculos

Un frente frío se señala con triángulos azules

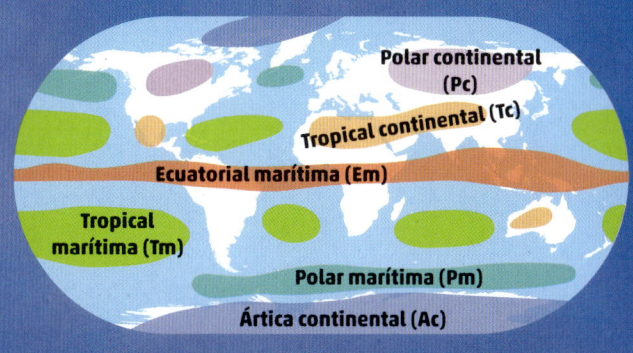

Polar continental (Pc)

Tropical continental (Tc)

Ecuatorial marítima (Em)

Tropical marítima (Tm)

Polar marítima (Pm)

Ártica continental (Ac)

PRINCIPALES MASAS DE AIRE DEL MUNDO

MASAS DE AIRE

El origen de las masas de aire condiciona en gran parte si son cálidas o frías, o secas o húmedas. Las masas de aire polar son frías, mientras que las masas de aire tropical son cálidas. El aire sobre el océano (en las masas de aire marítimas) es húmedo, mientras que el aire continental es seco. Este mapa muestra el patrón habitual de las grandes masas de aire.

TIPOS DE FRENTES

Existen tres tipos de frentes principales, cada uno con su tiempo particular.

AIRE FRÍO

AIRE CÁLIDO

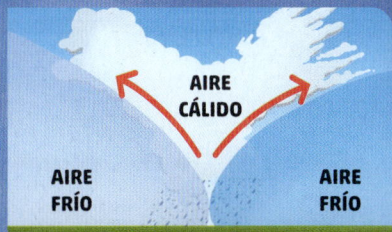

AIRE CÁLIDO

AIRE FRÍO

AIRE FRÍO

AIRE CÁLIDO

AIRE FRÍO

Frente frío
Al avanzar, el aire frío y denso desplaza el aire más cálido y ligero hacia arriba, creando una franja de nubes espesas, a menudo con lluvias generosas.

Frente ocluido
En un frente ocluido, dos masas de aire frío comprimen una masa de aire cálido, una por cada lado. Las nubes se forman en el aire cálido que sube.

Frente cálido
El aire cálido que avanza pasará por encima de una masa de aire más fría y densa, formando una ancha franja de nubes con lluvias y lloviznas.

Las nubes más oscuras y espesas indican que se acerca la lluvia.

CÓMO FUNCIONAN LOS HURACANES

Los huracanes son masas arremolinadas de nubes espesas, lluvia torrencial y vientos de potencia extrema. Son responsables de algunos de los fenómenos atmosféricos más destructivos de la Tierra. Los huracanes se producen en las regiones tropicales y siempre se forman sobre el océano. En el Atlántico y Pacífico oriental se conocen como huracanes, pero en el Pacífico occidental se denominan tifones, y por el océano Índico se les llama ciclones.

El aire gira alrededor del ojo en el centro.

En las alturas, el viento gira en espiral alrededor de la tormenta.

Se forman bandas de nubes y lluvia donde sube el aire cálido.

Al absorberse aire, se producen vientos potentes.

UN HURACÁN POR DENTRO
El calor del océano alimenta los huracanes, ya que el aire sube muy deprisa y hace aparecer vientos muy potentes. El centro de la tormenta, justo sobre la superficie del océano, succiona el aire, sube en bandas y sale en espiral por la parte superior.

Pared del ojo

Ojo

Bandas de nubes en espiral

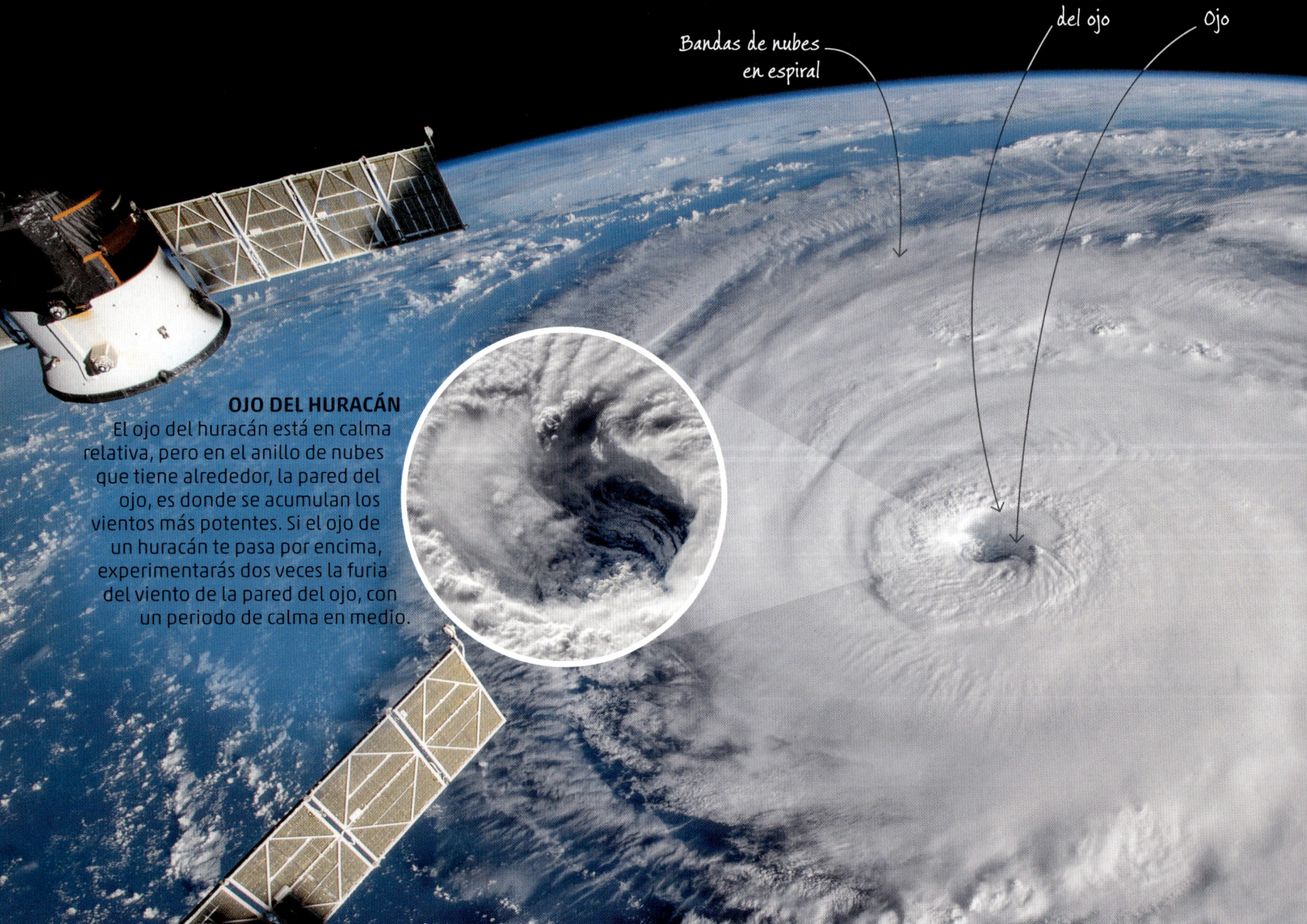

OJO DEL HURACÁN
El ojo del huracán está en calma relativa, pero en el anillo de nubes que tiene alrededor, la pared del ojo, es donde se acumulan los vientos más potentes. Si el ojo de un huracán te pasa por encima, experimentarás dos veces la furia del viento de la pared del ojo, con un periodo de calma en medio.

DAÑOS DE HURACANES

Los huracanes pueden causar daños catastróficos de tres formas principales: con vientos violentos, con mareas de tempestad y con lluvias torrenciales.

VIENTOS POTENTES
Una tormenta de categoría 5 puede provocar rachas de viento de más de 252 km/h. Los vientos de una tormenta de categoría 5 pueden hacer caer edificios, árboles y líneas eléctricas.

MAREA DE TEMPESTAD
La baja presión del aire en el centro de un huracán hace subir el nivel del mar que queda debajo del ojo y provoca descomunales olas e inundaciones costeras.

LLUVIA TORRENCIAL
Los huracanes provocan mucha lluvia. El viento pierde potencia cuando la tormenta avanza por tierra firme, pero la lluvia intensa todavía puede causar graves inundaciones.

▼ HURACÁN FLORENCE

Esta fotografía, tomada desde la Estación Espacial Internacional en 2018, muestra el huracán Florence avanzando por el océano Atlántico. En el Atlántico, la temporada de huracanes empieza a principios de junio y acaba a finales de noviembre, con un promedio de seis huracanes por año. En el Atlántico, las iniciales de los nombres de los huracanes van de la A a la Z, y cada año vuelven a empezar. Alternan nombres masculinos y femeninos; las letras Q, U, X, Y y Z no se utilizan porque hay pocos nombres con esas iniciales.

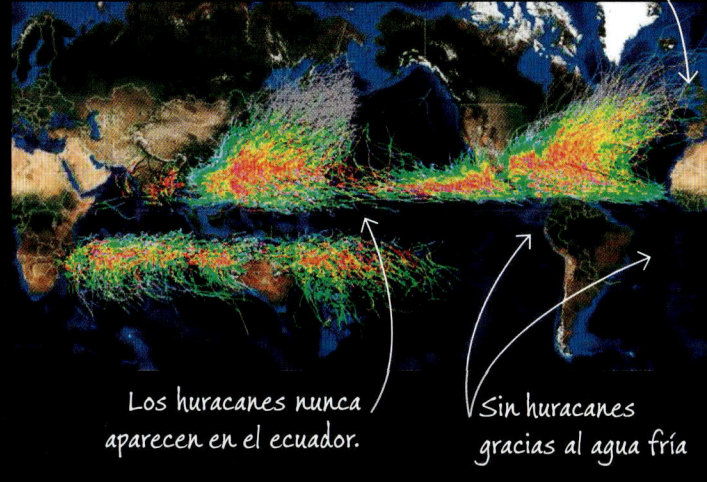

Las tormentas pierden fuerza al avanzar hacia el norte.

Los huracanes nunca aparecen en el ecuador.

Sin huracanes gracias al agua fría

¿DÓNDE APARECEN LOS HURACANES?

Este mapa muestra el recorrido de todos los huracanes desde 1848 hasta 2013. La región con más tormentas es el Pacífico oeste. En el Pacífico sudeste no hay huracanes; tan solo uno en el Atlántico sur porque el agua suele ser demasiado fría. Cada línea representa el recorrido de cada huracán; el color indica la fuerza de la tormenta.

ESCALA DE HURACANES

La escala Saffir-Simpson valora la fuerza de un huracán en función de la velocidad del viento. Los de categoría 5 son excepcionales: solo cuatro han llegado a tocar tierra en Estados Unidos entre 1935 y 2018.

1 **119-153 km/h**
Caen los árboles más débiles, vuelan algunas tejas

2 **154-177 km/h**
Daños en casas, árboles rotos

3 **178-208 km/h**
Árboles arrancados, grandes daños en casas

4 **209-251 km/h**
Tejados arrancados; sin agua ni electricidad

5 **>252 km/h**
Daños catastróficos; área inhabitable

CÓMO FUNCIONAN LOS
TORNADOS

Un tornado es un embudo giratorio de nubes y viento que puede lanzar un coche por los aires y destruir un edificio en cuestión de segundos. El tornado típico toca el suelo solo unos minutos, pero puede dejar un rastro de devastación.

CÓMO SE FORMAN LOS TORNADOS

Los tornados son raros, ya que solo se forman en unas determinadas condiciones. Surgen a partir de unas potentes nubes de tormenta que se conocen como supercélulas.

❶ SE FORMAN NUBES
Para que se forme un tornado, el aire cerca del suelo debe estar caliente y húmedo, y tener aire más frío por encima. El aire caliente sube y forma unos nubarrones gigantescos de varios kilómetros de altura.

AIRE CÁLIDO

❷ EMPIEZA LA ROTACIÓN
El aire impulsado hacia la nube empieza a girar. Al principio el aire en rotación se mueve horizontalmente.

AIRE CALIENTE

VIENTO

❸ IMPACTO
Los potentes vientos y la lluvia torrencial concentran el aire en rotación en un estrecho embudo y lo giran hasta dejarlo vertical. El embudo choca en el suelo: se acaba de formar el tornado.

▼ EMBUDO DE FURIA

Igual que el agua gira en espiral cuando se va por el desagüe, el aire que el tornado hace subir a toda velocidad también forma un violento vórtice giratorio. Un tornado recién formado se compone de minúsculas gotitas de agua y normalmente es de color blanco o gris, pero su base cambia de color cuando absorbe tierra y otros desechos.

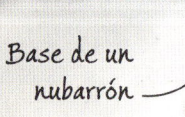

Base de un nubarrón

ESCALA DE TORNADOS

Los tornados se clasifican del 0 al 5 utilizando la escala Fujita mejorada (EF, por sus siglas en inglés), que se basa en el nivel de daño que provocan.

EF0: DAÑOS LEVES
Algunos daños en chimeneas. Ramas de árboles rotas.

EF1: DAÑOS MODERADOS
Tejados rotos y coches sacados de la carretera.

EF2: DAÑOS CONSIDERABLES
Tejados de las casas arrancados y árboles partidos o incluso arrancados de cuajo.

EF3: DAÑOS GRAVES
Daños considerables en los edificios. Coches levantados del suelo.

EF4: DAÑOS DEVASTADORES
Camiones levantados del suelo. Casas completamente destruidas.

EF5: DAÑOS INCREÍBLES
Daños importantes en grandes edificios. Coches volando por los aires.

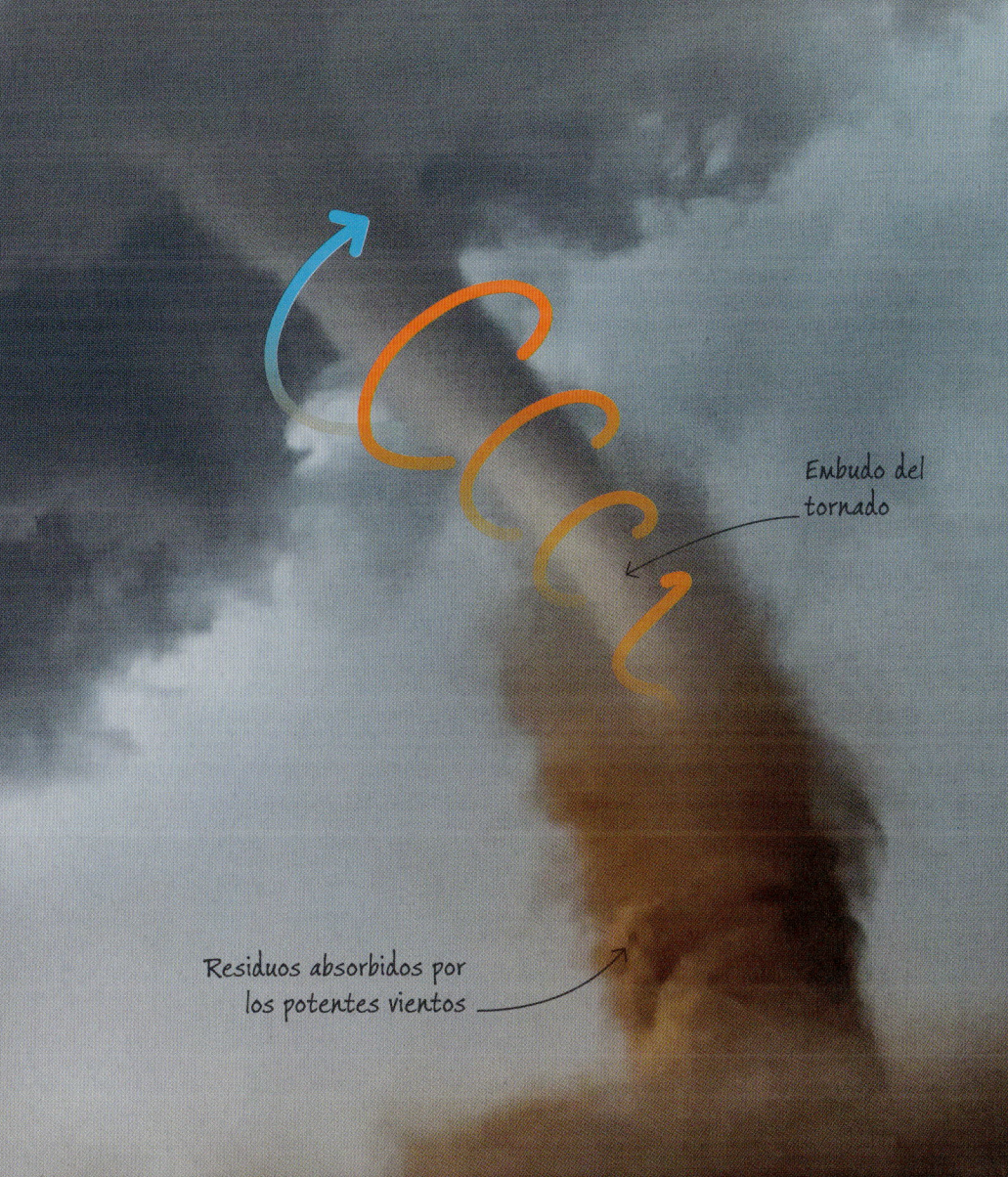

Embudo del tornado

Residuos absorbidos por los potentes vientos

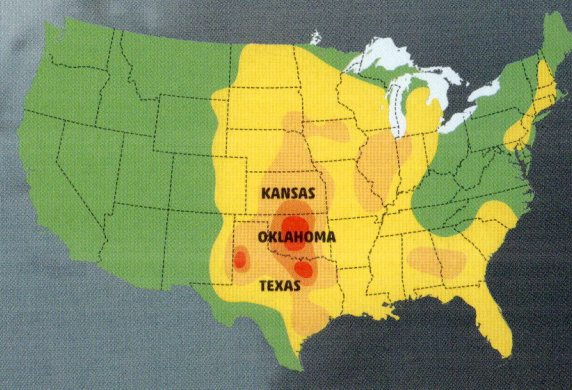

TORNADO ALLEY, ESTADOS UNIDOS

Los tornados son fenómenos extraños, pero en algunos lugares son más frecuentes. Estados Unidos es el país con más tornados. Son más habituales en los estados del centro, conocidos como Tornado Alley (callejón de los Tornados); Texas es el que recibe más: 136 por año, de promedio.

RASTRO DEL TORNADO

Al pasar, el tornado deja un rastro de daños. La línea clara de la imagen superior muestra un rastro de 2,5 km de ancho en su punto máximo.

CÓMO SE FORMAN LAS NUBES

Las nubes quizá traen el mal tiempo, pero sin ellas no tendríamos agua dulce en la Tierra, ni existiría la vida. Además de regar el suelo, las nubes ayudan a regular el clima. Enfrían la Tierra reflejando la luz del sol de vuelta al espacio, pero nos ayudan a mantenernos cálidos de noche actuando como una manta que atrapa el calor cerca del suelo.

▶ EL CICLO DEL AGUA

Las nubes desempeñan una tarea vital en el ciclo del agua (el movimiento del agua por el cielo, el subsuelo y la superficie de la Tierra). El agua que se evapora de la superficie del océano sube y se enfría hasta formar nubes. El viento se lleva estas nubes hacia tierra firme, donde producen lluvia o nieve que alimenta lagos y ríos y riega la vegetación.

PRECIPITACIÓN

Las nubes precipitan (en forma de lluvia, nieve o granizo).

Parte del agua se filtra por el suelo y lentamente acaba volviendo al mar.

CÓMO SE FORMAN LAS NUBES DE LLUVIA

Las nubes de lluvia se forman cuando sube el aire cálido y húmedo. El aire se enfría al subir y hace que el vapor de agua se condense en forma de gotitas. Las grandes masas de aire pueden subir y crear nubes de lluvia principalmente de tres maneras.

EL AIRE SE ENFRÍA Y SE FORMAN NUBES

AIRE CÁLIDO CERCA DEL SUELO

EL VIENTO SUBE PARA SUPERAR UNA COLINA

AIRE CÁLIDO

MASA DE AIRE FRÍO

❶ NUBES CONVECTIVAS
Cuando la superficie de la Tierra está cálida, calienta el aire que tiene encima y hace que suba. Este proceso se conoce como convección. Las nubes convectivas son típicas del verano y los trópicos. Producen chaparrones o tormentas eléctricas.

❷ NUBES OROGRÁFICAS
Si el viento sopla por encima de una colina o una montaña, el aire sube y se enfría, lo que hace que se formen nubes. La mayor parte de la lluvia de las nubes cae en la cara de barlovento de la montaña; la otra cara sufre la seca «sombra pluvial».

❸ NUBES FRONTALES
Al chocar dos grandes masas de aire, la más cálida sube por encima del aire más frío y denso y forma una gran capa de nubes. Los límites entre grandes masas de aire se conocen como frentes; las nubes frontales suelen precipitar en forma de llovizna persistente.

AGUJEROS EN LAS NUBES
A temperaturas bajo cero, algunas nubes están compuestas por gotitas de agua en lugar de hielo. Estas gotitas superfrías se convierten en hielo al mezclarse con partículas, como el hollín de los escapes de los aviones. A continuación, los cristales de hielo caen de las nubes, donde queda un agujero.

Rastros de hielo

El agua del deshielo avanza colina abajo.

Las nubes avanzan hacia tierra firme desde el mar.

El vapor de agua se enfría al subir y se condensa en gotitas líquidas; estas acaban formando las nubes.

NUBES

La vegetación y el suelo húmedo liberan vapor de agua, lo que hace crecer las nubes.

EVAPORACIÓN

El agua se evapora del mar cuando el sol la calienta.

Casi toda el agua vuelve al mar a través de los ríos.

TIPOS DE
NUBES

Las nubes, blancas y esponjosas, finas y tenues u oscuras y espesas, son un buen indicador de lo que está pasando en la atmósfera. Su forma depende de la altura a la que están y del agua que contienen. Las diez principales formaciones de nubes se dividen en tres grupos según su altura en la atmósfera: nubes bajas, nubes medias y nubes altas.

CIRROS
Los cirros son tenues nubes altas compuestas por cristales de hielo. Aparecen con el buen tiempo, pero también tienden a formarse delante de los frentes cálidos, lo que indica que quizá se acerca la lluvia.

CUMULONIMBOS
Estas descomunales nubes pueden llegar a una altura de 20 km; a menudo tienen una parte superior plana más ancha. Producen lluvia torrencial, granizo y truenos. Una nube cumulonimbo puede contener la misma energía que diez bombas atómicas.

Las corrientes ascendentes de húmedo aire cálido hacen subir la nube a gran altura en la atmósfera.

ALTOCÚMULOS
Los altocúmulos son nubes del nivel medio con formas variables, incluyendo pequeñas torres y platillos volantes. Contienen más gotitas de agua que cristales de hielo, y por eso son grises.

CIRROCÚMULOS

Estas pequeñas nubes salpicadas que ocupan gran parte del cielo a veces parecen un rebaño de ovejas, origen de la expresión «cielo aborregado». Contienen cristales de hielo y agua superfría, y normalmente se asocian al buen tiempo.

CIRROSTRATOS

Las nubes cirrostratos cubren como un velo transparente gran parte del cielo en las alturas. En algunas ocasiones crean halos circulares alrededor del Sol, a veces con brillantes puntos, conocidos como parhelios, en cada lado. Su presencia suele anunciar la llegada de lluvia o llovizna para el día siguiente.

Sol

Parhelio

ALTOESTRATOS

Si el cielo se ve gris claro y plano, es probable que esté cubierto de nubes altoestratos. El Sol apenas se ve a través de estas nubes, y no es capaz de producir sombras. Indican que se acerca el mal tiempo.

NIMBOESTRATOS

Aparecen cuando las nubes altoestratos crecen y se hacen más espesas porque coinciden con una masa de aire cálido. Su aspecto más oscuro se debe a las grandes gotitas de agua que contienen, que acaban cayendo en forma de lluvia, a menudo durante horas.

ESTRATOCÚMULOS

La nube estratocúmulo es la nube más típica, con su forma de algodón gris o blanco, de fondo plano y huecos en medio. Aunque normalmente se asocian a la lluvia, en pocas ocasiones van más allá de una suave llovizna.

ESTRATOS

Estas nubes planas cubren el cielo como una manta. Pueden ser grises y planas, o irregulares y discontinuas. Son las nubes más bajas y a veces tocan el suelo en forma de niebla o bruma.

CÚMULOS

Las nubes cúmulos son las nubes en forma de coliflor, con la parte superior esponjosa, que ves a menudo los días de sol. Se forman cuando el aire cálido sube y se enfría, y el vapor de agua se condensa en forma de gotitas. En algunas ocasiones, las nubes cúmulos producen lluvias suaves.

SUPERCÉLULA

La mayoría de los tornados se forman en supercélulas, que son el tipo de tormenta más potente. Las nubes de la supercélula desarrollan una forma redondeada en la base cuando las potentes corrientes ascendentes se arremolinan en espiral. Estas corrientes ascendentes llegan hasta los 140 km/h, lo que basta para suspender granizo del tamaño de un pomelo. Cuando el aire ascendente se enfría, su humedad se condensa y libera energía térmica que se suma a la fuerza de la tormenta.

CÓMO FUNCIONA LA
LLUVIA

La lluvia puede ser molesta a veces, pero es fundamental para la vida en la Tierra, ya que aporta agua dulce a plantas y animales. Se forma cuando el vapor de agua, invisible en el aire, sube y se enfría hasta condensarse en unas minúsculas gotitas. Si estas crecen hasta superar un diámetro de aproximadamente 1 mm, empiezan a caer.

ESTACIÓN LLUVIOSA

En muchas partes del mundo, casi toda la lluvia cae durante una estación. En la estación húmeda llueve con abundancia en la pradera de sabana africana. Pero en el periodo seco que le sigue, las plantas se vuelven marrones y se arrugan, los ríos y los lagos se secan, y el suelo se agrieta. Los grandes rebaños de cebras y ñus migran en busca de agua y comida. Cuando vuelve a llover, las plantas y los árboles reviven, las semillas germinan y los animales regresan.

ESTACIÓN HÚMEDA

ESTACIÓN SECA

❶ NUEVA GOTA DE LLUVIA
Una fuerza conocida como tensión superficial, que actúa en la piel de las gotitas de agua, hace que las minúsculas gotas de lluvia recién formadas tengan forma de esfera.

❷ MÁS ANCHA
Cuando las gotitas superan más o menos 1 mm de ancho, empiezan a caer. La fuerza del aire que tienen debajo les hace perder su forma esférica.

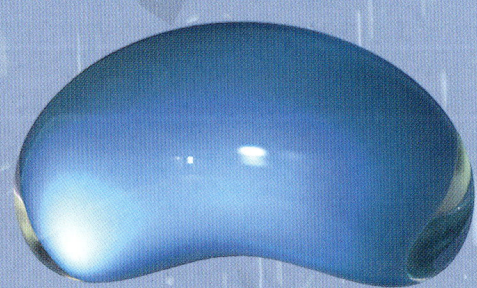

❸ FORMA DE BOLLO
La gota de lluvia acelera y cae a unos 20 km/h. El aire continúa empujándola por el interior y adquiere forma de bollo. Aparece una cavidad debajo, pero por arriba continúa siendo redonda gracias a la tensión superficial.

❹ GOTITA EN EXPANSIÓN
La fuerza del aire por debajo de la gotita continúa estirándola, y también aumentando el tamaño de la cavidad.

MEDIR LA LLUVIA
La lluvia se mide en milímetros con un pluviómetro. Los pluviómetros más sencillos son un tubo de medida con un embudo o una abertura más ancha en la parte superior. Los pluviómetros indican cuánta lluvia cae en un área durante un periodo de tiempo concreto.

AGUACEROS
A veces, las nubes de tormenta descargan la lluvia de una semana o un mes en cuestión de minutos. Este fenómeno se conoce como aguacero y puede provocar inundaciones. Los aguaceros suelen ocurrir cuando pasan nubarrones por encima de montañas. Son especialmente habituales en el Himalaya durante la temporada de los monzones.

TORMENTAS SECAS
A veces cae lluvia de una nube, pero no llega al suelo, ya que se evapora al encontrarse con aire cálido o seco. Estas tormentas secas se ven desde la distancia como estelas que parten de la base de una nube.

◀ **LA VIDA DE UNA GOTA DE LLUVIA**
Cada gota de lluvia empieza a formarse cuando el vapor de agua del aire se condensa alrededor de una partícula de polvo. Las gotas son pequeñas y esféricas al principio, pero chocan y crecen hasta convertirse en gotas más grandes. Cuando pesan lo suficiente para empezar a caer, comienzan a cambiar de forma, pero nunca adoptan forma de lágrima. Si la anchura de una gota de lluvia supera los 4-5 mm, esta se divide de nuevo en gotas esféricas.

La gota de lluvia adopta forma de campana antes de romperse.

5 FORMA DE CAMPANA
Al final, el aire que empuja la gota de lluvia por debajo crea una inestable forma de campana.

6 DIVISIÓN
La campana se rompe en gotitas más pequeñas, que vuelven a ser esféricas debido a la tensión superficial. Estas gotitas continúan cayendo en forma de lluvia o suben de nuevo hacia la nube.

▶ **DIVISIÓN DE COLORES**

La luz del sol es blanca para nuestros ojos, pero en realidad es una mezcla de todos los colores del arcoíris: rojo, naranja, amarillo, verde, azul, añil y violeta. Cuando la luz del sol entra y sale por las gotas de lluvia, estos colores se desvían en grados diferentes y se separan para formar un arcoíris.

LUZ DEL SOL

❶ LA LUZ PENETRA EN LA GOTA DE LLUVIA

Cuando la luz del sol entra en la gota de lluvia, se desvía (refracta). Los diferentes colores que componen la luz blanca se desvían en grados distintos. El azul es el que se desvía más, y el rojo, el que menos; los otros colores quedan en medio.

CÓMO FUNCIONAN LOS ARCOÍRIS

Aparecen de la nada y se desvanecen con parecida rapidez. Los arcoíris son los fenómenos meteorológicos más coloridos y se producen cuando cae lluvia a la vez que reluce el sol. Eso sí: solo lo verás si te encuentras en el lugar adecuado en el momento preciso.

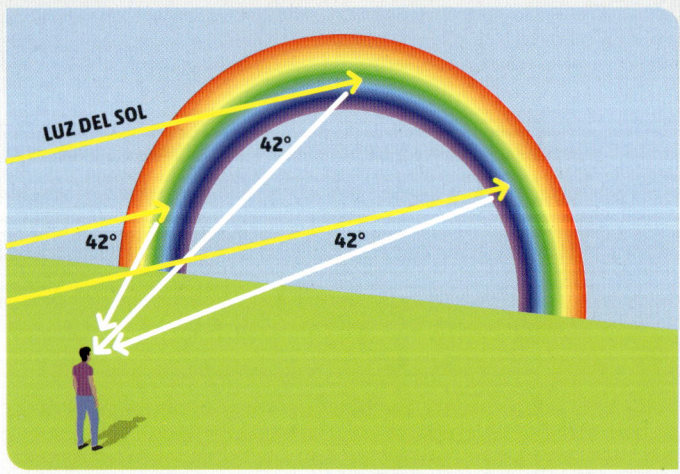

LUZ DEL SOL

42°

42°

42°

42°

❸ LA LUZ SALE DE LA GOTA

La luz se refracta una segunda vez al salir de la gota de lluvia, lo que hace separar todavía más los colores.

POR QUÉ SE FORMAN LOS ARCOS

Para ver un arcoíris, tienes que tener el Sol a tu espalda y la lluvia delante de ti. Además, el Sol tiene que estar bastante bajo en el cielo, ya que los colores vivos solo son visibles cuando el ángulo entre los rayos de luz que impactan en las gotas de lluvia y los rayos que rebotan hacia ti es de unos 42°. Las gotas de lluvia en el lugar idóneo para reflejar la luz en este ángulo forman un arco circular. El suelo oculta la parte inferior del círculo, por eso normalmente vemos una forma de arco.

Los colores se disgregan y separan.

REFRACCIÓN

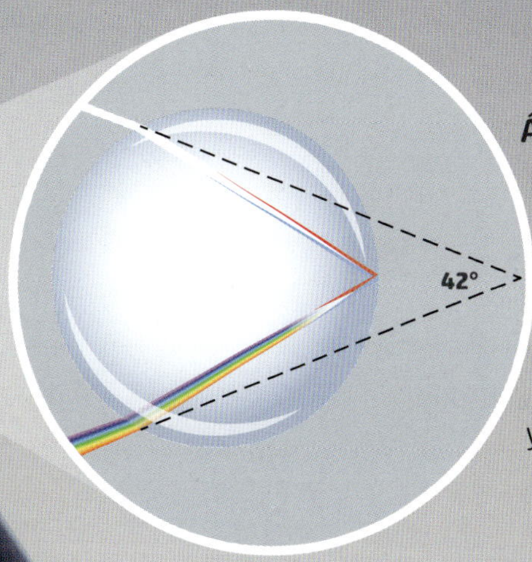

ÁNGULO DE REFLEXIÓN

Las gotas de lluvia descomponen y reflejan la luz en todas direcciones, pero los colores más vivos se ven donde la luz del sol rebota a un ángulo de 40-42°. El azul se ve a 40°, y el rojo, a 42°.

42°

DOBLE ARCOÍRIS

Fíjate bien y quizá ves un segundo arcoíris, más tenue, sobre el primero. Este fenómeno sucede cuando parte de la luz es reflejada dos veces en el interior de las gotas de lluvia y rebota hacia quienes lo contemplan en un ángulo de 50-53°. El segundo reflejo invierte el orden de los colores.

2 **REFLEXIÓN**

La luz impacta en el fondo de la gota de lluvia y una parte vuelve reflejada hacia nuestra vista. Se reflejan todos los colores diferentes.

REFLEXIÓN

CÍRCULO COMPLETO

El horizonte recorta la mayoría de los arcoíris, pero si estás en un punto muy alto, por ejemplo en un avión, quizá tendrás la suerte de poder ver su círculo completo.

Las gotas de lluvia actúan como diminutas lentes y descomponen la luz en colores.

CÓMO FUNCIONAN LA NIEBLA, LA NEBLINA Y EL ROCÍO

Si crees que solo las aves y los aviones tocan las nubes, quizá te sorprenderá saber que tú puedes caminar a través de ellas. La bruma y la niebla no son más que nubes que se han formado a ras de suelo.

Al contener muchas gotitas de agua, cuesta ver a través de esta niebla de sensación húmeda.

La frecuente niebla invernal de Dubái se debe al húmedo aire del mar entrando hacia tierra firme, donde el suelo es frío.

La superficie irradia calor.

La humedad se condensa en forma de niebla.

CÓMO SE FORMA LA NIEBLA

La niebla se forma de muchas maneras, pero siempre hace falta aire enfriándose y vapor de agua condensándose en forma de gotitas.

Niebla de radiación
En noches frías y despejadas, el suelo irradia el calor que ha absorbido durante el día. Cuando el suelo pierde calor y se enfría, también enfría el aire que tiene encima. El vapor de agua en el aire se enfría y se condensa, causando así la niebla de radiación.

▲ ENVUELTA DE NIEBLA

La ciudad de Dubái, en los Emiratos Árabes Unidos, se despierta una mañana de invierno copada por la niebla. Igual que sus parientes del cielo, las nubes a ras de suelo están compuestas por diminutas gotitas de agua líquida suspendidas en el aire. Se denomina niebla si no puedes ver a más de 1 km de distancia. La neblina es menos espesa que la niebla y, por lo tanto, puedes ver más lejos. La neblina y la niebla desaparecen con el calor del día, cuando las gotitas vuelven a convertirse en vapor.

ROCÍO
Cuando los objetos se enfrían de noche, a veces también enfrían el aire que los rodea hasta el punto de que el vapor de agua se condensa en forma de diminutas perlas de agua, o rocío. Este fenómeno se parece a lo que pasa cuando sacas una bebida fría de la nevera cualquier día caluroso y se forma agua en la lata.

NIEBLA VITAL
Las secuoyas de California, Estados Unidos, dependen de la niebla que entra del mar para su supervivencia. Estos árboles, los más altos del mundo y que a menudo superan los 90 m de altura, necesitan gran cantidad de agua. En los veranos secos, sus hojas capturan gotitas de niebla y absorben el agua.

ILUSIÓN FANTASMAGÓRICA
Un espectro de Brocken es un «fantasma» que aparece en la niebla o la neblina. En realidad solo es la sombra de la persona que la observa, de pie en algún lugar alto y mirando hacia la neblina, con el Sol a sus espaldas. Puede que alrededor del espectro se vea también un aura solar.

El aire cálido y húmedo se enfría al pasar sobre una superficie fría.

Se forma la niebla.

El aire frío y denso se hunde en el valle.

El aire frío se desplaza sobre aire cálido y húmedo.

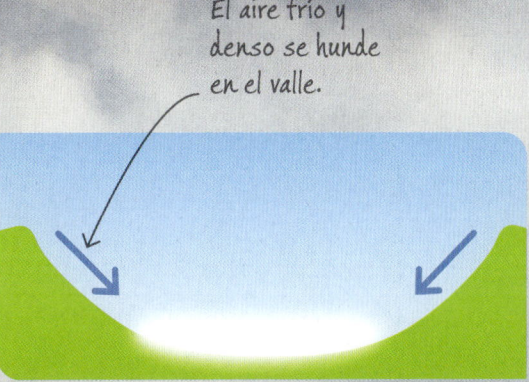

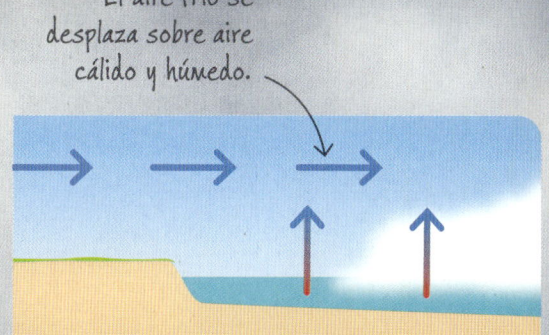

Niebla de advección
Cuando el aire cálido y húmedo se desplaza a una zona fría, ya sea sobre agua o tierra firme, se enfría y forma niebla. Este tipo de niebla se conoce como niebla de advección y es habitual en el mar y por el litoral. También aparece cuando un frente cálido pasa sobre terreno cubierto de nieve.

Niebla de valle
Este tipo de niebla aparece cuando el aire frío se hunde hasta el fondo de un valle, donde queda atrapada. Al contrario que otras formas de niebla, que a menudo desaparecen con mucha rapidez, la niebla de valle puede persistir durante días antes de desvanecerse.

Niebla de vapor
El agua cálida que se evapora de lagos, charcas o terrenos húmedos calienta el aire que tiene encima y hace que suba. Cuando el aire cálido y húmedo se mezcla con el aire frío que pasa por encima, se enfría y forma niebla.

CÓMO SE FORMA EL
GRANIZO

El granizo son bolitas de hielo que se forman en nubarrones muy altos. El agua de las nubes suele caer como lluvia, pero en ciertas condiciones atmosféricas se convierte en hielo y pasa a ser granizo.

Es posible que la última película de hielo sea rugosa o puntiaguda, ya que las piedras húmedas más pequeñas chocan entre sí y se pegan a las más grandes.

UNA NUBE DE TORMENTA POR DENTRO

El granizo se forma cuando el agua de un nubarrón sufre sobrefusión, que es cuando el agua baja a una temperatura por debajo del punto de congelación, pero en lugar de convertirse en hielo, sigue líquida. Las potentes corrientes ascendentes barren las gotitas del agua superfría hacia la parte superior de la nube, donde se congelan. Cuando vuelven a caer por el interior de la nube, se recubren de más agua superfría, que se congela al instante. Tras varias veces de subir y bajar, las bolitas de hielo pesan demasiado para continuar en el aire y precipitan.

Las gotas se congelan en la parte superior.

El tamaño del granizo aumenta en cada ciclo de subida y bajada.

Las gotas de agua superfría suben.

El granizo cae al suelo cuando pesa demasiado para volver a subir.

NUBARRÓN

Cada vez que el granizo crece, se forma un anillo de hielo.

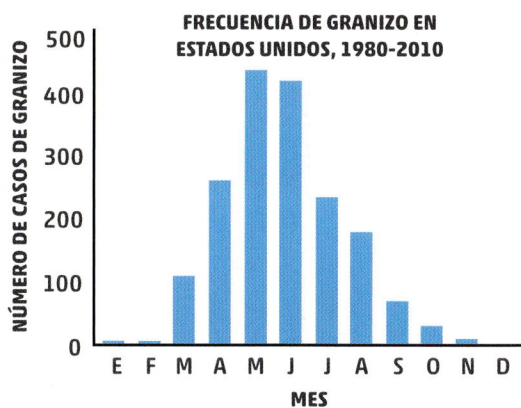

FRECUENCIA DE GRANIZO EN ESTADOS UNIDOS, 1980-2010

NÚMERO DE CASOS DE GRANIZO

500 / 400 / 300 / 200 / 100 / 0

E F M A M J J A S O N D

MES

TEMPORADA DE GRANIZO

Al contrario que la nieve, el granizo se da más a finales de primavera y principios de verano, en la temporada típica de tormentas eléctricas, pero cuando la temperatura del aire no logra fundir el granizo al caer. Las tormentas de granizo ocurren en cualquier momento del año en los países tropicales, pero la tendencia es que se produzcan en montañas, donde el aire es más fresco.

GRANIZO GIGANTE

Las piedras de granizo de más de 10 cm de ancho se consideran «gigantes». La mayor piedra de la que se tiene constancia cayó en Dakota del Norte, Estados Unidos: medía 20 cm de diámetro y pesaba 0,88 kg.

El aire queda atrapado en el granizo si el agua se congela muy deprisa.

TORMENTAS DAÑINAS

El granizo grande puede llegar al suelo a 160 km/h, hacer agujeros en coches y casas, arrasar campos de cultivo y lesionar animales y personas que estén al aire libre. Algunas tormentas de granizo provocan daños por valor de miles de millones de euros.

◀ CAPAS DE GRANIZO

La mayoría de las piedras de granizo miden menos de 5 mm de ancho al caer, pero en raras ocasiones pueden llegar a ser muy grandes. Crecen mucho cuando pasan por varios ciclos de subida y bajada por la nube. Al cortar el granizo por la mitad aparece una serie de capas que ilustra cuántas veces ha completado el ciclo de subidas y bajadas.

❶ NUEVO COPO DE NIEVE
Cada copo de nieve nace en forma de minúscula mota de polvo en una nube. El vapor de agua del aire gélido se solidifica en la mota y empieza a crecer en forma de cristales.

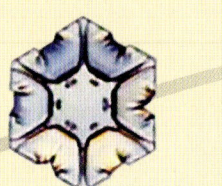

Todos los cristales de hielo son de seis caras porque las moléculas de agua se ordenan siguiendo un patrón hexagonal cuando se congelan.

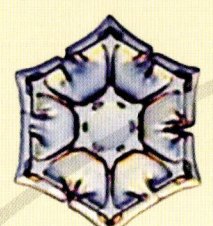

❷ MÁS GRANDE
El hielo se acumula y el copo de nieve se hace más grande. Gira y da tumbos por el interior de la nube; por eso mantiene una forma simétrica.

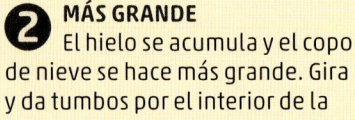

CÓMO SE FORMA LA
NIEVE

Las copos de nieve revelan su increíble estructura cuando los observamos a través del microscopio. No son más que cristales de hielo, pero no hay dos exactamente iguales, ya que cada uno crece de forma diferente con los cambios de temperatura y humedad, y es imposible que dos copos tengan exactamente las mismas condiciones mientras flotan por el interior de la nube. Cuando la nieve finalmente cae al suelo, suele estar compuesta por muchos copos agrupados, a menudo medio derretidos. Sin embargo, en alguna ocasión llegan copos de nieve individuales de hasta 5 cm de ancho intactos al suelo.

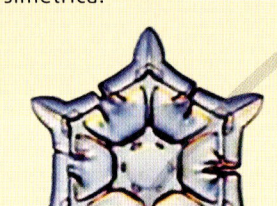

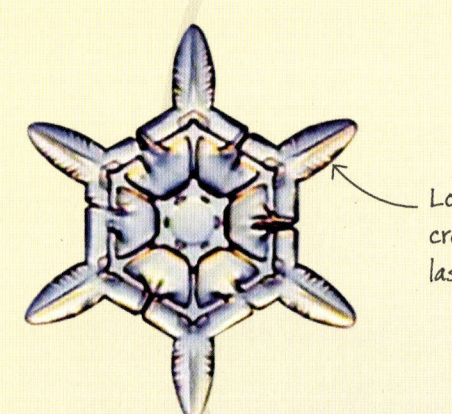

Los brazos crecen en las esquinas.

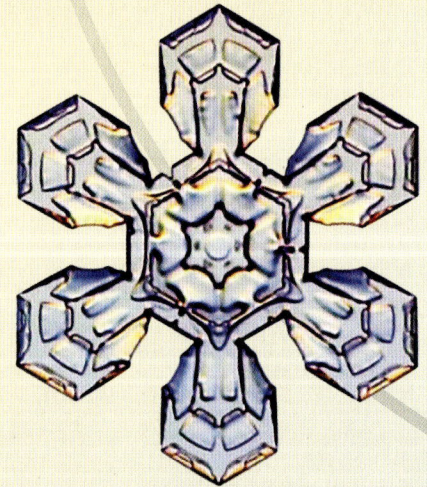

❸ CRISTALES VARIABLES
Los cristales siguen creciendo por los bordes del copo de nieve. Cada vez que cambia la temperatura y la humedad en la nube, los cristales crecen en formas nuevas, como brazos, plaquetas o agujas. Todos siguen un patrón de fondo con simetría hexagonal.

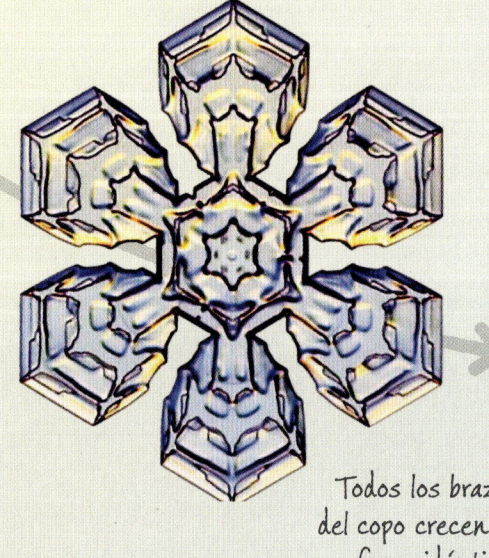

Todos los brazos del copo crecen de forma idéntica.

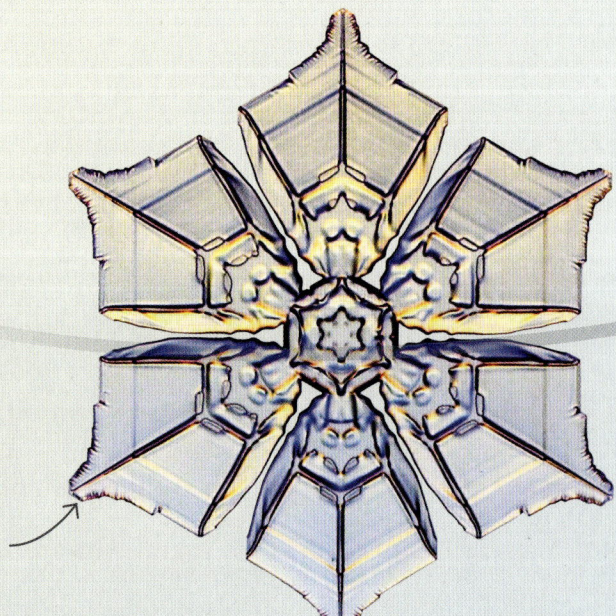

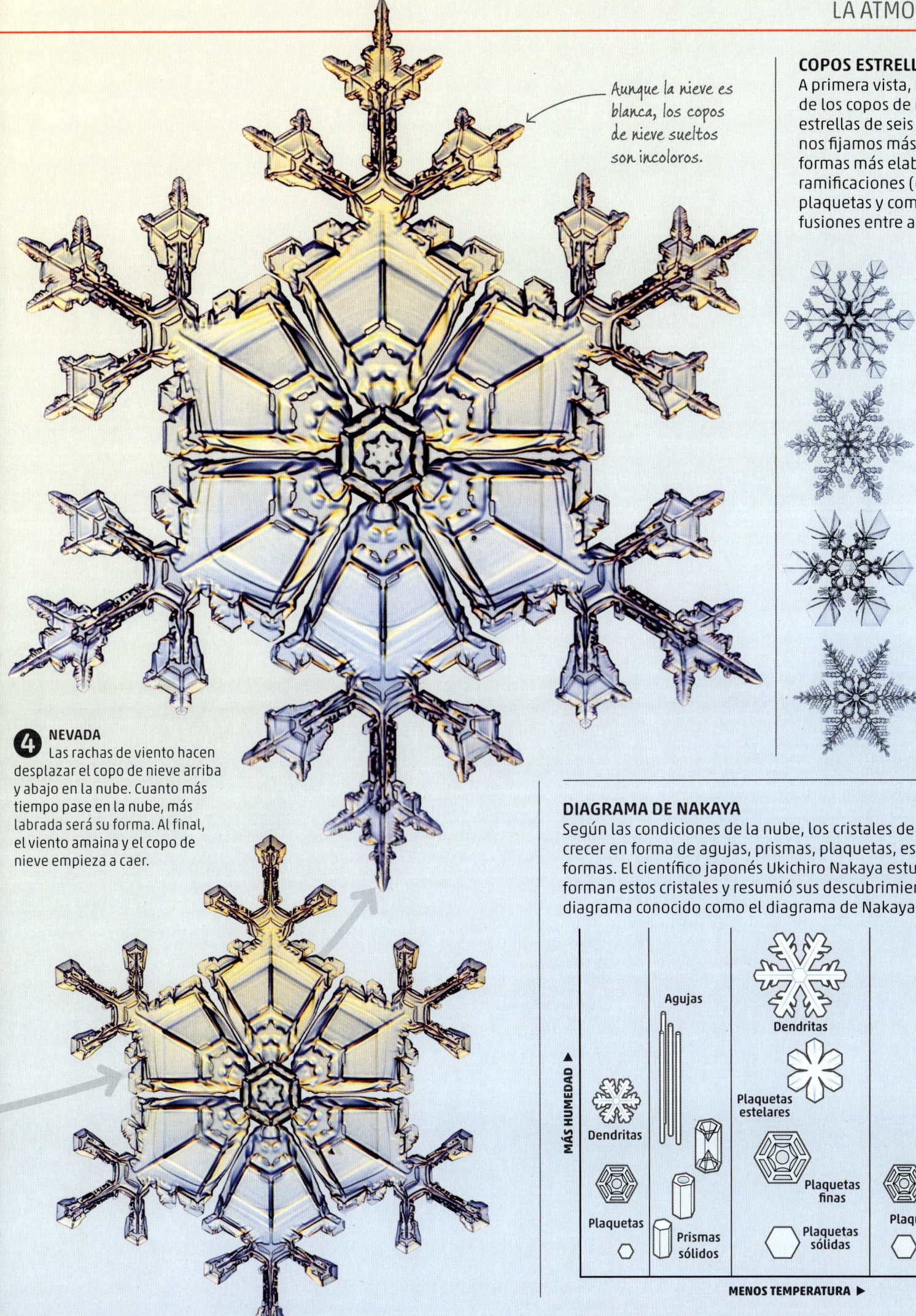

COPOS ESTRELLADOS

A primera vista, la mayoría de los copos de nieve parecen estrellas de seis puntas. Cuando nos fijamos más, vemos unas formas más elaboradas, como ramificaciones (dendritas), plaquetas y complicadas fusiones entre ambas formas.

4 NEVADA
Las rachas de viento hacen desplazar el copo de nieve arriba y abajo en la nube. Cuanto más tiempo pase en la nube, más labrada será su forma. Al final, el viento amaina y el copo de nieve empieza a caer.

Aunque la nieve es blanca, los copos de nieve sueltos son incoloros.

DIAGRAMA DE NAKAYA

Según las condiciones de la nube, los cristales de hielo pueden crecer en forma de agujas, prismas, plaquetas, estrellas u otras formas. El científico japonés Ukichiro Nakaya estudió cómo se forman estos cristales y resumió sus descubrimientos en un diagrama conocido como el diagrama de Nakaya.

MÁS HUMEDAD ▲

Agujas

Dendritas

Dendritas

Plaquetas estelares

Plaquetas finas

Plaquetas sólidas

Columnas

Plaquetas

Plaquetas

Prismas sólidos

MENOS TEMPERATURA ▶

TIPOS DE HELADAS

Las heladas pueden adquirir muchas formas diferentes, desde agujas y plumas hasta una lisa capa de hielo cristalino.

HELADA BLANCA

Esta forma cristalina de helada, la escarcha, también puede presentarse en color gris. Tiene aspecto de pluma o de azúcar y se forma a partir del vapor de agua que contiene el aire.

HELADA DE VENTANAS

A veces se forman heladas en los cristales de las ventanas si la temperatura del exterior baja de los 0 °C y el aire del interior es húmedo y cálido. Los arañazos o las motas de suciedad son lugares idóneos para que se formen cristales, que crecen en ramificaciones que parecen hojas de helecho.

HIELO GLASEADO

Este tipo de escarcha es una cobertura de hielo transparente que se forma cuando la lluvia gélida impacta contra una superficie. En la carretera se conoce como hielo negro y parece que la carretera esté mojada y no helada; es un peligro para los conductores.

PELIGRO PARA LA AVIACIÓN

La cencellada es un peligro sobre todo para los aviones. Añade peso, especialmente a las alas, y aumenta la resistencia (la fuerza del aire que roza contra la superficie del avión y lo hace frenar). Si el hielo congela por completo los alerones (las partes móviles de las alas), puede ser complicado controlar el avión.

CÓMO FUNCIONA UNA HELADA

Una helada es una capa de cristales de hielo en el suelo o sobre otras superficies. Aparece en noches despejadas y frías, cuando la temperatura del suelo cae por debajo de los 0 °C. La mayoría de las heladas se forman cuando el vapor de agua del aire toca una superficie helada y se convierte en cristales de hielo directamente, sin antes condensarse en agua. Se forman otros tipos de heladas si el rocío se hiela o si las gotas de niebla o neblina chocan contra una superficie gélida.

▶ CENCELLADA

En las colinas y montañas con viento, a veces aparece un tipo de helada conocida como cencellada en la cara de barlovento de las rocas y los árboles. La cencellada se forma cuando las gotitas de niebla muy fría chocan contra una superficie gélida y se convierten en hielo al instante.

HOYAS DE HELADAS
El aire frío pesa más que el aire cálido, lo que significa que fluye hacia abajo y se acumula en valles u hoyas. Así se pueden crear hoyas de heladas, que son lugares bajos que quedan cubiertos de helada mientras que los aledaños más altos no la tienen.

La cencellada se acumula en la cara de la roca orientada hacia el viento.

AGUJAS DE ESCARCHA
La escarcha está formada por cristales de forma variable según la temperatura y la humedad. A unos -5 °C, crecen formando largas agujas.

El vapor de agua se convierte directamente en hielo al tocar la superficie fría.

La cencellada suele ser blanca y de aspecto granulado.

Cuando la cencellada se acumula, pueden surgir formas que recuerdan a plumas.

Cristales de hielo en forma de aguja

TIPOS DE RAYOS INUSUALES
Algunas formas de rayos apenas se ven
porque aparecen a altitudes muy elevadas
o son muy breves y débiles o raros.

RAYO ARAÑA
Estos largos destellos horizontales que parecen
una araña en el lado inferior de las nubes pueden
cubrir gran distancia si saltan de una nube a otra.

CENTELLA
En este rayo de forma rara, una bola de luz flota
sobre el suelo durante medio minuto, más o menos,
antes de desaparecer en silencio o explotar de
manera violenta.

ESPECTROS ROJOS
Los espectros rojos son débiles descargas de
electricidad sobre nubarrones activos. Son muy
tenues y breves, y pueden subir hasta 100 km
por encima de la parte superior de la nube.

RAYO VOLCÁNICO
Las partículas de ceniza que escupe un volcán
colisionan entre ellas y crean electricidad estática
que genera pequeños relámpagos y rayos.

CÓMO FUNCIONAN LOS
RAYOS

**Los rayos se encuentran entre los
mejores espectáculos** de la naturaleza.
Estos impresionantes destellos de luz
saltan del cielo al suelo y desaparecen
en una fracción de segundo. Un rayo es
realmente una chispa de electricidad
gigante en la atmósfera, normalmente
producida por una tormenta eléctrica.

▶ RELÁMPAGO
Los nubarrones acumulan cargas
enormes de electricidad estática. Al final
esta electricidad se descarga en forma
de rayo, normalmente en el interior de
la nube o entre la nube y el suelo.
Cuando el rayo avanza por el aire, puede
calentar el aire que tiene a su alrededor
hasta superar los 30 000 °C, lo que hace
brillar las partículas del aire y crea un
destello instantáneo de luz. El aire
caliente se expande tan rápidamente
que despide una estruendosa onda de
choque que percibimos en forma de
trueno. Los rayos suelen impactar en
puntos elevados, como edificios altos
o, como vemos aquí, en árboles.

DE LA NUBE AL SUELO Y A LA NUBE OTRA VEZ

Cuando el viento del interior de un nubarrón hace chocar las partículas de agua y hielo entre sí, la nube se carga de electricidad estática. La carga positiva se acumula en la parte superior, y la negativa, en la base. Esta, con carga negativa, crea una carga positiva en el suelo y provoca un rayo que va de la nube al suelo y de vuelta a la nube.

1 CONDUCTOR DE ENERGÍA

La carga positiva se acumula a nivel del suelo en un lugar elevado, como la copa de un árbol, un edificio alto o la cima de una montaña. Las cargas opuestas se atraen y fuerzan una corriente eléctrica hacia abajo, desde la nube, describiendo un trayecto ramificado y en zigzag. Esto se conoce como conductor de energía de bajada y es invisible para los humanos.

CARGA NEGATIVA

CONDUCTOR DE BAJADA

CARGA POSITIVA

2 CONDUCTOR DE SUBIDA

Cuando el conductor de bajada desciende, empieza a atraer la carga positiva hacia arriba desde el suelo. La carga positiva que sube se conoce como conductor de energía de subida. Cuando ambos conductores se encuentran, crean una ruta conductiva a través del aire, compuesta por moléculas divididas en partículas positivas y negativas (iones).

CONDUCTOR DE SUBIDA

3 DESCARGA DE RETORNO

La descarga de retorno es la corriente eléctrica que va del suelo a la nube a 100 000 km/s. Esta descarga hacia arriba produce el destello visible que captas con la vista. El voltaje de un rayo cualquiera suele ser un millón de veces superior a la electricidad doméstica.

DESCARGA DE RETORNO

DESCARGA ELÉCTRICA

.La típica tormenta eléctrica libera más energía que una bomba nuclear; la mayor parte, en forma de rayos. Un rayo viaja a 430 000 km/h y calienta el aire a 30 000 °C, una temperatura cinco veces más caliente que la superficie del Sol. La descomunal descarga de energía parte los átomos en partículas cargadas y hace que el aire se expanda de manera explosiva, lo que crea una onda de choque que oímos en forma de trueno.

CÓMO FUNCIONAN LAS
TORMENTAS DE POLVO

En algunas partes del mundo, el clima provoca letales tormentas de polvo que cubren con una capa de polvo o arena todo por lo que pasan por encima. La mayoría de las tormentas de polvo se producen en áreas secas y planas, y con pocos árboles y plantas. El polvo puede llegar a distancias enormes, incluso hasta el otro lado del mundo.

▼ **TRAGADA POR EL POLVO**
Una tormenta de polvo y un nubarrón se acercan a la ciudad de Yuma en Arizona, Estados Unidos. Los desiertos de Arizona y África reciben a menudo el ataque de tormentas de polvo conocidas como haboobs. Pueden llegar sin avisar y avanzan incluso a 100 km/h. Reducen la visibilidad de manera drástica, lo que complica la vida de los conductores.

NUBARRÓN

La lluvia torrencial enfría el aire.

El aire frío se desploma y crea una potente corriente descendente.

Nube de polvo

AIRE FRÍO

CÓMO SE FORMA UN HABOOB

Un nubarrón es el responsable de cada haboob. Cuando un imponente nubarrón deja caer su lluvia de golpe, el agua enfría el aire y lo hace más denso y pesado. El aire pesado se desploma y crea un potente viento que fluye hacia abajo y afuera. Este viento arrastra arena, polvo y otros desechos en una nube de polvo que avanza por delante del nubarrón. Las tormentas de polvo pueden llegar a durar hasta unos 30 minutos y cubrir kilómetros de anchura.

AL OTRO LADO DEL OCÉANO
El viento suele soplar nubes de polvo del Sahara hacia el océano Atlántico. Afectan a Canarias y hacen que su cielo se vuelva naranja. El polvo incluso puede llegar hasta América.

DUST BOWL
Durante la década de 1930, una serie de sequías en una enorme área de cultivos de Estados Unidos causó estragos en estos. Se produjeron masivas tormentas de polvo que se llevaron la capa vegetal, y el suelo quedó yermo para cultivarlo; este fenómeno se conoció como el Dust Bowl (literalmente, el cuenco de polvo).

PELIGRO PARA LA SALUD
Las tormentas de polvo pueden propagar enfermedades si se inhalan las esporas fúngicas y las bacterias que viven en el suelo. Un hongo (en la imagen) que infecta los pulmones es el causante de la fiebre del valle en el sudoeste de Estados Unidos. Provoca problemas respiratorios, así como un cansancio extremo.

Nube de polvo cruzando el Atlántico

Canarias

DESIERTO DEL SAHARA

La nube de polvo puede ascender hasta los 1500 m de altura.

MER DE GLACE, FRANCIA, EN 1910

CÓMO FUNCIONA EL
CAMBIO
CLIMÁTICO

El clima de la Tierra ha cambiado muchas veces en su historia. Ha habido épocas en las que todo el planeta ha estado cubierto de hielo. En otras, por contra, ha hecho mucho más calor que actualmente. La mayoría de estos cambios se produjeron por procesos naturales que tuvieron lugar a lo largo de millones de años. No obstante, hoy en día el clima está cambiando muy rápidamente a causa de la actividad humana.

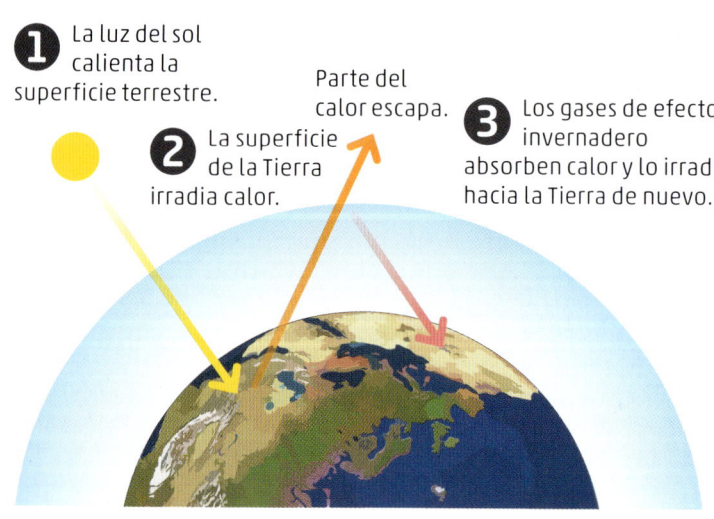

1 La luz del sol calienta la superficie terrestre.

2 La superficie de la Tierra irradia calor.

Parte del calor escapa.

3 Los gases de efecto invernadero absorben calor y lo irradian hacia la Tierra de nuevo.

EFECTO INVERNADERO

La principal causa del cambio climático es el aumento de los gases de efecto invernadero, especialmente el dióxido de carbono (CO_2) por el uso de combustibles fósiles. Los gases de efecto invernadero atrapan el calor del Sol, igual que el cristal de un invernadero. La Tierra sería demasiado fría para albergar vida si no existiera el efecto invernadero, pero ahora el aumento de estos gases nocivos está haciendo que el efecto sea demasiado potente.

MER DE GLACE, FRANCIA, EN 2012

▲ FUSIÓN

Una señal que indica que la Tierra se está calentando es el gran retroceso de los glaciares. Por ejemplo, el Mer de Glace, un glaciar de valle de 7,5 km de largo en los Alpes franceses, ha perdido un promedio de 30 cm de altura al año entre 1939 y 2001, una pérdida equivalente a 280 000 piscinas olímpicas de agua.

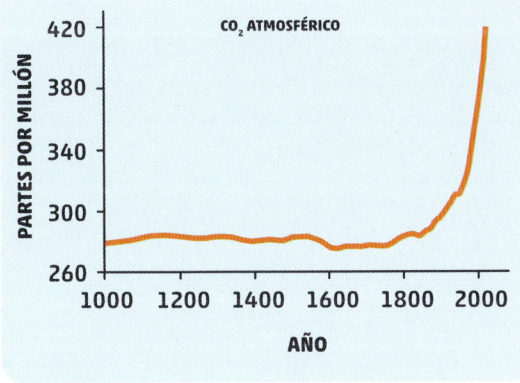

AUMENTO DEL DIÓXIDO DE CARBONO

Hace unos 200 años, los niveles de CO_2 en la atmósfera comenzaron a subir de manera vertiginosa cuando empezamos a depender cada vez más de los combustibles fósiles para obtener energía. La deforestación para crear zonas agrícolas también contribuyó a ello. El carbono que contienen los árboles se libera en forma de CO_2 cuando se talan.

ESTUDIO DE CLIMAS PASADOS

Los científicos extraen muestras profundas de hielo de los glaciares de las regiones polares para estudiar las burbujas de aire atrapadas hace miles de años. Estos estudios muestran cómo han cambiado los niveles de CO_2 y el clima con el tiempo.

AUMENTO DEL NIVEL DE METANO

El metano es otro gas de efecto invernadero y, como el CO_2, su concentración en la atmósfera está subiendo. Dos causas principales de ello son la liberación del metano por la fusión del permafrost de las regiones de tundra, y la agricultura y la ganadería.

La **biosfera** está compuesta por las partes del planeta en las que hay vida. Como mínimo hace 3800 millones de años que aparecieron los primeros seres vivos, poco después de formarse los océanos. Al principio eran **microscópicos**, pero acabaron evolucionando hasta convertirse en una enorme diversidad de animales, plantas y **organismos**. La vida proliferó por todo el mundo y transformó la tierra, los océanos, la atmósfera y el clima.

LA

BIOSFERA

CÓMO EMPEZÓ LA
VIDA

Las cianobacterias proliferaron en las costas, donde el mar es poco profundo, cálido y soleado.

Los indicios más antiguos de vida en la Tierra son fósiles de microbios unicelulares conocidos como cianobacterias, que vivieron en el mar hace 3800 millones de años. Pero no fueron los primeros organismos, sino que evolucionaron de unos antepasados más simples de los que no hay rastro en el registro fósil. Los científicos estudian cómo llegaron a existir las primeras formas de vida.

MAR PROFUNDO
Una teoría es que la vida empezó cerca de las fuentes termales en las oscuras profundidades del lecho marino. El agua hirviente que sale de estas chimeneas volcánicas contiene nutrientes ricos en energía que quizá permitieron las primeras formas de vida, haciendo que la energía de la luz del sol fuera innecesaria.

▶ TIERRA PRIMIGENIA
Cuando aparecieron los primeros seres vivos, la atmósfera no tenía oxígeno y los primeros continentes eran extensiones yermas de roca pelada y repletas de cráteres. No obstante, casi todo el planeta estaba cubierto de agua, que es esencial para la vida. Lo más probable es que la vida empezara en el agua, quizá con una reacción química al azar que creó una molécula capaz de crear copias de sí misma.

CHISPAS DE LA VIDA
Si la vida empezó en las aguas superficiales y no en las profundas, la primera reacción química vital quizá la provocó la energía eléctrica de los rayos.

Durante sus primeros años, muchos asteroides y cometas bombardearon la Tierra y la Luna, donde dejaron miles de cráteres. Los cráteres de la Tierra han ido desapareciendo, pero la Luna conserva los suyos.

EXPERIMENTO DE MILLER-UREY

En 1953, Stanley Miller (abajo) y Harold Urey realizaron un experimento para ver si podían crear los elementos químicos básicos de la vida a partir de los gases que creían que componían la atmósfera primigenia de la Tierra. Mezclaron agua, metano, amoniaco e hidrógeno y aplicaron descargas eléctricas. Al cabo de una semana encontraron aminoácidos, parte esencial de todos los seres vivos. Los aminoácidos no se pueden replicar solos, pero unos experimentos parecidos realizados más tarde produjeron los componentes del ácido ribonucleico (ARN), una molécula parecida al ADN.

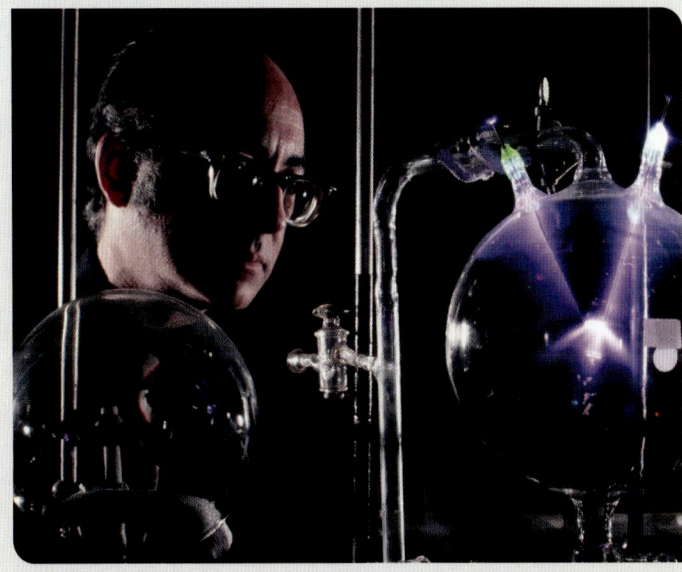

MUNDO ARN

Algunos científicos creen que las primeras formas de vida fueron moléculas de ARN que podían replicarse solas. Igual que el ADN, el ARN almacena información genética en forma de código. No obstante, a diferencia del ADN, el ARN puede controlar las reacciones químicas sin necesidad de proteínas u otras moléculas complejas. Sin embargo, la primera molécula autorreplicante debía de ser bastante distinta. Actualmente no queda rastro alguno de ella.

El ARN se parece al ADN, pero solo tiene una cadena.

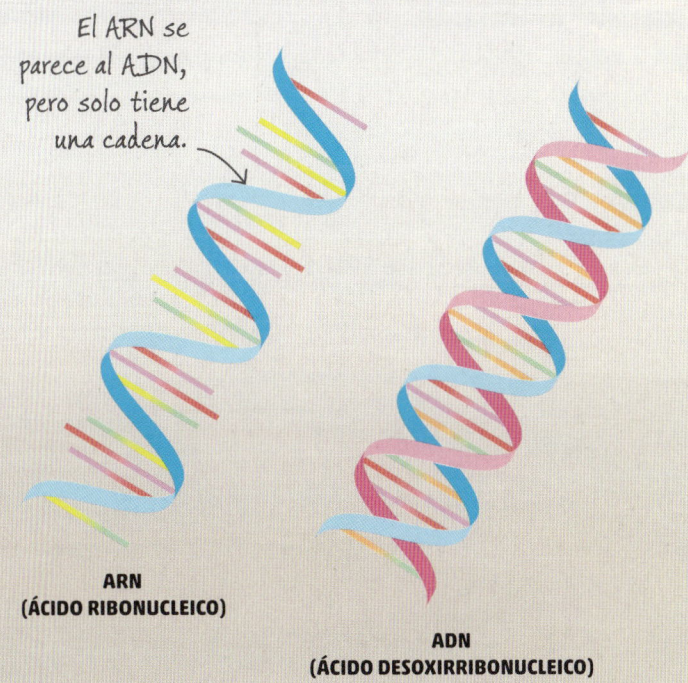

ARN
(ÁCIDO RIBONUCLEICO)

ADN
(ÁCIDO DESOXIRRIBONUCLEICO)

INVASORES DEL ESPACIO

Algunos científicos creen que los cometas trajeron la vida a la Tierra. Los microbios extraterrestres tuvieron que sobrevivir a la salida de su planeta de origen tras un impacto, realizar un largo trayecto por el espacio y soportar un segundo impacto en la Tierra. Parece poco probable, pero las moléculas orgánicas responsables del origen de la vida quizá lo consiguieron.

CÓMO LA VIDA CAMBIÓ LA ATMÓSFERA

Ningún animal podría haber sobrevivido en la Tierra primitiva, porque no había oxígeno. Debemos nuestra existencia a un sinfín de miles de millones de organismos microscópicos que a lo largo de un extensísimo periodo de tiempo produjeron el oxígeno que hizo posible la vida animal. Estos organismos, las cianobacterias, fueron algunos de los primeros seres vivos, y hoy siguen proliferando por todo el mundo.

▼ **ENERGÍA SOLAR**
Muy al principio de la historia de la vida, las cianobacterias desarrollaron la capacidad de captar la energía solar y utilizarla para crear tejido vivo. Algunas formaron finas marañas que se acumularon para crear unas pilas rocosas conocidas como estromatolitos, igual que estos que todavía viven en las cálidas aguas superficiales de la bahía Shark, en Australia occidental.

Cianobacteria

CIANOBACTERIAS
La superficie de un estromatolito vivo está cubierto por una densa maraña de cianobacterias microscópicas.

El agua de esta poza es exageradamente salada y hostil para los animales que podrían acabar comiéndose las bacterias.

FOTOSÍNTESIS

Las plantas verdes, las algas y las cianobacterias absorben la energía solar y la utilizan para convertir el agua y el dióxido de carbono en azúcar y oxígeno. Este proceso se conoce como fotosíntesis. Utilizan el azúcar para crear hidratos de carbono más complejos, como la celulosa (fibra vegetal), además de proteínas vitales. Liberan el oxígeno en el agua o aire a su alrededor.

Las hojas de esta planta acuática liberan burbujas de oxígeno puro.

GRAN OXIDACIÓN

Al principio, casi todo el oxígeno que crearon las cianobacterias se combinaba con el hierro disuelto en el agua del mar para formar óxido de hierro, y después se hundía en el lecho marino. Cuando se acabó el hierro, el oxígeno se empezó a acumular en la atmósfera en la «Gran Oxidación». Actualmente, la quinta parte del aire es oxígeno.

Las franjas rojas de esta antigua roca se formaron a partir de óxido de hierro en el mar hace más de 3000 millones de años, antes de que el aire de la Tierra contuviera oxígeno.

CAPAS DE VIDA

Un estromatolito está compuesto por capa tras capa de cianobacterias; cada una crece sobre los restos muertos de los demás organismos. Se encuentran estromatolitos fosilizados con la misma estructura de capas en rocas de hasta 3500 millones de años de antigüedad.

Este fragmento de un estromatolito fósil revela su estructura en capas.

Cada estromatolito tiene siglos de antigüedad, ya que crecen a un ritmo de menos de 1 mm al año.

1 MUERTE
Tras la muerte del trilobites, las partes internas blandas de su cuerpo no tardan en descomponerse o ser pasto de criaturas marinas. No obstante, su duro esqueleto externo permanece intacto.

2 ENTIERRO
Las partículas de sedimento blando de lodo o cieno que se posan en el lecho marino van enterrando gradualmente los restos del trilobites, y lo protegen de más daños.

3 MINERALIZACIÓN
Al quedar enterrado a más profundidad, los minerales del agua se filtran por los restos del trilobites y los convierten en piedra. Mientras tanto, los sedimentos blandos se endurecen hasta convertirse en roca.

CÓMO SE FORMAN LOS
FÓSILES

El planeta Tierra ha sido el hogar de una enorme diversidad de formas de vida, pero actualmente la gran mayoría se ha extinguido. Solo sabemos que existieron porque hemos encontrado restos suyos conservados en rocas en forma de fósiles.

RASTROS FÓSILES
Algunos fósiles conservan un registro de la conducta de un animal y no de su cuerpo. Estos se conocen como restos fósiles, y los mejores ejemplos son las huellas de pisadas, como estas de un dinosaurio predador. Muestran cómo caminaba, corría e incluso atacaba a sus presas..

Hojas fosilizadas en carbón

COMBUSTIBLES FÓSILES
Al descomponerse las plantas y las algas muertas, su carbono se convierte en dióxido de carbono. Sin embargo, si quedan enterradas antes de descomponerse, los compuestos de carbono se convierten en combustibles fósiles rebosantes de energía. Las plantas se convierten en carbón, y las algas, en petróleo.

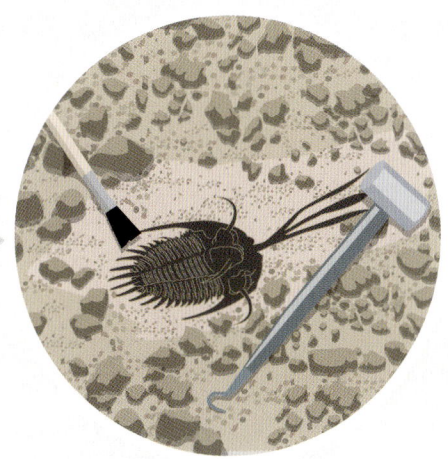

▼ FÓSIL DE TRILOBITES

Algunos fósiles son tan perfectos que casi parecen que estén vivos. La mayoría de los fósiles son criaturas marinas de caparazón duro que quedaron enterradas en el barro antes de poder descomponerse o acabar siendo la comida de otros. Este fósil de trilobites tiene una antigüedad aproximada de 400 millones de años. Los trilobites se extinguieron hace unos 250 millones de años.

④ LEVANTAMIENTO
Los movimientos que pliegan la corteza de la Tierra empujan la roca, la dejan por encima del nivel del mar y la convierte en tierra firme. Aquí queda expuesta a la erosión.

⑤ EXPOSICIÓN
La lluvia y el viento van desgastando lentamente la roca hasta que el fósil queda expuesto. Algún científico con buena vista detecta el fósil y lo excava con cuidado.

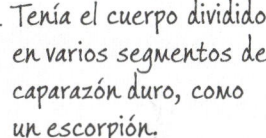

Tenía el cuerpo dividido en varios segmentos de caparazón duro, como un escorpión.

Las largas espinas quizá servían para defenderse.

Por encima de los ojos le salían estos cuernos en curva.

Este trilobites tenía unos extraños cuernos bifurcados sobre la cabeza de la misma longitud que su cuerpo.

CÓMO FUNCIONAN LOS BIOMAS

Cada ser vivo tiene un hábitat preferido, que es una combinación de terreno y clima. Todos los seres vivos del mismo hábitat interactúan en una red de vida conocida como ecosistema. A su vez, los ecosistemas se interconectan para formar unas regiones geográficas características que se conocen como biomas.

▶ BIOMAS DEL MUNDO

Los biomas del mundo van desde los yermos desiertos hasta las exuberantes selvas tropicales, desde los bajos humedales hasta las altas montañas, y desde las praderas tropicales azotadas por el sol hasta las tundras de hielo polar. Aparte de los humedales, que se encuentran en pequeñas partes por todo el mundo, la mayoría de los biomas cubren descomunales extensiones de tierra.

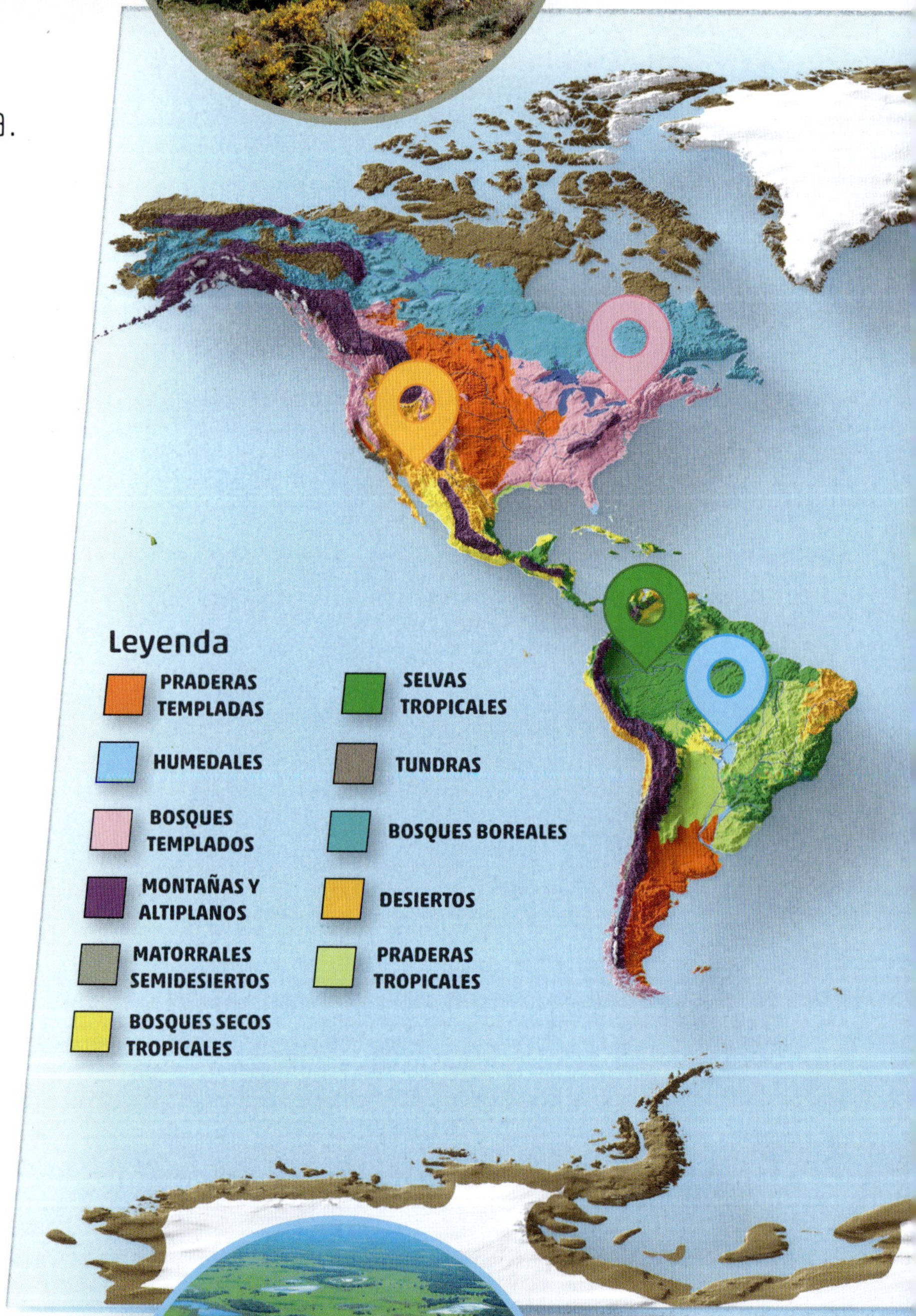

BOSQUES TEMPLADOS
En las regiones con inviernos fríos, veranos suaves y mucha lluvia proliferan los bosques de árboles de hoja ancha. Muchos de estos árboles pierden las hojas en otoño y les vuelven a salir en primavera.

PRADERAS TEMPLADAS
Cuando no llueve lo suficiente como para permitir el denso crecimiento de árboles, las partes del mundo con climas templados se convierten naturalmente en praderas, como las estepas y las praderías.

MATORRALES SEMIDESIERTOS
Este bioma, también conocido como matorrales mediterráneos, normalmente presenta veranos cálidos y secos, e inviernos fríos y lluviosos. En estas regiones hay gran diversidad de plantas.

Leyenda

- **PRADERAS TEMPLADAS**
- **HUMEDALES**
- **BOSQUES TEMPLADOS**
- **MONTAÑAS Y ALTIPLANOS**
- **MATORRALES SEMIDESIERTOS**
- **BOSQUES SECOS TROPICALES**
- **SELVAS TROPICALES**
- **TUNDRAS**
- **BOSQUES BOREALES**
- **DESIERTOS**
- **PRADERAS TROPICALES**

HUMEDALES
Allí donde el agua inunda la tierra firme, crea ciénagas, marismas, pantanos y marjales. Las plantas adaptadas para soportar el suelo encharcado colonizan estos humedales.

BOSQUES BOREALES
Un cinturón de frío bosque principalmente perenne rodea el Ártico. La mayoría de sus árboles son coníferas de hojas en forma de aguja adaptados para soportar los duros inviernos llenos de nieve.

TUNDRAS
En las regiones polares, la tierra que queda sepultada por el hielo se congela en invierno y se descongela, por la superficie, en verano. Los árboles son incapaces de sobrevivir, pero las pequeñas plantas crecen y permiten la vida animal.

MONTAÑAS Y ALTIPLANOS
La temperatura del aire baja con la altura, por eso las tierras altas tienen climas frescos. El terreno suele ser agreste, y afecta a la vida que es capaz de sobrevivir allí.

PRADERAS TROPICALES
Las regiones cálidas y secas que no son tan áridas para ser desiertos se convierten en praderas tropicales salpicadas por árboles, como las sabanas. A menudo son pasto del fuego durante la estación seca.

SELVAS TROPICALES
Cerca del ecuador, el calor y la precipitación regular durante todo el año crea exuberantes bosques densos y repletos de una enorme diversidad de vida animal.

DESIERTOS
Las sequías extremas crean desiertos. Muchos son extremadamente cálidos, pero algunos pueden presentar un frío gélido, especialmente por la noche. Aquí crecen pocas plantas, ya que gran parte del terreno es roca pelada o arena.

CÓMO FUNCIONAN LAS
TUNDRAS

Cerca de los polos norte y sur es complicado que las plantas y los animales sobrevivan al frío. Los árboles desaparecen, y tan solo quedan plantas bajas, como arbustos y hierbas. Este paisaje se conoce como tundra. Durante casi todo el año está oscuro y cubierto de nieve y hielo, hasta que, durante unos breves meses de verano, estalla de color y tiene una actividad animal frenética.

▼ VERANO EN LA TUNDRA

Durante el verano, la nieve se derrite en el extremo norte de Canadá, pero tan solo se descongelan más o menos 30 cm por encima del suelo. Por debajo queda el permafrost: una capa congelada de manera permanente que atrapa el agua de la superficie y que convierte las tundras en un lodazal. En este húmedo suelo superficial solo pueden proliferar las plantas pequeñas. Sacan partido de las 24 horas de luz diurna que tienen en pleno verano para crecer rápido y sacar flor. Los enjambres de mosquitos y otros insectos salen de sus huevos, y las aves migratorias llegan para criar a sus polluelos.

CAMEMORO

Los camemoros proliferan en los húmedos suelos ácidos de la tundra. Estas plantas bajas producen unos frutos ácidos, que son devorados por mamíferos y aves. Las orugas de polillas y mariposas se comen sus hojas.

SILENE MUSGO

Esta planta perenne de hojas pequeñas forma un cojín compacto cerca del suelo para protegerse de los gélidos vientos de la tundra.

CARIBÚ

También llamados renos, los caribús están entre los mamíferos más grandes de la tundra. Su pelaje espeso mantiene el calor y sus cascos están adaptados para caminar por la nieve y rascarla para buscar musgos y líquenes para comer.

UBICACIÓN

La tundra forma un cinturón alrededor del océano Ártico; también se encuentra en áreas más pequeñas de la Antártida e islas cercanas. Durante las últimas décadas, el calentamiento global ha hecho menguar su superficie.

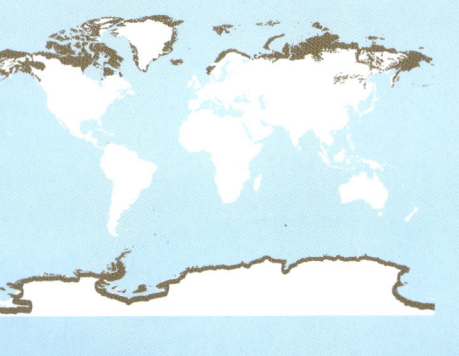

CLIMA

La tundra es uno de los biomas más fríos y secos, con menos de 25 cm de precipitación al año. En invierno la temperatura promedio es de -25 ºC, y en verano es raro que se superen los 15 ºC.

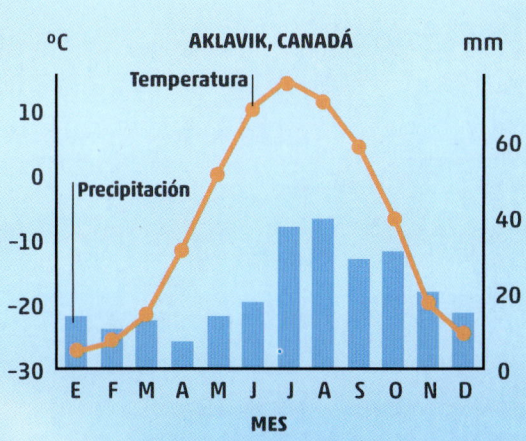

AKLAVIK, CANADÁ

Temperatura

Precipitación

ºC: 10, 0, -10, -20, -30

mm: 60, 40, 20

MES: E F M A M J J A S O N D

OSO POLAR

Los osos polares se desplazan hasta la tundra en verano, cuando el hielo marino se derrite. Deben sobrevivir sin su presa principal, las focas, hasta que vuelva el hielo. Los alimentos son escasos, pero aprovechan para comer aves migratorias y sus huevos, y animales solípedos, como el caribú.

LEMINO

Los leminos tienen el pelo espeso y el cuerpo robusto, lo que les ayuda a reducir la pérdida de calor. En invierno, estos roedores crean redes de túneles bajo la nieve para mantener el calor y evitar predadores.

GANSO NIVAL

Los gansos nivales son aves migratorias que vuelan hacia la tundra en pleno verano, cuando el Sol nunca se pone. Así es más fácil encontrar alimento y criar a sus polluelos. Les gusta hacer sus nidos cerca de búhos nivales para ahuyentar a predadores, como los págalos.

CÓMO FUNCIONAN LOS BOSQUES BOREALES

Una enorme franja de bosque de coníferas rodea las regiones árticas de la Tierra, cubriendo áreas de Canadá, Escandinavia, Rusia y Alaska. Este bioma, conocido como bosque boreal o taiga, es el más grande del mundo. Aquí los árboles se han adaptado para sobrevivir a los crudos inviernos de nieve abundante y los cortos veranos, cuando el bosque estalla de vida.

▼ VIDA EN EL BOSQUE

Los árboles llegan a una gran altura en los bosques boreales que ocupan gran parte de Canadá, a pesar de que el suelo queda totalmente congelado en invierno. Algunos animales viven en los bosques boreales todo el año, mientras que otros migran hacia el sur en invierno.

ARÁNDANO ROJO
Este arbusto bajo prolifera en los suelos ácidos y pobres en nutrientes del bosque boreal. También tolera temperaturas muy bajas en invierno y la sombra del suelo del bosque.

ALCE AMERICANO
Los alces tienen unas patas grandes que les sirven para no hundirse en la nieve. También les son muy útiles para nadar cuando buscan plantas acuáticas para alimentarse.

SALMÓN ATLÁNTICO
Los ríos boreales son zonas de apareamiento de varias especies de salmón. Los salmones adultos remontan el río desde el mar hacia los lugares de desove, por lo que estos peces están adaptados a la vida tanto en agua dulce como salada.

UBICACIÓN

Los bosques boreales se hallan en el hemisferio norte y ocupan un ancho cinturón alrededor del círculo ártico. Estos bosques cuentan con diversos lagos de agua dulce y humedales cenagosos en verano.

CLIMA

Los bosques boreales tienen cuatro estaciones bien diferenciadas. El invierno es gélido, pero la primavera y el otoño suelen ser suaves. El verano es corto pero cálido, con días muy largos. También es la época de más lluvia.

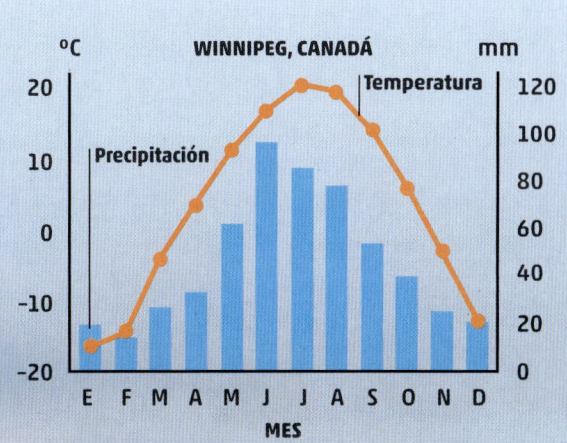

°C — WINNIPEG, CANADÁ — mm

Temperatura

Precipitación

20 / 10 / 0 / -10 / -20

120 / 100 / 80 / 60 / 40 / 20 / 0

E F M A M J J A S O N D

MES

CONÍFERAS

La forma cónica de las coníferas les ayuda a reducir la acumulación de nieve en las ramas. En lugar de hojas planas, tienen agujas para conservar el agua cuando se hiela el suelo.

CARBONERO BOREAL

Este miembro de la familia de los páridos se alimenta de semillas de conífera e insectos que viven en los árboles. Almacena semillas para el invierno, cuando escasea la comida.

RANA DE BOSQUE

En general, los bosques boreales son demasiado fríos para los anfibios y reptiles. La rana de bosque, sin embargo, sobrevive repetidos ciclos de congelación y descongelación, algo que mataría a la gran mayoría de los animales.

LINCE DE CANADÁ

Este felino de cola corta tiene unas grandes garras cubiertas de pelo que funcionan como unas raquetas de nieve: reparten el peso del animal y evitan que se hunda en la nieve cuando persigue a las liebres americanas, su presa principal.

CÓMO FUNCIONAN LOS BOSQUES TEMPLADOS

Los bosques proliferan en las zonas de clima templado. Los bosques templados del hemisferio norte están dominados por árboles de hoja ancha como el roble y el arce. Los árboles son sobre todo de hoja caduca, lo que significa que en otoño pierden sus hojas. También hay bosques perennes templados, especialmente en el hemisferio sur.

▼ BOSQUE CADUCIFOLIO EUROPEO

Los bosques templados cuentan con varias capas: la capa superior es el follaje, que está compuesto por las copas de los árboles altos. Por debajo está la vegetación subarbórea, donde llegan las ramas superiores de los árboles más bajos. Después está el sotobosque, hogar de plantas bajas. Finalmente queda el suelo del bosque, que forma la capa inferior y suele estar cubierto de ramas y hojas en descomposición.

PICO PICAPINOS

Este pájaro carpintero es muy habitual en bosques templados, donde normalmente pasa el año entero. Utiliza su pico extrafuerte para picar los troncos y cazar las larvas de escarabajos. También almacena semillas para poder sobrevivir al invierno.

JACINTO DE LOS BOSQUES

Es fácil ver jacintos de los bosques en los bosques de Europa. Sobreviven al invierno bajo tierra en forma de bulbos. Esto les permite crecer muy rápido en primavera, cuando el suelo se calienta y el suelo del bosque recibe mucha luz, mientras los árboles aún no han sacado hojas.

CIERVO COMÚN

Estos grandes ciervos se alimentan de gran variedad de plantas, desde hierbas y arbustos a bayas, bellotas y corteza de árbol. Igual que la mayoría de los mamíferos de las regiones con inviernos fríos, estos ciervos cuentan con un pelaje grueso para mantener el calor durante los meses más fríos.

UBICACIÓN

Se pueden encontrar enormes extensiones de bosque templado por Europa, China y Norteamérica oriental. Los bosques templados perennes se encuentran sobre todo en Chile, Australia y Nueva Zelanda.

CLIMA

Los bosques templados crecen en regiones con cuatro estaciones diferenciadas. Los veranos no son muy calurosos, los inviernos son frescos y reciben abundantes lluvias durante todo el año.

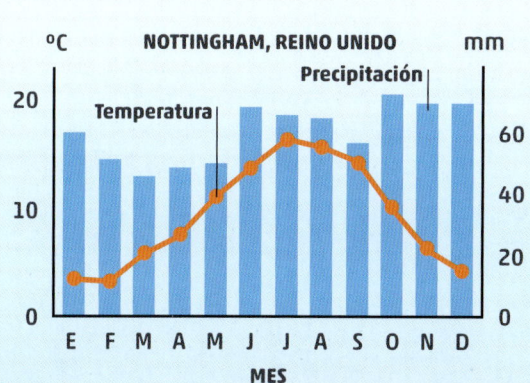

NOTTINGHAM, REINO UNIDO

Temperatura / Precipitación

MES

RAMAS DESNUDAS

Los árboles de hoja ancha como el roble y la haya sacan hojas nuevas cada año. Al hacerlo, ahorran energía y agua durante el invierno, cuando las condiciones se complican.

ARDILLA COMÚN

Las ardillas son acróbatas del bosque, correteando por los árboles y saltando de rama en rama. Para sobrevivir al invierno, desarrollan un pelaje más espeso y tiran de reservas de frutos secos y semillas recogidas durante el otoño.

CIERVO VOLANTE

Los ciervos volantes ponen sus huevos en el suelo, a gran profundidad. Cuando eclosionan, las larvas se abren camino hasta la superficie para alimentarse de madera y hojas muertas, y vuelven al suelo para pasar el invierno. Los escarabajos adultos emergen al llegar la primavera.

CÓMO FUNCIONAN LAS
PRADERAS TEMPLADAS

LA PAMPA ▼

La Pampa es una vasta pradera, principalmente de baja altura, en la parte meridional de Sudamérica. En ella crecen miles de especies de plantas, pero no hay árbol alguno, ya que son incapaces de sobrevivir a los incendios forestales que se producen habitualmente en verano, cruciales para regenerar la pradera.

En las partes del mundo con clima templado (suave), las praderas proliferan en áreas de suelo pobre, con incendios forestales habituales, o con lluvia insuficiente para que crezcan bosques. Las hierbas también dominan los lugares con muchos animales rumiantes, desde vacas y ovejas hasta bisontes y guanacos. Estos herbívoros no dejan que las plantas grandes crezcan, pero las hierbas vuelven a brotar al cabo de poco de ser comidas, igual que el césped vuelve a crecer después de cortarlo.

PICHICIEGO MENOR

Este pequeño mamífero te cabría en la mano. Su estilizada forma y el caparazón liso hacen que sea aerodinámico al viento, además de ser muy útil para excavar y ocultarse en la pradera arenosa en cuestión de segundos, donde pasa gran parte del día.

ÑANDÚ

Los ñandús son las aves más grandes de Sudamérica. No vuelan, pero sus largas patas y cuellos les permiten ver el peligro, y son capaces de dejar atrás a la mayoría de los predadores. Los ñandús se tragan guijarros para que les sea más fácil moler las duras plantas que forman parte de su dieta.

UBICACIÓN

Las praderas templadas se encuentran en medio de Norteamérica y en una gran extensión que cubre desde Europa oriental hacia el este por toda Asia central. También hay áreas en Sudamérica y Australia.

CLIMA

Las praderas templadas tienen veranos calurosos e inviernos fríos. La falta de árboles significa que estos lugares pueden sufrir vientos constantemente.

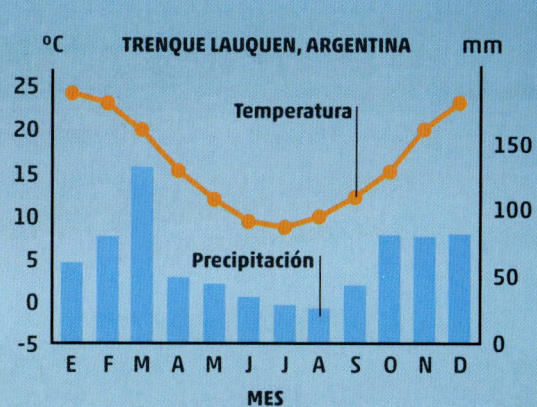

TRENQUE LAUQUEN, ARGENTINA

°C — Temperatura — mm — Precipitación

E F M A M J J A S O N D

MES

GUANACO

Los guanacos son rumiantes y su estómago tiene tres estructuras y microorganismos capaces de descomponer las duras fibras de la hierba. Su labio superior está dividido para que les sea más fácil agarrar y arrancar hierbas y hojas. Conservan bien el agua y pueden sobrevivir en lugares muy secos.

HIERBA GIGANTE

Una de las especies de gramíneas más altas de la Pampa se conoce como plumero de la Pampa. Llega a una altura de 4 m y cuenta con hojas afiladísimas que ahuyentan a los herbívoros. Sus raíces bajan a mucha profundidad para encontrar agua en el clima seco.

OMBÚ

El ombú es la única planta en forma de árbol que crece en la Pampa. Sin embargo, realmente es un arbusto con diversos troncos resistentes al fuego y que puede sobrevivir con mucha menos lluvia que un árbol. Su savia y hojas son venenosas para disuadir a los animales.

LOBO DE CRIN

Este cánido es un animal solitario que caza en las frescas primeras horas de la mañana o al atardecer. Como el ñandú, sus largas patas le permiten ver por encima de las hierbas altas. Utiliza sus grandes orejas sensibles para cazar animales pequeños que merodean por la hierba.

OSO HORMIGUERO GIGANTE

Los osos hormigueros son mamíferos sin dientes que tienen una larga lengua para extraer hormigas y termitas de sus nidos. Tienen unas potentes garras frontales para excavar y buscar agua cuando se secan los ríos y los arroyos.

CÓMO FUNCIONAN LOS DESIERTOS

Los desiertos son los lugares más áridos de la Tierra, con menos lluvia que cualquier otro bioma. A pesar de que parezca que los desiertos no tengan nada, ni vida, algunas plantas y animales se han adaptado para sobrevivir con muy poca agua. Las plantas del desierto absorben agua rápidamente tras la lluvia, y a continuación la almacenan. Los animales del desierto evitan el tórrido sol buscando sombras o pasando el día ocultos en madrigueras.

▼ DESIERTO DE ARABIA

El desierto de Arabia (abajo) y el Sahara, su vecino, cubren un área más grande que Europa. En estos desiertos, las dunas de arena que forma el viento crean enormes «mares de arena» que apenas tienen vida vegetal. No obstante, en las áreas más bajas, el agua subterránea forma charcas saladas con palmeras datileras y cañas a su alrededor. Estos oasis son un refugio para la vida salvaje y los viajeros humanos.

COLOQUÍNTIDA SILVESTRE

Los tallos de esta calabaza se arrastran por la arena del desierto. La planta tiene una raíz tuberosa profunda y carnosa para encontrar y almacenar agua, y poder sobrevivir así a largos periodos sin lluvia.

ÓRIX

Este antílope puede sobrevivir meses sin beber. El órix obtiene toda el agua que necesita a partir de las plantas del desierto que se come. También produce una orina muy concentrada a fin de minimizar la pérdida de agua.

ESCORPIÓN AMARILLO

El escorpión amarillo es muy venenoso; se oculta en su madriguera durante el caluroso día y sale a cazar de noche. Consigue gran parte del agua que necesita gracias a sus presas: otros invertebrados, como grillos y escarabajos.

FENEC

El fenec es un diminuto zorro del desierto. Sus grandes orejas le ayudan a disipar el calor y con sus patas peludas puede caminar por arena ardiente sin quemarse. Se alimenta de noche; caza insectos, pequeños mamíferos y aves.

UBICACIÓN

Hay desiertos en todo el mundo. Los desiertos cálidos, como el Sahara, están situados cerca de los trópicos. Los desiertos fríos, como el de Gobi, se encuentran más al norte y al sur.

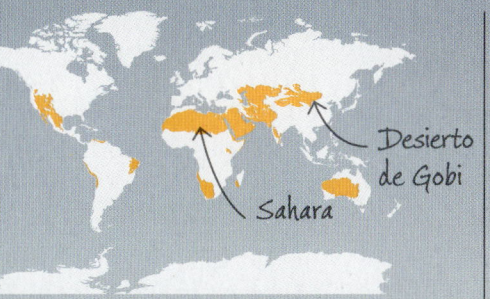

Desierto de Gobi

Sahara

CLIMA

Los desiertos suelen recibir menos de 25 cm de lluvia cada año. En algunos, la lluvia cae de golpe en forma de tormenta, mientras que en otros puede que pasen años sin que caiga gota de lluvia alguna.

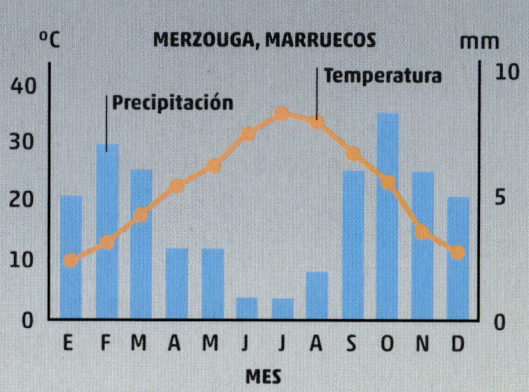

MERZOUGA, MARRUECOS

Precipitación

Temperatura

°C / mm

E F M A M J J A S O N D

MES

CANDELABRO DEL DESIERTO

Esta planta quizá tiene aspecto de cactus, pero no es de su familia ni por asomo. Ha evolucionado del mismo modo para poder soportar el rigor del desierto cálido. Igual que un cactus, tiene tallos carnosos para almacenar agua y espinas en lugar de hojas para reducir la pérdida de agua.

VÍBORA CORNUDA

Esta serpiente venenosa menea el cuerpo en la arena para enterrarse entera, salvo la cabeza. A continuación espera a que pase cualquier presa para atacar. Las víboras cornudas avanzan por las dunas con un movimiento ondulado que minimiza el contacto con la ardiente arena.

HORMIGA PLATEADA

Esta pequeña hormiga solo sale al calor del desierto 10 minutos al día. Tiene unas patas extralargas para tener el cuerpo lejos de la arena caliente. La hormiga también está cubierta de minúsculos pelitos plateados que reflejan el calor del sol.

DROMEDARIO

Los dromedarios son famosos por su capacidad de pasar largos periodos sin agua. Para lograrlo, aprovechan la reserva de grasa de la joroba, que descomponen para obtener de ella tanto energía como agua.

CÓMO FUNCIONAN LAS
SELVAS TROPICALES

En las partes más húmedas de los trópicos, una calidez constante durante todo el año propicia el crecimiento de densos bosques. Estos bosques, cerca del ecuador, cada día reciben sus lluvias y se les conoce como selvas tropicales. Son el bioma con más biodiversidad; contiene tantas especies de plantas y animales que la mayoría todavía no cuenta con descripción científica.

▼ SELVA TROPICAL DE BORNEO

En la isla de Borneo, las extensiones de selva tropical natural que han sobrevivido tienen una estructura multicapa, con árboles emergentes muy altos que sobresalen por encima de un follaje casi continuo. Por debajo, los árboles más pequeños forman la vegetación subarbórea fragmentada. Casi todos los animales selváticos viven en los árboles, pero algunos prefieren la sombra del suelo de la selva.

BROMELIAS

Las plantas de la selva luchan por la luz; los árboles más altos dejan a la sombra al resto. Los epifitos, como esta bromelia, se han adaptado para solucionar este problema: viven en las alturas, sobre los árboles, para llegar a la luz del sol.

ORANGUTÁN DE BORNEO

Este primate superior está adaptado a la perfección a vivir en los árboles. Utiliza sus pies como otro par de manos cuando se mueve por las copas de los árboles. En las contadas ocasiones que los orangutanes bajan al suelo de la selva, caminan muy raro.

RANA ARBORÍCOLA

Las ranas arborícolas trepan y se encaraman por los árboles gracias a sus pegajosas almohadillas. La selva es muy húmeda, y eso es ideal para las ranas, ya que deben mantener la piel húmeda para absorber oxígeno.

UBICACIÓN

Las principales extensiones de selva tropical crecen en las partes tropicales de América Central y Sudamérica, África central, sudeste asiático y Nueva Guinea.

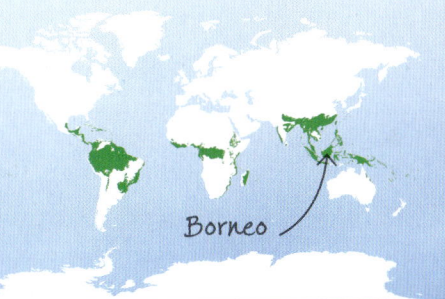

Borneo

CLIMA

En las selvas tropicales hace mucho calor y humedad todo el año, pero las de Borneo tienen estaciones más húmedas y más secas, debidas a unos sistemas climáticos conocidos como monzones.

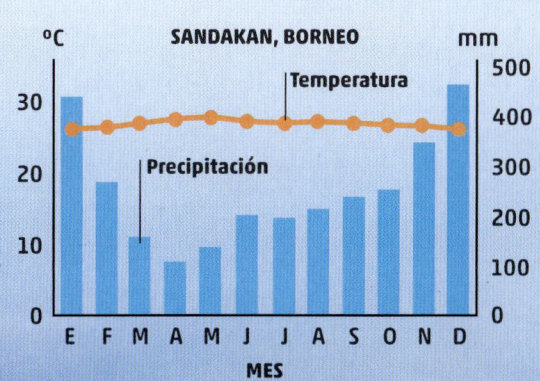

SANDAKAN, BORNEO

Temperatura

Precipitación

MES

CÁLAO RINOCERONTE

Esta impresionante ave vive entre las copas de los árboles más altas, donde busca los frutos que crecen durante todo el año en las selvas tropicales del mundo.

Los cálaos arrancan pequeños frutos con su pico y se los echan con mucha elegancia en la boca.

OSO MALAYO

Bien equipado para la vida en la selva, el oso malayo es un ágil escalador que pasa gran parte de su tiempo en los árboles. Se lo come prácticamente todo, especialmente frutos e insectos.

PLANTA DE JARRA

El suelo de la selva tropical es pobre en nutrientes, por eso esta planta captura insectos y hojas que caen en jarras llenas de líquido. Este líquido digiere la presa y extrae los nutrientes que necesita la planta.

CÓMO FUNCIONAN LAS PRADERAS TROPICALES

ÁGUILA MARCIAL
El águila marcial surca los cielos de las praderas y es capaz de detectar presas a más de 5 km de distancia. Ataca lanzándose en picado para atrapar a sus víctimas con sus temibles garras.

Las praderas tropicales (sabanas) se hallan sobre todo en regiones tropicales que tienen largas estaciones secas alternadas con estaciones lluviosas más cortas. La estricta estación seca y los frecuentes incendios forestales no dejan que se formen bosques, ni tampoco los grandes rebaños de mamíferos herbívoros. Los grandes predadores, como leones y guepardos, persiguen a estos animales rumiantes.

▼ EL SERENGUETI
La pradera del Serengueti en Tanzania, África, todavía conserva su población salvaje original de grandes mamíferos; algunos de estos realizan migraciones masivas para encontrar alimento y agua durante la estación seca. Por esto el Serengueti es uno de los paisajes salvajes más espectaculares del mundo.

ACACIA DE COPA PLANA
La sabana africana está salpicada de árboles que toleran las sequías. La acacia de copa plana debe el nombre a su gran copa. También cuenta con unas raíces muy profundas para encontrar agua y poder sobrevivir en hábitats demasiado áridos para la mayoría de los árboles.

GUEPARDO
Los animales rumiantes de la sabana dependen de su velocidad para escapar de los predadores; sin embargo, pocos pueden dejar atrás a un guepardo. Con una velocidad punta de 98 km/h, es el animal terrestre más rápido del mundo.

UBICACIÓN

Las praderas tropicales aparecen en Sudamérica, la India, el sudeste asiático y el norte de Australia, pero las extensiones más grandes están en África, al sur del Sahara.

CLIMA

Las temperaturas del Serengueti suelen ser altas, pero bajan ligeramente durante la larga estación seca. Un periodo seco al empezar el año separa dos estaciones lluviosas.

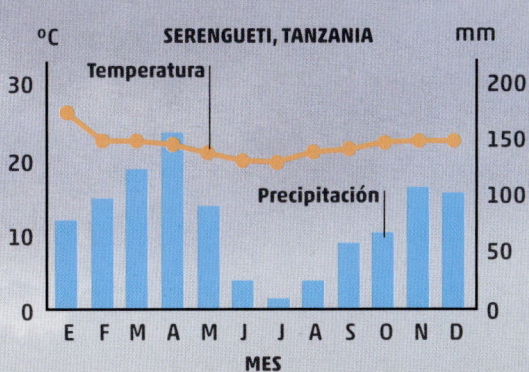

SERENGUETI, TANZANIA

°C — Temperatura — Precipitación — mm

MES: E F M A M J J A S O N D

ÑU COMÚN

Rebaños de hasta 10 000 ñus rondan por el Serengueti. Igual que las vacas y las ovejas, los ñus son rumiantes y digieren la hierba a la perfección. Forman parte de una comunidad móvil de animales de pasto que incluyen cebras, antílopes y elefantes.

JIRAFA MASÁI

Con su altura máxima de 5,5 m, la jirafa masái está especializada en ramonear el follaje de los árboles altos, especialmente el de las espinosas acacias que salpican la sabana abierta.

BAOBAB AFRICANO

Durante la estación lluviosa, un baobab grande puede absorber hasta 120 000 litros de agua y guardarla en su hinchado tronco. Esto le permite superar con vida la estación seca.

ESCARABAJO PELOTERO

Los escarabajos peloteros retiran los excrementos de los animales rumiantes: los convierten en pelotas y los entierran para que sus crías tengan alimento. Sin ellos, la sabana estaría cubierta de excrementos.

CÓMO FUNCIONA LA VIDA EN LA MONTAÑA

Cuanto más arriba vas, más frío y viento hace. El terreno cada vez es más rocoso y yermo, y el aire, más escaso: aquí cuesta respirar. Solo los animales y las plantas más duras pueden sobrevivir en las montañas. En las cumbres más altas, la vida es prácticamente imposible.

CÓNDOR ANDINO
Tras emprender el vuelo desde un acantilado, este enorme buitre puede planear durante horas con las alas abiertas, navegando por las corrientes de aire ascendentes y barriendo el suelo en busca de carroña (animales muertos) para comer.

VICUÑA
La vicuña, el antepasado salvaje de la alpaca, tiene su mismo pelaje de densa lana para mantener el calor. Su cuerpo está adaptado especialmente a los rigores del bajo nivel de oxígeno de las alturas.

LLARETA
Muchas plantas de montaña tienen forma de cojín para resistir el viento helado. La llareta, planta de hoja perenne que solo está en los Andes centrales, es una de las que hace los cojines más grandes: hasta 6 m.

CHINCHILLA
Es el animal terrestre de pelo más espeso, y capaz de vivir en las alturas de las montañas, donde de noche la temperatura cae a menudo muy por debajo de los 0° C.

UBICACIÓN

Hay cordilleras en todo el mundo; la mayoría están en zonas donde han chocado placas en movimiento de la corteza terrestre y llevan millones de años obligando al suelo a subir.

CLIMA

En los Andes tropicales, al sur del ecuador, el promedio de temperatura es bastante estable durante todo el año, pero cuentan con estaciones secas y húmedas separadas.

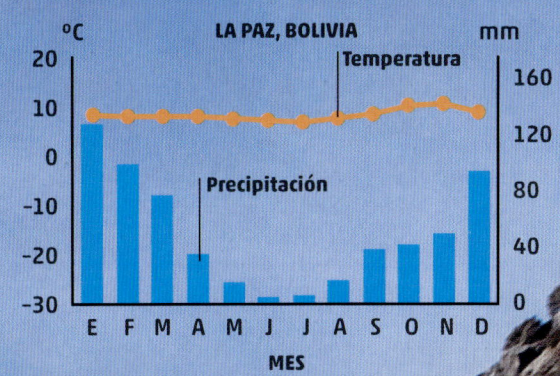

LA PAZ, BOLIVIA

Temperatura

Precipitación

MES

▼ CORDILLERA DE LOS ANDES

Los Andes centrales ocupan un área entre Perú y Bolivia y quedan cerca del ecuador, pero sus cimas, cuya altura llega a superar los 6000 m, están cubiertas por la nieve todo el año. Las plantas y animales que viven en las laderas justo por debajo de la cota de nieves perpetuas se han adaptado para prosperar en un clima casi ártico.

LIQUEN

En los lugares más altos, los únicos organismos parecidos a plantas son los líquenes. Un liquen está compuesto por un hongo que contiene algas microscópicas que producen alimento a través de la fotosíntesis. Esta robusta alianza puede colonizar la roca pelada.

FLAMENCO DE LA PUNA

Forma bandadas que se alimentan en los lagos de montaña de los Andes centrales, filtrando el agua con su pico para encontrar algas diminutas. Los pigmentos de las algas hacen que sus plumas se vuelvan rosas.

PUYA TITANCA

Esta espectacular planta, familiar gigante de la piña, produce una espiga de flores de hasta 8 m de altura. Las aves polinizan sus flores.

GATO ANDINO

Este cazador de pelo espeso es del tamaño de un gato doméstico grande y vive en terrenos rocosos, donde caza principalmente vizcachas de la sierra, un animal de aspecto parecido a un conejo.

CÓMO FUNCIONAN LOS MATORRALES SEMIDESIÉRTICOS

En las partes del mundo con clima mediterráneo, la vida vegetal está dominada por arbustos leñosos bajos. Estas plantas tienen duras hojas correosas adaptadas para reducir la pérdida de agua durante los calurosos veranos secos. Muchas incluso pueden sobrevivir a los habituales incendios forestales que barren el paisaje. Cuesta que proliferen los animales grandes, al contrario que muchos otros más pequeños y especializados.

▼ EL FYNBOS

El fynbos, en la punta meridional de África, es una región de enorme biodiversidad, con más de 8500 especies de plantas. La mayoría de ellas no crecen en ningún otro lugar del mundo. Sus coloridas flores atraen a insectos y aves polinizadores que se alimentan de néctar, mientras que los pequeños mamíferos y reptiles buscan alimento en el suelo.

SUIMANGA PECHINARANJA

Igual que los colibrís americanos, las suimangas son pájaros ávidos de néctar con un resplandeciente plumaje iridiscente. La suimanga pechinaranja solo vive en el fynbos, donde poliniza las proteas y también otras plantas.

PROTEA REY

Las proteas sacan algunas de las flores más espectaculares del fynbos. Igual que los lirios del fuego, pueden superar largas sequías y cuentan con un grueso tallo subterráneo que regenera la planta tras los incendios forestales.

DAMÁN DE EL CABO

El damán de El Cabo, un familiar del elefante que tiene el tamaño de un conejo, prefiere las partes más rocosas del fynbos, donde forma grandes grupos para alimentarse de plantas, pequeños lagartos e insectos.

UBICACIÓN

Los matorrales semidesiertos ocupan zonas de California, Chile, partes del sur de Australia, la punta meridional de Sudáfrica y alrededor del Mediterráneo.

CLIMA

Igual que las otras regiones de matorrales semidesiertos del mundo, el fynbos sudafricano tiene húmedos inviernos suaves y cálidos veranos muy secos (de noviembre a marzo).

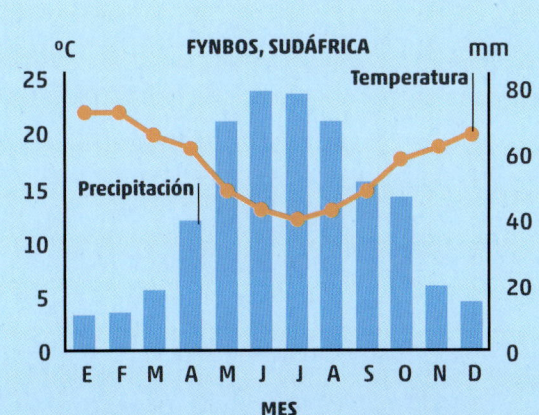

°C — FYNBOS, SUDÁFRICA — mm

Temperatura

Precipitación

E F M A M J J A S O N D
MES

LIRIO DEL FUEGO

Con su color rojo vivo, los lirios del fuego hacen honor a su nombre brotando de bulbos ocultos tras los incendios forestales veraniegos. La planta reacciona al humo y florece a las dos semanas de un incendio.

BREZO REAL

Los brezos son plantas típicas de matorral. El brezo real es una de las más coloridas; solo se está en las partes más meridionales del fynbos, donde florece durante todo el año.

MARIPOSA *AEROPETES TULBAGHIA*

Esta preciosa mariposa es la única polinizadora de varias flores del fynbos, incluido el lirio del fuego. Las hembras son un poco más grandes que los machos, con hasta 9 cm de envergadura.

TORTUGA GEOMÉTRICA

Esta pequeña tortuga de curiosas marcas, actualmente muy escasa, puede pasar semanas ocultándose de los abrasadores rayos de luz veraniegos. Con el fresco se activa y come hierbas y bulbos de plantas.

RAFICERO DE EL CABO

De día, este pequeño antílope se oculta en las sombras; de noche, sale a buscar comida. Vive solo, y los machos rivales utilizan sus cortos cuernos afilados para luchar de manera encarnizada por el territorio.

CÓMO FUNCIONAN LOS
HUMEDALES

Las anchas extensiones de agua superficial se colapsan de manera gradual con plantas acuáticas y crean ciénagas, marismas, manglares, pantanos y marjales. Algunos de estos humedales ocupan áreas descomunales, que se amplían y contraen según la estación. Proporcionan refugio seguro a todo tipo de animales, pero especialmente a los que se han adaptado a vivir, alimentarse o cazar en el agua o sobre terreno pantanoso.

▼ **EL PANTANAL**

El Pantanal, en Sudamérica central, es el humedal tropical más grande del mundo, además del mayor humedal de agua dulce del planeta. Queda en una depresión poco profunda que alimentan los ríos que bajan de las tierras altas que la rodean. Los ríos aportan agua y sedimentos que se posan y crean un rico mosaico de charcas y marismas repletas de espectacular vida salvaje.

ESPÁTULA ROSADA

La espátula rosada anda lentamente por las marismas y las charcas poco profundas mientras mueve su especializado pico de lado a lado para filtrar pequeños animales del agua.

CARPINCHO

Roedor gigante que puede llegar a pesar igual que un humano adulto, forma rebaños semiacuáticos en zonas poco profundas para alimentarse de plantas acuáticas.

ANACONDA AMARILLA

La anaconda amarilla, una de las serpientes más largas y pesadas del mundo, es una excelente nadadora que caza en las aguas superficiales; entre sus presas se encuentran los carpinchos y pequeños venados.

MARISMAS SALINAS

Los humedales costeros afectados por las mareas tienen agua salada en lugar de agua dulce. Las marismas salinas proliferan en países de clima fresco. Suponen un refugio importante para aves migratorias y muchos tipos de aves acuáticas.

MANGLARES

Los manglares están en la zona intermareal de la costa tropical. Sus árboles toleran la sal y cuentan con raíces que parecen pilotes para afianzarse en el blando lodo. Este hábitat protegido es una importante zona de cría para los peces oceánicos y otros animales marinos.

VICTORIA REGIA

Las hojas flotantes de esta planta acuática llegan hasta los 2 m de ancho. A menudo reciben visitas de recolectores, como la jacana común, cuyos largos dedos reparten su peso para que pueda caminar incluso sobre las plantas flotantes más frágiles.

JACINTO DE AGUA

Esta planta que flota libre en el agua se multiplica a gran velocidad y forma marañas que cubren grandes áreas de agua. Unos nódulos flotantes que parecen bulbos en la base mantienen la planta a flote.

UTRICULARIA CAMPBELLIANA

De aspecto inocente atrapa pequeños animales acuáticos en vesículas en forma de bolsa que tiene en las raíces y las digiere para absorber los nutrientes.

YACARÉ NEGRO

La dieta variada de este primo semiacuático del caimán del Misisipi incluye caracoles, serpientes y peces, sobre todo pirañas. Cambia los dientes unas 40 veces durante toda su vida.

JAGUAR

Los jaguares acechan por los espesos márgenes de las marismas, e incluso llegan a tirarse al agua para atrapar a sus presas. El Pantanal es uno de los baluartes de este poderoso cazador.

CÓMO FUNCIONA LA
VIDA OCEÁNICA

Los océanos cubren más de dos tercios del planeta. Contienen una serie de hábitats diversos, desde helados mares polares hasta arrecifes de coral tropicales, y desde aguas superficiales deslumbrantes hasta las oscuras profundidades del lecho oceánico. Pero la mayoría de la vida oceánica vive cerca de la superficie iluminada por el sol, donde el minúsculo plancton utiliza la energía de su luz para producir alimento.

▼ ARRECIFES DE CORAL

A veces se dice que los arrecifes de coral, como este del océano Índico, son las selvas tropicales del océano; actualmente son el hogar de, como mínimo, el 25 por ciento de todas las especies marinas del mundo. Los corales que producen arrecifes dependen de algas microscópicas en su cuerpo para canalizar la energía de la luz del sol y fabricar alimento. El aumento de la temperatura oceánica hace que los corales expulsen las algas, lo que puede hacer que los arrecifes acaben muriendo.

Los corales son invertebrados que se alimentan por filtración y viven en colonias.

La tortuga marina carey vive en arrecifes de coral y se alimenta sobre todo de esponjas.

ZONAS OCEÁNICAS

Los científicos que estudian los océanos dividen el agua en zonas según su profundidad. A medida que se baja de la superficie, el agua se vuelve más fría y oscura, y aumenta la presión. Los animales que viven en cada zona se han adaptado a sus condiciones.

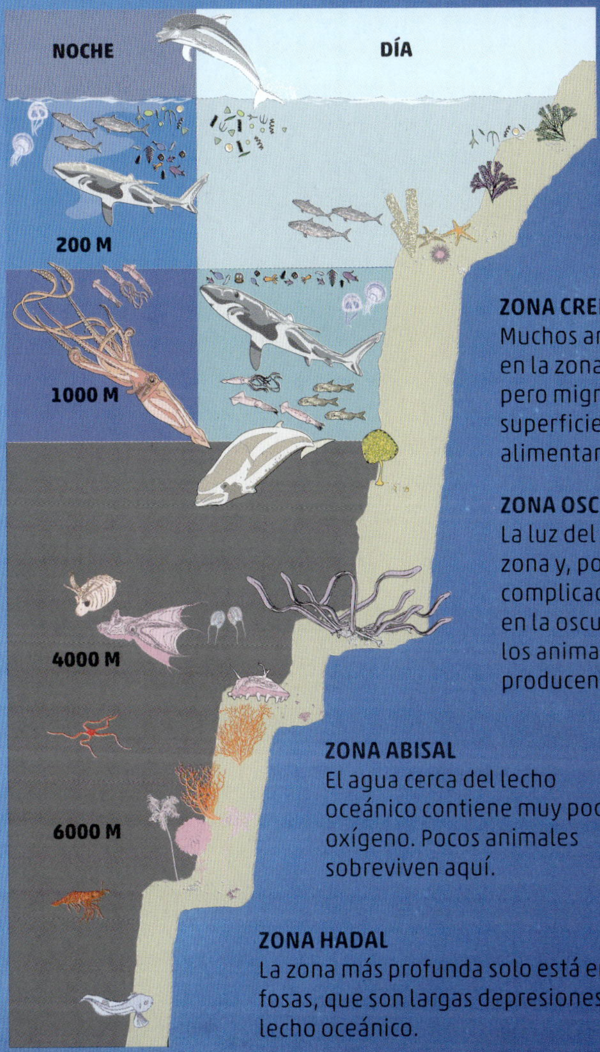

NOCHE   **DÍA**

200 M

1000 M

4000 M

6000 M

ZONA DE LUZ SOLAR
Las algas microscópicas que flotan en esta zona producen alimento a través de la fotosíntesis.

ZONA CREPUSCULAR
Muchos animales se ocultan en la zona crepuscular de día pero migran hacia la superficie de noche para alimentarse.

ZONA OSCURA
La luz del sol no llega a esta zona y, por lo tanto, es complicado ver a las presas en la oscuridad. Algunos de los animales que viven aquí producen su propia luz.

ZONA ABISAL
El agua cerca del lecho oceánico contiene muy poco oxígeno. Pocos animales sobreviven aquí.

ZONA HADAL
La zona más profunda solo está en las fosas, que son largas depresiones del lecho oceánico.

ZONAS INTERMAREALES
Las orillas superficiales de los océanos están entre los hábitats marinos más diversos. Muchos de los animales se han adaptado para sobrevivir a las mareas que les dejan fuera del agua durante una parte del día.

OCÉANOS POLARES
Los fríos océanos alrededor del polo norte y la Antártida rebosan de vida. Las corrientes oceánicas de subida aportan nutrientes al diminuto plancton que vive en las aguas superficiales. Esto atrae a una horda de animales que se alimentan de plancton, lo que a su vez atrae a muchos predadores, como los pingüinos.

MAR PROFUNDO
A partir de 1000 m y hasta el lecho oceánico es complicado encontrar presas en las tenebrosas profundidades. El rape los atrae con señuelos luminosos, mientras que el pez pelícano tiene un descomunal estómago elástico que le permite tragarse cualquier animal que se encuentre.

IMPACTO HUMANO

Con una población creciente, la tierra dedicada a la agricultura es mucho mayor, lo que ha transformado el planeta. Hoy se dedica a la agricultura un tercio de la tierra firme. Incluso áreas que antes se consideraban demasiado áridas se pueden convertir en fértiles. Esta fotografía muestra un campo circular de maíz cultivado en el desierto de México que se riega con un gigante aspersor giratorio.

GLOSARIO

ABONO
Sustancia que ayuda a las plantas a crecer cuando se añade al suelo.

ACUÁTICO
Relativo a los animales y las plantas que viven en el agua.

ADN
Ácido desoxirribonucleico; sustancia química que almacena la información genética y que está en el interior de las células.

AGRICULTURA
Cultivo de la tierra para obtener recursos.

AGUA SUBTERRÁNEA
Agua presente bajo la superficie de la Tierra en las rocas y el suelo.

ALGAS
Organismos simples de aspecto vegetal que viven en el agua y elaboran su propio alimento a través de la fotosíntesis.

ALTITUD
Distancia vertical entre un objeto y la Tierra o el nivel del mar.

AMONITES
Caparazón en espiral fosilizado de un molusco cefalópodo extinto (un pariente del calamar).

ANFIBIO
Animal vertebrado de sangre fría que vive parte de su vida en el agua y parte en tierra firme, como una rana.

ANTICLINAL
Pliegue en forma de arco hacia arriba de estratos originalmente planos formado por compresión horizontal.

ARENISCA
Roca compuesta por granos de arena unidos por otros minerales.

ASTENOSFERA
Capa blanda del manto superior en la que se mueven las placas tectónicas.

ASTEROIDE
Objeto rocoso irregular y relativamente pequeño que orbita alrededor del Sol.

ATMÓSFERA
Capa de gas que rodea un planeta y que retiene la gravedad.

ATOLÓN
Isla de coral en forma de anillo o grupo de islas de coral en forma de anillo con una laguna en el interior.

ÁTOMO
Partícula mínima de un elemento.

AUREOLA DE METAMORFISMO
Zona de roca alrededor de un cuerpo de magma que se ha alterado por metamorfismo de contacto.

AURORA
Patrón de luz en el cielo nocturno de las regiones ártica y antártica, causado por la interacción entre partículas con carga eléctrica del Sol y el campo magnético de la Tierra.

AZUFRE
Elemento amarillo, típico en rocas y que a menudo sale de volcanes en erupción.

BACTERIAS
Organismos unicelulares microscópicos que componen uno de los principales reinos de la vida en la Tierra. Muchas bacterias son útiles, pero algunas provocan enfermedades.

BANQUISA
Área grande de hielo marino flotando.

BASALTO
La roca volcánica más habitual de la Tierra; normalmente se origina en forma de lava solidificada. El basalto es entre vítreo y de grano fino (compuesto por cristales muy pequeñitos).

BIOMA
Gran división del mundo de los seres vivos, como una selva tropical, un desierto o una pradera templada. Cada bioma tiene su clima, vegetación y fauna propia y distinta.

BIOMINERALIZACIÓN
Proceso por el que los seres vivos producen minerales.

BIOSFERA
Partes de la Tierra en las que existe vida.

BIVALVO
Molusco acuático, como una ostra o una almeja, con dos caparazones articulados que le cubren el cuerpo.

BOMBA VOLCÁNICA
Masa de lava proyectada al aire durante una erupción volcánica.

BRAZO MUERTO
Meandro de río separado del cauce principal y que crea un lago en forma de U.

BRECHA
Roca sedimentaria compuesta por fragmentos angulares conocidos como clastos y cementados por minerales.

CABECERA
Porción superior de cualquier río o arroyo, cerca de su origen.

CADUCIFOLIO
Palabra que designa árboles o arbustos que pierden las hojas cada año, normalmente en otoño.

CALDERA
Cráter gigante formado cuando un volcán se desmorona en su cámara magmática vacía tras una erupción.

CALIZA
Roca sedimentaria compuesta por carbonato cálcico, formado a partir de caparazones de animales marinos o depósitos químicos.

CÁMARA MAGMÁTICA
Reserva de magma en el interior o bajo un volcán.

CAMBIO CLIMÁTICO
Cambios a largo plazo en los patrones meteorológicos y el promedio de temperaturas a escala global o regional.

CAMPO MAGNÉTICO
Área alrededor de un imán o la Tierra donde se nota la fuerza magnética.

CAMUFLADO
De color, aspecto o forma similar al entorno para confundirse con él. Los animales utilizan el camuflaje para ocultarse.

CAÑÓN
Valle rocoso de paredes abruptas.

CAPA DE HIELO
Masa de hielo muy grande que cubre permanentemente un área de tierra firme, como en la Antártida o Groenlandia.

CAPA VEGETAL
Capa superior del suelo en la que hay minerales y materia orgánica en la que crecen las plantas.

CÉLULA
Unidad diminuta de materia viva. Las células son los elementos básicos que componen todos los seres vivos.

CHIMENEA MINERALIZANTE
Fuente termal que contiene minerales oscuros y que erupciona en el lecho oceánico.

CICLÓN
Sistema de presión en el que el aire circula alrededor de un área de baja presión. Los ciclones tropicales también se conocen como huracanes.

CICLÓN TROPICAL
Otro nombre para denominar a los huracanes.

CLIMA
Condiciones meteorológicas más habituales en una zona durante un periodo de tiempo.

COMBUSTIBLE FÓSIL
Combustible derivado de fósiles, como el carbón o el petróleo.

COMETA
Objeto espacial de hielo y polvo que viaja por el sistema solar exterior y pasa cerca del Sol.

COMPUESTO
Sustancia química con dos o más elementos unidos.

CONDENSACIÓN
Cuando un gas se transforma en líquido.

CONGLOMERADO
Roca sedimentaria compuesta por partículas redondeadas del tamaño de la grava y unidas por minerales.

CONÍFERA
Árbol que produce piñas. Casi todas las coníferas, como los pinos y los abetos, tienen hojas perennes en forma de aguja.

CONO DE ESCORIA
Volcán de perfil relativamente bajo formado a partir de cenizas y escoria caídas de una nube de erupción.

CONTAMINANTE
Sustancia que contamina el aire, el agua o el suelo.

CONTINENTE
Una de las siete grandes masas de tierra firme del planeta Tierra, rodeadas en su gran mayoría por mar.

CONVECCIÓN
Circulación de gases, líquidos o roca reblandecida por el calor debido a las diferencias de temperatura.

CORALES
Animales marinos que pueden tener una base dura de piedra caliza. Muchos viven en grandes grupos o colonias que crean arrecifes de coral.

CORRIENTE EN CHORRO
Franja estrecha de potente viento a gran altura en la atmósfera.

CORTEZA
Frío caparazón rocoso exterior de la Tierra.

CORTEZA CONTINENTAL
Parte de la corteza terrestre que forma los continentes. Es menos densa y más gruesa que la corteza oceánica.

CORTEZA OCEÁNICA
Parte de la corteza terrestre que queda bajo la mayoría de los océanos del mundo. Es más fina y densa que la corteza continental.

CRÁTER
Depresión en forma de cuenco alrededor de la chimenea de un volcán; también, depresión circular causada por el impacto de un meteorito.

CRISTAL
Sólido con estructura atómica interna ordenada que a veces presenta formas geométricas con caras planas.

CUMULONIMBOS
Nube muy alta que produce lluvia torrencial, rayos y granizo.

DELTA
Área de tierra formada por sedimentos depositados donde el río coincide con el mar.

DENDRÍTICO
Término aplicado a minerales que aparecen de manera natural en forma de ramificación en el interior de las rocas.

DENSIDAD
Masa de un objeto dividida por su volumen. Los objetos densos pesan mucho.

DEPÓSITO
Colocación de material, como arena y grava, en nuevas ubicaciones, normalmente por parte del viento, agua o hielo.

DINAMO
Dispositivo que transforma la energía motriz o mecánica en energía eléctrica.

DIÓXIDO DE CARBONO
Gas que se encuentra en el aire. Los animales emiten dióxido de carbono como producto de desecho, pero las plantas lo absorben.

DIQUE
Intrusión de roca ígnea en forma de lámina que corta estructuras de roca ya existentes de manera transversal.

DORSAL MEDIOOCEÁNICA
Cordillera submarina creada por volcanes erupcionando en un rift del lecho oceánico.

DUREZA
De un mineral, grado de resistencia a los arañazos o la abrasión.

DURMIENTE
Un volcán se considera durmiente si tiene la posibilidad de erupcionar pero actualmente no está en erupción.

ECOSISTEMA
Comunidad de seres vivos y su entorno. Los ecosistemas pueden ser tan pequeños como una charca o tan grandes como una selva tropical.

ECUADOR
Círculo imaginario alrededor del centro de la Tierra que la divide en los hemisferios (mitades) norte y sur.

EDAD DE HIELO
Periodo frío en la historia de la Tierra en el que progresan las capas de hielo y los glaciares.

EFECTO CORIOLIS
Tendencia de los vientos y las corrientes oceánicas de virar hacia el este u oeste debido a la rotación terrestre.

ELEMENTO
Sustancia simple compuesta por átomos del mismo tipo.

ELEMENTO NATIVO
Elemento químico que aparece en estado puro en la naturaleza.

ELEVACIÓN
Altura de un lugar u objeto por encima de la tierra firme o el nivel del mar.

EMISIÓN
Algo liberado en el aire, como gas, calor o luz.

EPICENTRO
Punto de la superficie de la Tierra directamente sobre el punto de origen de un terremoto.

EROSIÓN
Desplazamiento de rocas por parte de fuerzas de la naturaleza, como el agua, el viento o los glaciares.

ESCALA DE MOHS
Escala para medir la dureza (resistencia a ser rayado) de los minerales; va del 1 al 10.

ESPECIE
Tipo de organismo, como un guepardo o una jirafa. Los miembros de una misma especie se pueden aparear en estado salvaje.

ESTALACTITA
Depósito de carbonato cálcico que cuelga del techo de una cueva.

ESTALAGMITA
Depósito de carbonato cálcico en el suelo de una cueva.

ESTRELLA
Esfera masiva de reluciente plasma (gas con mucha carga energética) que genera energía a través de la fusión nuclear del núcleo.

ESTRATOVOLCÁN
Volcán cónico formado por capas de ceniza volcánica y lava de avance lento.

ESTRÍAS
Marcas y arañazos que quedan en el lecho de roca cuando un glaciar se desplaza por encima.

ESTUARIO
Tramo de río en forma de embudo, con barro y agua de las mareas, donde coincide con el mar.

EVAPORACIÓN
Proceso por el que un líquido se convierte en gas.

EVOLUCIÓN
Proceso de cambio gradual en los seres vivos a lo largo de varias generaciones.

EXOESQUELETO
Esqueleto exterior duro, como el de un insecto.

EXTINCIÓN
La desaparición de la Tierra del último miembro de una especie.

FALLA
Fractura en la corteza terrestre, donde una losa de roca se desliza respecto de otra.

FALLA DE CABALGAMIENTO
Fractura mayor de la corteza terrestre en la que una sección sube por encima de otra.

FALLA TRANSFORMANTE
Límite entre dos losas de la corteza terrestre que se deslizan de lado una respecto de la otra.

FARALLÓN
Columna alta de roca que sobresale del mar cerca de una línea costera; resto de acantilados persistente que no ha desaparecido por la erosión.

FELDESPATO
Tipo habitual de mineral silicato hallado en roca ígnea.

FIORDO
Antiguo valle glaciar en la costa que se ha convertido en una bahía litoral.

FISURA
Grieta profunda y estrecha, por ejemplo entre rocas.

FITOPLANCTON
Organismos diminutos, prácticamente todos unicelulares, que viven en las aguas superficiales de océanos y lagos, y que son la base de la mayoría de las cadenas alimentarias acuáticas.

FLUJO PIROCLÁSTICO
Alud de roca y polvo muy calientes que avanza a toda velocidad por el flanco de un volcán en erupción.

FOLIACIÓN
Formación de capas en forma de loncha en rocas metamórficas.

FÓSIL
Restos o indicios conservados de animales o plantas del pasado.

FOTOSÍNTESIS
Proceso en el que las plantas utilizan la energía del Sol, agua y dióxido de carbono para crear moléculas de alimento.

FULGURITA
Tubos de minerales vítreos que se forman de manera natural cuando un rayo impacta contra el suelo.

GALAXIA
Nube giratoria de estrellas, gas y polvo que mantiene unida la gravedad.

GARGANTA
Valle estrecho y profundo, normalmente con acantilados verticales en ambos lados.

GAS DE EFECTO INVERNADERO
Gas, como el dióxido de carbono, que atrapa el calor en la atmósfera.

GÉISER
Chorro intermitente de agua caliente y vapor que erupciona de rocas calentadas por volcanes.

GEODA
Roca que contiene una cavidad hueca recubierta de cristales.

GEOTÉRMICO
Término que designa el calor de origen subterráneo.

GIRO
Sistema de corrientes oceánicas giratorias.

GLACIAR
Masa de hielo formada a partir de nieve compactada que avanza lentamente montaña abajo.

GONDWANA
Supercontinente antiguo que incluía tierras que hoy forman parte de Sudamérica, África, Antártida, Australia y la India.

GRANITO
Una de las principales rocas ígneas que contiene la corteza continental.

GRAVEDAD
Fuerza que atrae a dos objetos entre sí y que evita que las cosas salgan flotando hacia el espacio.

HÁBITAT
Área en la que normalmente vive un organismo.

HÁBITO
Forma externa característica de un cristal o un grupo de cristales.

HERBÍVORO
Animal que come plantas.

HIBERNACIÓN
Estado de reposo parecido al sueño profundo que experimentan algunos animales en invierno.

HONGO
Ser vivo que absorbe alimento de materia viva o muerta que tiene alrededor. Las setas son las partes fructíferas de los hongos.

HUMUS
Sustancia oscura del suelo y que deriva de plantas, animales y microorganismos muertos.

HUNDIMIENTO
Bajada del agua de la superficie del océano.

HURACÁN
Tormenta tropical giratoria descomunal con vientos que superan los 119 km/h de velocidad. También se denomina ciclón tropical y tifón, especialmente en Asia oriental.

ICEBERG
Parte de un glaciar o una plataforma de hielo que se ha roto y flota por el mar.

INSECTÍVORO
Animal que se alimenta principalmente de insectos u otros invertebrados.

INTRUSIÓN ÍGNEA
Cuerpo de roca ígnea formado al enfriarse magma y solidificarse bajo tierra.

INUNDACIÓN RELÁMPAGO
Inundación repentina provocada por la lluvia torrencial.

INVERTEBRADO
Animal sin columna vertebral, como un insecto o un gusano.

IRRIGACIÓN
Aportación de agua al suelo para que crezcan los cultivos y las plantas.

LÁMINA
Intrusión ígnea más o menos horizontal que normalmente se forma cuando la roca ígnea se abre paso a través de capas de rocas sedimentarias ya existentes.

LATITUD
Distancia de un lugar hacia el norte o hacia el sur respecto del ecuador. El ecuador tiene una latitud de 0°, y el Polo Norte está a 90°.

LAURASIA
Supercontinente antiguo que incluía tierras que actualmente forman parte de Norteamérica, Europa y Asia.

LAVA
Roca fundida que erupciona a través de un volcán.

LAVA ACOJINADA
Bultos de roca en forma de cojín formados con lava erupcionada bajo el agua.

LECHO DE ROCA
Capa de roca sólida bajo el suelo.

LÍMITE CONVERGENTE
Punto en el que dos placas tectónicas se mueven juntas.

LÍMITE DIVERGENTE
Punto en el que dos placas tectónicas se separan.

LÍMITE TRANSFORMANTE
Límite entre placas tectónicas en el que las placas avanzan en direcciones opuestas.

LITOSFERA
Capa sólida exterior de la Tierra, compuesta por la corteza y la parte superior del manto. La litosfera se divide en placas tectónicas.

LODO
Partículas finas en agua.

LUNA
Mundo rocoso y pequeño que orbita alrededor de un planeta.

LUSTRE
Manera en la que un mineral refleja la luz y el grado de su brillo.

MACAREO
Ola grande y única que se forma cuando la marea creciente penetra por un canal estrecho, como por ejemplo un estuario.

MAGMA
Roca fundida en el interior o bajo la corteza de la Tierra.

MAGNETOSFERA
Región alrededor de la Tierra (o cualquier otro planeta) dominada por el campo magnético del planeta.

MAMÍFERO
Vertebrado (animal con columna) de sangre caliente que alimenta a sus crías con leche y que normalmente está cubierto de pelo.

MANGLE
Tipo de árbol que crece en el litoral tropical y que tiene raíces que parecen pilotes para sobresalir del agua.

MANTO
Capa rocosa de la Tierra entre la corteza y el núcleo. Supone el 84 por ciento del volumen de la Tierra.

MAREA DE TEMPESTAD
Subida anormal del nivel del mar causada por una tormenta.

MAREA MUERTA
Marea en la que la diferencia entre la pleamar y la bajamar es mínima.

MAREA VIVA
Marea que se produce cuando los efectos de la Luna y el Sol se refuerzan entre sí y producen la pleamar más alta y la bajamar más baja.

MARSUPIAL
Mamífero que pare crías muy poco desarrolladas, que normalmente lleva en una bolsa.

MEANDRO
Curva en un río creada por el depósito de sedimentos en el lado lento y la erosión en el lado rápido.

MENA
Roca de la que se puede extraer metal.

MESETA
Área plana de tierra a gran altitud.

MESOSFERA
Capa de la atmósfera terrestre entre la estratosfera y la termosfera, a una altitud aproximada de 50-80 km.

METANO
Gas natural que quema con facilidad y se utiliza como combustible. Es un gas de efecto invernadero.

METEORITO
Roca del espacio que ha llegado a la superficie de la Tierra sin consumirse por completo.

METEORIZACIÓN
Descomposición de rocas y minerales por parte de la lluvia, la luz del sol, el hielo y otros efectos climáticos.

METEORO
Roca pequeña del espacio que se evapora al cruzar la atmósfera terrestre y crea una estrella fugaz.

MICROORGANISMO
Organismo demasiado pequeño para ser visto a simple vista, como una bacteria.

MIGRACIÓN
Viaje largo realizado por un animal hacia un nuevo hábitat. Muchas aves migran cada año entre sus hogares de verano e invierno.

MINERAL
Sustancia sólida, natural, inorgánica con una estructura de cristal característica. Las rocas están compuestas por minerales.

MOLÉCULA
Grupo de átomos unidos.

MOLUSCO
Invertebrado de cuerpo blando, a veces con caparazón duro. Los caracoles, las almejas y los pulpos son moluscos.

MONTE SUBMARINO
Volcán submarino que no tiene la altura suficiente para salir en la superficie y formar una isla.

MORRENA
Residuos de roca que transporta un glaciar o que acumula en sus laterales o extremo final.

NEBULOSA
Nube de gas y/o polvo en el espacio.

NÉCTAR
Líquido azucarado que producen las flores. Las abejas recogen néctar para producir miel.

NITRÓGENO
Gas que ocupa el 78 por ciento de la atmósfera terrestre.

NIVEL FREÁTICO
Superficie superior del agua subterránea. La subida del nivel freático tras una lluvia torrencial puede provocar inundaciones.

NOCTURNO
Activo de noche pero inactivo durante el día.

NODULAR
Que contiene protuberancias redondeadas de minerales u otros materiales. Por ejemplo, el sílex en la creta.

NÚCLEO
La capa más interna de la Tierra. Consiste en un núcleo externo líquido y un núcleo interno líquido, ambos de níquel y hierro.

NUTRIENTES
Sustancias que absorben los animales y las plantas, esenciales para la vida y el crecimiento.

ORBITAR
Dar círculos alrededor de un planeta o una estrella. Por ejemplo, la Tierra orbita el Sol, y la Luna orbita la Tierra.

ORGANISMO
Ser vivo.

ÓXIDO
Sustancia química que contiene oxígeno y un elemento más, como un metal.

OXÍGENO
Gas que ocupa el 21 por ciento de la atmósfera terrestre. La mayoría de los seres vivos absorben oxígeno del aire y lo utilizan para liberar la energía de los alimentos en un proceso denominado respiración celular.

PANGEA
Supercontinente antiguo que incluyó casi todos los continentes actuales.

PAVIMENTO DESÉRTICO
Capa superficial de roca o piedra hallada en muchos desiertos.

PERENNIFOLIO
Término que designa las plantas que mantienen las hojas todo el año.

PERMAFROST
Terreno helado de manera permanente por debajo de la superficie del suelo.

PERMEABLE
Término que designa una sustancia que permite el paso de líquidos o gases.

PIEDRA PRECIOSA
Joya o piedra utilizada en joyería y apreciada por su resistencia, belleza y excepcionalidad.

PLACA TECTÓNICA
Fragmento gigantesco de corteza terrestre. Las placas tectónicas se desplazan lentamente a lo largo de millones de años.

PLANCTON
Organismos que flotan en el agua y van a la deriva con las corrientes. La mayoría del plancton es pequeño.

PLANETESIMAL
Uno de los millones de objetos rocosos de tamaño variable que se cree que estaban presentes en el joven sistema solar y que después se agruparon para acabar creando los planetas.

PLATAFORMA CONTINENTAL
Límite sumergido de un continente que queda bajo mares costeros poco profundos.

PLATAFORMA DE HIELO
Extensión de una capa de hielo o glaciar flotando sobre el océano.

PLIEGUE
Estructura geológica en la que la compresión ha doblado unas capas de roca originalmente planas.

PLUMA MANTÉLICA
Región más caliente del manto que fluye lentamente hacia arriba hasta formar un punto caliente bajo la corteza.

POZA DE BARRO
Fuente termal creada por agua ácida que convierte la roca en barro.

PRECIPITACIÓN
Agua que llega a la superficie de la Tierra desde la atmósfera; incluye la lluvia, la nieve, el granizo y el rocío.

PREDADOR
Animal que caza a otros animales para comérselos.

PREHISTÓRICO
Que existía antes de los registros escritos.

PRESA
Animal cazado por otros animales para comérselo.

PIROCLÁSTICO
Que consiste o contiene fragmentos de roca volcánica. Los flujos piroclásticos son nubes de avance rápido, a veces letales, de gases calientes y escombros.

PRISMÁTICO
Término que describe los cristales en los que las caras rectangulares paralelas forman prismas.

PRODUCCIÓN DE ICEBERGS
Proceso por el que un glaciar crea icebergs desprendiéndose de bloques de hielo en el mar o en un lago.

PUNTO CALIENTE
Área bajo la corteza terrestre donde el manto está especialmente caliente y crea una zona de actividad volcánica.

REBOTE ISOSTÁTICO
Subida de una masa de tierra tras la retirada del descomunal peso de una capa de hielo.

REFRACCIÓN
Desviación de los rayos de luz al pasar de un medio, como el aire, a otro, como el agua o el cristal.

REPRODUCCIÓN
Producción de nueva descendencia.

REPTIL
Animal de sangre fría y piel escamosa como una serpiente o un lagarto.

RIFT
Grieta en la corteza terrestre donde dos placas tectónicas se están separando.

ROCA EXTRUSIVA
Roca formada a partir de lava que fluyó a la superficie de la Tierra o fue emitida en una nube de cenizas.

ROCA ÍGNEA
Roca formada por el enfriamiento de magma fundido o lava volcánica.

ROCA INTRUSIVA
Roca ígnea solidificada bajo la superficie que se ha enfriado lentamente, lo que ha permitido que se formen cristales mayores. Un cuerpo de roca ígnea intrusiva se conoce como intrusión ígnea.

ROCA METAMÓRFICA
Roca transformada por el calor, la presión intensa, o ambos.

ROCA SEDIMENTARIA
Roca formada a partir de sedimentos comprimidos y endurecidos.

SANDUR
Depósito de arena, grava y otros materiales transportados por el agua de deshielo de un glaciar.

SEDIMENTO
Fragmentos pequeños de roca, arena o barro que se posan en capas, normalmente bajo el agua.

SEQUÍA
Periodo largo de escasa precipitación inusual que provoca falta de agua y condiciones muy áridas.

SILICATO
Roca o mineral compuesto por átomos de silicio y oxígeno combinados con átomos de metal. Casi toda la corteza y el manto terrestre están compuestos por silicatos.

SIMBIOSIS
Relación estrecha y a menudo beneficiosa entre dos especies que viven juntas.

SÍSMICO
Relativo a los terremotos. Una onda sísmica es una onda de choque generada por un terremoto.

SISMÓMETRO
Instrumento para registrar ondas sísmicas de terremotos. También se conoce como sismógrafo.

SISTEMA SOLAR
Sistema de planetas, lunas, cometas y asteroides orbitando alrededor del Sol.

SOMBRA PLUVIAL
Área de sotavento con poca precipitación de una cordillera a causa de la pérdida de humedad en el aire al subir por la cara de barlovento de la cordillera.

SUBDUCCIÓN
Cuando una placa tectónica se hunde por debajo de otra.

SUBSUELO
Capa de suelo inmediatamente por debajo de la capa vegetal.

SUPERCALIENTE
Describe un líquido calentado bajo presión por encima de su punto de ebullición normal que no se ha convertido en gas.

SUPERCÉLULA
Descomunal nube de tormenta con núcleo giratorio que puede generar un tornado.

SUPERFRÍO
Describe un líquido a una temperatura inferior a su punto de congelación habitual que no se ha convertido en sólido.

SUPERVOLCÁN
Volcán gigantesco.

TEMPLADO
Término que designa un clima que no es muy caluroso ni muy frío.

TENSIÓN SUPERFICIAL
Fuerza que crea en la superficie del agua una piel ligeramente elástica. La tensión superficial convierte el agua en gotitas.

TERREMOTO
Sacudida violenta de la superficie de la Tierra provocada por descomunales movimientos repentinos de áreas de la corteza.

TIFÓN
Huracán o ciclón tropical en los océanos Pacífico occidental o Índico.

TRILOBITES
Animal marino extinto con el cuerpo segmentado, exoesqueleto y varios pares de patas articuladas. La extinción de los trilobites se produjo hace unos 252 millones de años.

TRÓPICOS
Regiones de la Tierra cerca del ecuador, de clima cálido todo el año.

TROPOSFERA
La capa más baja y densa de la atmósfera, donde se forman las nubes y suceden casi todos los fenómenos meteorológicos.

TSUNAMI
Ola destructora de movimiento rápido generada casi siempre por un terremoto en el lecho marino.

VALLE COLGANTE
Valle, normalmente esculpido por un glaciar, que penetra por la parte superior de una pared lateral de otro valle más profundo.

VALLE DE RIFT
Valle formado por el colapso de partes de la corteza terrestre en el límite entre placas tectónicas divergentes.

VAPOR DE AGUA
Gas invisible que se forma cuando el agua se evapora en el aire.

VEGA
Llanura plana al lado de un río con posibilidades de inundarse.

VERTEBRADO
Animal con columna vertebral.

VÍA LÁCTEA
Galaxia de estrellas que contiene el Sol y nuestro sistema solar.

VIENTO SOLAR
Torrente de partículas con carga que libera la atmósfera superior del Sol.

VIENTOS ALISIOS
Vientos a ambos lados del ecuador que soplan hacia el oeste.

VISCOSIDAD
Resistencia al movimiento en fluidos. A mayor viscosidad, más lento su avance.

VOLCÁN EN ESCUDO
Volcán muy ancho con laterales de pendiente suave formado por capas de lava de avance rápido.

ÍNDICE

D

AGRADECIMIENTOS

Dorling Kindersley quiere agradecer a los siguientes la ayuda prestada y su conocimiento experto. El profesor Jürgen Adam, profesor de Geología estructural, y Kevin D'Souza de la Universidad Royal Holloway de Londres, por sus simulaciones de la formación de montañas. Joel Rees-Jones, director de proyecto en LIFEDeeRiver en Gales, por sus simulaciones de ríos y deltas en una mesa Emriver. El Dr. Daniel Whiter, profesor de Física en ambientes espaciales en la Universidad de Southampton, por su simulación de una aurora. Simon Cohen, Jacqueline Cohen, Duncan Barrington, Claire Alway y Sam Cohen de Fossilsandgemstones.co.uk, por facilitarnos rocas, minerales y fósiles. El profesor John Brodholt y el Dr. Andrew R. Thomson del University College de Londres, por mostrarnos la colección de rocas y minerales del UCL.

Por Smithsonian Enterprises
Avery Naughton, coordinadora de licencias; Paige Towler, directora editorial; Jill Corcoran, directora sénior de licencias editoriales; Brigid Corcoran, vicepresidenta de nuevos negocios y licencias; Carol LeBlanc, presidenta.
Matthew T. Miller, especialista museográfico, por su asesoramiento.

Gracias también a Tom Morse por el retoque de imágenes; Pushpak Tyagi por el diseño de maquetación; Usman Ansari por la asistencia con Photoshop, y Steve Setford por su asistencia editorial.

Créditos de las imágenes
Los editores quieren agradecer a los siguientes su amable permiso para reproducir sus fotografías (a: arriba; b-debajo; c: centro; d: derecha; e: extremo; i: izquierda; s: superior):

1 Dorling Kindersley: Dreamstime.com: Mario Lopes / Malopes. **Getty Images / iStock:** ChrisGorgio (tornillos). **Science Photo Library:** Martin Rietze (c). **2-3 Dorling Kindersley:** Dreamstime.com: Mario Lopes / Malopes (fondo). **Getty Images / iStock:** ChrisGorgio (tornillos). **3 Alamy Stock Photo:** heyengel (c). **4-5 Dorling Kindersley:** Dreamstime.com: Mario Lopes / Malopes. **5 NASA. Shutterstock.com:** Wirestock Creators (sd). **6-7 Dorling Kindersley:** Dreamstime.com: Mario Lopes / Malopes (fondo). **6 Alamy Stock Photo:** Mario Deambrogio (sc). **Kenneth G. Libbrecht. Shutterstock.com:** Blue Planet Studio. **7 Getty Images:** imageBROKER / Peter Giovannini. **8-9 Dorling Kindersley:** Dreamstime.com: Mario Lopes / Malopes (fondo). **8 Getty Images / iStock:** ChrisGorgio. **9 Getty Images / iStock:** ChrisGorgio (tornillos). **NASA. 10-11 Science Photo Library:** Martin Rietze. **Londres. 11 Science Photo Library:** Detlev Van Ravenswaay (sd). **12-13 Wikipedia:** Michael Dennig - Atlas4x4. **15 Alamy Stock Photo:** Alan Dyer / VWPics (ca). **ESO:** JAXA / Creative Commons Attribution 4.0 licence (sd). **17 Alamy Stock Photo:** Dinodia Photos (sd). **ESA:** CNES / Arianespace - Photo Optique Video du CSG - S. Martin (c). **Shutterstock.com:** oblong1 (bi). **19 Alamy Stock Photo:** MIHAI ANDRITOIU (bi); Arterra Picture Library (sd); Images of Africa Photobank (bd). **Getty Images:** Jami Tarris (ebd). **20 Science Photo Library:** Dr. Fred Espenak (cdb, bd); Babak Tafreshi (bi). **21 Brian Cassey:** (cd). **Science Photo Library:** Dr. Juerg Alean (b). **22 Alamy Stock Photo:** Stockbym (d). **23 Alamy Stock Photo:** Oliver Hoffmann (i). **Science Photo Library:** Jean-Bernard Nadeau / Look At Sciences (bd). **24-25 Dorling Kindersley:** Dreamstime.com: Mario Lopes / Malopes (fondo). **Getty Images / iStock:** ChrisGorgio (tornillos). **27 Alamy Stock Photo:** George Ostertag (cib). **Getty Images / iStock:** FredericFaure (c). **Science Photo Library:** Mark Garlick (bd). **30 Getty Images / iStock:** Istock (si). **NASA:** (ci). **33 Alamy Stock Photo:** GRANGER - Historical Picture Archive (bc). **34-35 Alamy Stock Photo:** Ziga Plahutar. **37 Science Photo Library:** Shuo Wang (sd). **39 Alamy Stock Photo:** Kevin Schafer (sc). **Shutterstock.com:** MisterStock (sd). **40 Alfred Wegener Institute:** (bi). **40-41 Dorling Kindersley:** globos paleográficos a partir de los mapas originales producidos por Colorado Plateau Geosystems Inc. **42-43 Dorling Kindersley:** Dreamstime.com: Mario Lopes / Malopes (fondo). **Getty Images / iStock:** ChrisGorgio (tornillos). **43 Shutterstock.com:** Wirestock Creators. **44 Alamy Stock Photo:** Antonio Busiello (bi). **Getty Images:** AFP PHOTO / Yasuyoshi Chiba (bc). **44-45 Dorling Kindersley:** using data from USGS / Smithsonian Institution, National Geophysical Data Center. **45 Alamy Stock Photo:** Keystone Press (bi). **Science Photo Library:** Mark Garlick (bd). **46-47 Getty Images / iStock:** pxhidalgo. **47 Science Photo Library:** Jeremy Bishop (sd). **48-49 Science Photo Library:** David Weintraub. **48 Science Photo Library:** Jessica Wilson / USGS (cia). **49 Getty Images:** AFP / Lothar Slabon (cdb). **naturepl.com:** Sergey Gorshkov (si). **50 Alamy Stock Photo:** Associated Press (ci). **Getty Images:** temizyurek (cda). **Bryan Lowry / lavapix.com:** (bi). **50-51 Getty Images:** The Asahi Shimbun (bc). **51 Alamy Stock Photo:** Wei Hao Ho (cia). **Shutterstock.com:** Wirestock Creators (ca). **52 Alamy Stock Photo:** Science History Images (cda). **Shutterstock.com:** Robert Crow (c). **52-53 Shutterstock.com:** Yvonne Baur. **53 Alamy Stock Photo:** Patrick Koster (ca); Doug Perrine (ecia); tom pfeiffer (cia). **U.S. Geological Survey:** Jefffrey Judd (sd). **54-55 Bryan Lowry / lavapix.com. 56 Dorling Kindersley:** Colin Keates / Natural History Museum, Londres (c); Harry Taylor / Natural History Museum, Londres (bc). **Wikipedia:** B. Domangue (sd). **56-57 Erin Delventhal. 57 Alamy Stock Photo:** agefotostock (cdb); Komkrit Suwanwela (sc); Siim Sepp (cd); Steve Pridgeon (bd). **James St. John. 58-59 eyevine:** Alberto Garcia / Redux. **59 Alamy Stock Photo:** Tjetjep Rustandi (bd). **Shutterstock.com:** Henk Vrieselaar (cdb). **60 Alamy Stock Photo:** Laura Di Biase (sd). **60-61 BluePlanetArchive.com:** Phillip Colla. **61 Getty Images:** Arctic-Images (sc); Lepretre Pierre (si). **62-63 Science Photo Library:** Martin Rietze. **63 Alamy Stock Photo:** Marlon Trottmann (cdb). **Dorling Kindersley:** Arran Lewis (using data from NASA: Landsat 8 / School of Ocean and Earth Science and Technology Main Hawaiian Islands Multibeam Bathymetry and Backscatter Synthesis: University of Hawai'i at Ma / Hawaii Mapping Research Group) (ca). **64-65 Getty Images:** Matteo Colombo. **65 Dreamstime.com:** Barefootflyer (sd). **NASA:** ISS Crew Earth Observations experiment and the Image Science & Analysis Group, Johnson Space Center (bd). **naturepl.com:** Sergio Hanquet (ca). **Shutterstock.com:** JamiesOnAMission (cd). **66 Alamy Stock Photo:** Zoonar GmbH (cda). **naturepl.com:** Guy Edwardes (sd). **66-67 Shutterstock.com:** kavram. **67 Alamy Stock Photo:** Inge Johnsson (cd); robertharding (cdb). **Dorling Kindersley:** Getty Images: Kirsten Boos / EyeEm (sd). **68-69 Getty Images:** Mauro Cociglio - Turin - Italia. **70-71 Shutterstock.com:** Lynn Yeh. **71 Alamy Stock Photo:** Associated Press (bd); Dinodia Photos (cd). **72-73 Alamy Stock Photo:** Associated Press. **73 Alamy Stock Photo:** Australian Associated Press (sd); GRANGER - Historical Picture Archive (cdb). **USDA Forest Service (www.forestryimages.org):** (cd). **76-77 Getty Images:** AFP / JIJI PRESS. **77 Alamy Stock Photo:** Science History Images (bd). **Getty Images:** AFP (sd). **NOAA:** Center for Tsunami Research (cd). **78-79 Dorling Kindersley:** Dreamstime.com: Mario Lopes / Malopes (fondo). **Getty Images / iStock:** ChrisGorgio (tornillos). **79 Shutterstock.com:** Blue Planet Studio. **80 Alamy Stock Photo:** Chronicle (bi). **Getty Images:** Hulton Archive (bd). **80-81 Getty Images / iStock:** OGphoto. **81 Alamy Stock Photo:** Grant Farquhar (fcra); imageBROKER.com GmbH & Co. KG (cdb). **Dreamstime.com:** Dan Breckwoldt (cd); Nataliya Nazarova (bd). **Science Photo Library:** Dirk Wiersma (sd). **83 Alamy Stock Photo:** Image Professionals GmbH (cd). **85 Dorling Kindersley:** a partir de datos de Smithsonian Institution, National Geophysical Data Center; **Shutterstock.com:** Rainer Albiez (cda); vvvita (sc); Alan Ward (cdb); antony trivet photography (bc). **86-87 Getty Images / iStock:** bahadir-yeniceri. **87 Alamy Stock Photo:** Nature Picture Library (ca). **Getty Images:** Marli Miller / UCG / Universal Images Group (cd). **Getty Images / iStock:** Totajla (sd). **Shutterstock.com:** Chaikom (bc); sevenke (si). **88 Science Photo Library:** Susumu Nishinaga (ci). **88-89 Getty Images / iStock:** jalvarezg. **89 Dorling Kindersley:** Dreamstime.com: Hai Huy Ton That (sd). **Dreamstime.com:** Joseph Gough (ca). **Shutterstock.com:** Nicolaj Larsen (cd). **SuperStock:** Egmont Strigl / Westend61 (sc). **90-91 Getty Images:** AFP / JIJI PRESS. **91 Getty Images:** Mark Gibson (cd). **Shutterstock.com:** J-B-C (sd). **92-93 Getty Images:** Roberto Moiola / Sysaworld. **93 Alamy Stock Photo:** Amos Gal (ca); Chris Mattison (ci). **NASA:** JPL-Caltech / UArizona (cd). **94 Shutterstock.com:** DCrane (cib); Jane Rix (sd). **94-95 Alamy Stock Photo:** Eva Bocek. **96 Alamy Stock Photo:** Tim Geach (cia); Piter Lenk (sc); Santi Rodríguez (c); Science History Images (cda). **97 Alamy Stock Photo:** Design Pics Inc (ca); imageBROKER.com GmbH & Co. KG (si); GeoJuice (cib); Barry Vincent (cdb). **Shutterstock.com:** Matthew Figg (bi). **98-99 naturepl.com:** Wild Wonders of Europe / Jensen. **98 Getty Images / iStock:** DurkTalsma (sd). **naturepl.com:** Franco Banfi (cib). **99 Getty Images / iStock:** S_Lew (sd). **Science Photo Library:** British Antarctic Survey (cd). **100-101 Alamy Stock Photo:** Raquel Mogado (c); Andrey Podkorytov (s). **Getty Images:** 1970s (b). **103 Science Photo Library:** Jim Steinberg (cda). **104-105 Shutterstock.com:** Blue Planet Studio. **106-107 Shutterstock.com:** Sara Winter. **106 Shutterstock.com:** 4045 (bi); Nido Huebl (ci); engel.ac (c); pcfp (bc). **108-109 Shutterstock.com:** Vadim Petrakov. **110 Alamy Stock Photo:** robertharding (bi). **Dreamstime.com:** Chase Dekker (cib). **110-111 NASA:** Joshua Stevens, a partir de datos Landsat de la U.S. Geological Survey, y datos de humedad del suelo de cedidos por el JPL y el SMAP Science Team (s, b). **111 Alamy Stock Photo:** US Coast Guard Photo (cd). **Getty Images:** Fatih Aktas / Anadolu Agency (sd); Ben Brewer / Bloomberg (bd). **112-113 Alamy Stock Photo:** Michele Falzone. **113 Alamy Stock Photo:** ludmila yilmaz (sd). **2002 MBARI:** David Fierstein (cdb). **114-115 Getty Images / iStock:** ClaudioVentrella. **116-117 Shutterstock.com:** Patrick Poendl. **117 Alamy Stock Photo:** Artenex (cdb). **naturepl.com:** Alex Mustard (bd). **118-119 Alamy Stock Photo:** Image Professionals GmbH. **119 Alexander Hyde:** (bd). **Getty Images / iStock:** Extreme-Photographer (cd). **120 Getty Images:** Partha Pal (c). **120-121 Alamy Stock Photo:** Universal Images Group North America LLC. **121 Science Photo Library:** G. R. Roberts (cdb). **122-123 Getty Images:** Andrea Comi. **122 Science Photo Library:** Martyn F. Chillmaid (sd). **123 Alamy Stock Photo:** Heritage Image Partnership Ltd (bd); Westend61 GmbH (si). **124-125 Getty Images:** Octavio Passos. **125 Alamy Stock Photo:** David Wall (cd). **Getty Images:** John Lund (sd). **Getty Images / iStock:** Thurtell (bd). **126-127 Dorling Kindersley:** Dreamstime.com: Mario Lopes / Malopes (fondo). **Getty Images / iStock:** ChrisGorgio (tornillos). **127 Alamy Stock Photo:** Mario Deambrogio. **128 Alamy Stock Photo:** agefotostock (cb). **Shutterstock.com:** Ekkaluck Sangkla (bd); xpixel (ca). **128-129 Alamy Stock Photo:** Valery Voennyy (sc). **129 Alamy Stock Photo:** Arctic Images (cdb); Bjrn Wylezich (bi). **Shutterstock.com:** Jiri Balek (bd). **130-131 Alamy Stock Photo:** agefotostock (c). **130 Dreamstime.com:** Fokinol (cb/feldspar). **Science Photo Library:** Phil Degginger (c). **Shutterstock.com:** Moha El-Jaw (cb); J. Palys (bc). **131 Dorling Kindersley:** Gary Ombler / Oxford University Museum of Natural History (sc). **Science Photo Library:** Eye of Science (si). **Shutterstock.com:** Ralf Lehmann (bd); Vladislav S (ca). **132-133 Shutterstock.com:** Gary C. Tognoni. **133 Alamy Stock Photo:** agefotostock (ca); Ian Paterson (sc); Alan Morris (cd); Colin Harris / era-images (cdb). **Shutterstock.com:** Sascha Burkard (si). **134 Alamy Stock Photo:** Susan E. Degginger (sd). **Dorling Kindersley:** Colin Keates / Natural History Museum, Londres (si). **Dreamstime.com:** Viktor Nikitin (bd); Pancaketom (cia). **135 Alamy Stock Photo:** Panther Media GmbH (bc). **Dreamstime.com:** Natalis66 (bi). **Science Photo Library:** Dirk Wiersma (cdb). **Shutterstock.com:** Karel Funda (bd); Bjoern Wylezich (s/esquisto). **136 Alamy Stock Photo:** The Natural History Museum (si). **Science Photo Library:** Ashley Cooper (cia); Kaj R. Svensson (cib); Jean-Claude Revy, ISM (bi). **136-137 Shutterstock.com:** Jeroen Mikkers. **137 Science Photo Library:** Steve Lowry (sd). **138-139 Alamy Stock Photo:** YAY Media AS. **139 Alamy Stock Photo:** imageBROKER.com GmbH & Co. KG (bd); mauritius images GmbH (cd). **Science Photo Library:** Eye of Science (si); Wim van Egmond (cib); Nature Picture Library (cda). **Shutterstock.com:** hanif66 (cia). **140-141 Alamy Stock Photo:** Mario Deambrogio. **140 Science Photo Library:** Microckscopica (cib). **141 Alamy Stock Photo:** Igor Petrushenko (sc). **Dorling Kindersley:** Dreamstime.com: Vlad3563 (sd). **Dreamstime.com:** Chormail (cd). **Getty Images:** John W Banagan (bd). **142-143 Alamy Stock Photo:** Phil Degginger (c). **142 Alamy Stock Photo:** Bjrn Wylezich (bc). **Dorling Kindersley:** Ruth Jenkinson / RGB Research Limited (bi); Colin Keates / Natural History Museum, Londres (bd). **143 Dorling Kindersley:** Dreamstime.com: Christophe Testi (sd); Fotolia: apttone (ca). **Science Photo Library:** Javier Trueba / MSF (cd). **Shutterstock.com:** Yeti studio (cda). **144 Alamy Stock Photo:** Wirestock, Inc. (sd). **Shutterstock.com:** Viktoria Prusakova (ci). **144-145 Shutterstock.com:** Dan Olsen. **145 Dorling Kindersley:** Colin Keates / Natural History Museum, Londres (sc). **Science Photo Library:** Mark A. Schneider (cd); Dirk Wiersma (bd). **147 Alamy Stock Photo:** PjrRocks (cd); Bill Truran (cdb). **James Van Fleet:** (cda). **148 Dorling Kindersley:** Dreamstime.com: Fokinol (cia); Colin Keates / Natural History Museum, Londres (eci)(ca)(cd)(ebi)(cb)(bc). **148-149 Dorling Kindersley:** iStock: rusm (fondo). **149 Dorling Kindersley:** Colin Keates / Natural History Museum, Londres (si)(cia)(ci)(sc)(esd). **150-151 Getty Images:** SunChan (cb). **150 Alamy Stock Photo:** Phil Degginger (ci). **Dorling Kindersley:** Colin Keates / Natural History Museum (ca); Tim Parmenter / Natural History Museum, Londres (sc). **Shutterstock.com:** STUDIO492 (cia). **151 Alamy Stock Photo:** Phil Degginger (cia); Gemma Fletcher (si). **Dorling Kindersley:** Dreamstime.com: Bjrn Wylezich (cda); Tim Parmenter / Natural History Museum, Londres (sc); Richard Leeney / Holts Gems, Hatton Garden (c); Colin Keates / Natural History Museum, Londres (cdb)(bi)(bc). **Shutterstock.com:** BGStock72 (ci); horiyan (sd); J. Palys (cb). **152 Shutterstock.com:** Bjoern Wylezich (bi). **152-153 De Beers:** (c). **153 Alamy Stock Photo:** Skipping Cricket (bd); David Tadevosian (sc). **154-155 Shutterstock.com:** Albert Russ. **155 Shutterstock.com:** DedMityay (bd); Bjoern Wylezich (sd); Bjoern Wylezich (cda); Sebastian Janicki (cd); SHTRAUS DMYTRO (cdb). **156-157 Shutterstock.com:** lkpro. **158 Science Photo Library:** (cb); Marek Mis (cda); STEVE GSCHMEISSNER (ca)(cd)(ci)(cib). **Shutterstock.com:** Nicola Pulham (bi); Natalia van D (sd). **158-159 Alamy Stock Photo:** jo ingate (bc). **159 Science Photo Library:** INNERSPACE IMAGING (sd); UCL, GRANT MUSEUM OF ZOOLOGY (cia); SUSUMU NISHINAGA (cd)(bd). **Shutterstock.com:** New Africa (ca). **160-161 Dorling Kindersley:** Dreamstime.com: Mario Lopes / Malopes (fondo). **Getty Images / iStock:** ChrisGorgio (tornillos). **161 Kenneth G. Libbrecht. 162-163 Dreamstime.com:** Studio023. **163 Science Photo Library:** NASA'S GODDARD SPACE FLIGHT CENTER (si). **Shutterstock.com:** PhotoVisions (ca). **165 Dorling Kindersley:** Dreamstime.com: Elena Gurdina (cd). **Science Photo Library:** Steve Gschmeissner (cdb). **Shutterstock.com:** Kay Cee Lens and Footages (cda). **166-167 Dreamstime.com:** Feelgoodsk. **167 Alamy Stock Photo:** Rapt.Tv (sd). **168-169 Getty Images:** Greg Pease. **169 Alamy Stock Photo:** Science Photo Library (cda). **Dorling Kindersley:** Dreamstime.com: View7 (cia). **170-171 Dorling Kindersley:** using data from www.worldclim.org. **171 Alamy Stock Photo:** hanohikirf (cb). **Getty Images:** Emad aljumah (ca). **Getty Images / iStock:** Vagabondering Andy - Andy Doyle (bc). **Shutterstock.com:** Jane Rix (sc). **172-173 Dorling Kindersley:** a partir de datos de www.worldclim.org. **173 Alamy Stock Photo:** Colin Harris / era-images (bi). **naturepl.com:** Christophe Courteau (ca). **NOAA:** GOES Project Science Office (cdb). **Shutterstock.com:** Deliris (sc); Ondrej Prosicky (ci); Bassel Rachid (cd). **174-175 Science Photo Library:** Karsten Schneider. **175 Science Photo Library:** NOAA (bc). **176 Alamy Stock Photo:** NG Images (sd). **176-177 Alamy Stock Photo:** Timothy Smith. **177 Alamy Stock Photo:** Robert Adrian Hillman (si). **178 ESA:** NASA-A. Gerst (cb). **178-179 Shutterstock.com:** elRoce. **179 Alamy Stock Photo:** US Air Force Photo (sd). **Getty Images / iStock:** adrianorgza (sc). **Getty Images:** Warren Faidley (si). **NOAA:** Digital GeoZone (cda). **180-181 Brian A. Morganti / StormEffects.com. 181 NASA:** Earth Observatory images by Jesse Allen, a partir de datos Landsat de la U.S. Geological Survey (cdb). **183 Dreamstime.com:** Richair (sc). **184 Shutterstock.com:** Derek Beattie Images (sd); Lukas Jonaitis (i); kristof lauwers (cd). **184-185 Shutterstock.com:** Frannyanne (c); Brian A Jackson (b); Kay Cee Lens and Footages. **185 Alamy Stock Photo:** Delphotos (bd). **Science Photo Library:** Mike Hollingshead (cda). **Shutterstock.com:** alybaba (cib); paul prescott (bc); Sebastian Hulse (si); Phil Semmens (sd); kostin77 (cd). **186-187 Science Photo Library:** Roger Hill. **188 Dreamstime.com:** Maciej Czekajewski (bi); Natalia Pushchina (cib). **188-189 Shutterstock.com:** HoleInTheBox. **189 Alamy Stock Photo:** Dave Bevan (si); Jon G. Fuller / VWPics (sd). **Getty Images:** JC Patricio (sc). **191 Alamy Stock Photo:** James Lewis / Stockimo (bd). **Dorling Kindersley:** Dreamstime.com: James Wheeler / Souvenirpixels (cd). **192-193 Shutterstock.com:** Naufal MQ. **193 Shutterstock.com:** Tomasz Duma (sd); SakSa (si); Dean Pennala (ca). **194 Dan Robinson:** (d). **195 Alamy Stock Photo:** Nature Picture Library (cd). **Dreamstime.com:** Baloncici (bd). **Dan Robinson. 196 Kenneth G. Libbrecht. 197 Kenneth G. Libbrecht. Science Photo Library:** Kenneth Libbrecht (cda). **198 Alamy Stock Photo:** Richard Lewis (sc); Antonella Lussardi (bi). **Science Photo Library:** Nature's Faces / Science Science (cia); Pekka Pariainen (cib). **198-199 Alamy Stock Photo:** David Forster. **199 Alamy Stock Photo:** Mark Pink (sd). **200-201 Getty Images:** Allan Davey. **200 Alamy Stock Photo:** Thierry Grun (cia); John Sirlin (cib). **Getty Images:** Mike Lyvers (bi). **NOAA:** GOES East (si). **202-203 Marko Koroec. 204-205 Alamy Stock Photo:** John Sirlin. **205 Getty Images / iStock:** Dr_Microbe (cda). **Science Photo Library:** Digital Globe (cia); NOAA (ca). **206 Greenpeace:** Gesellschaft fr kologische Forschung (ca). **207 Alamy Stock Photo:** Science History Images (bc). **Greenpeace:** Gesellschaft fr kologische Forschung (ca). **Shutterstock.com:** Vladimir Endovitskiy (bd). **208-209 Dorling Kindersley:** Dreamstime.com: Mario Lopes / Malopes (fondo). **Getty Images / iStock:** ChrisGorgio (tornillos). **209 Getty Images:** imageBROKER / Peter Giovannini (c). **210 Alamy Stock Photo:** RooM the Agency (cb). **Wikipedia:** MARUM- Center for Marine Environmental Sciences, University of Bremen (c). **211 Alamy Stock Photo:** Branko Devic (bd). **Dorling Kindersley:** Dreamstime.com: Solarseven (cb). **Getty Images:** Roger Ressmeyer / Corbis / VCG (cda). **212 Alamy Stock Photo:** blickwinkel (cda). **212-213 naturepl.com:** Gary Bell / Oceanwide / Minden. **213 Getty Images / iStock:** Dmitriy Sidor (cia). **Science Photo Library:** Dirk Wiersma (cda). **214 Getty Images / iStock:** CribbVisuals (bi); wanderluster (ci). **216 Alamy Stock Photo:** Nick Upton (sc). **Getty Images / iStock:** Xurzon (cib). **Shutterstock.com:** Aureliy (bi); Lucas Leuzinger (bd). **217 Getty Images / iStock:** Frank DeBonis (bc); Paolo Graziosi (si); Shunyu Fan (sc); DieterMeyrl (cda); pierivb (cdb); dennisvdw (bi). **218-219 Shutterstock.com:** Linda Szeto. **218 Getty Images / iStock:** Oleh_Slobodeniuk (bd). **Shutterstock.com:** Mats Brynolf (bi); Nata Naumovec (cd). **219 Getty Images:** Its About Light / Design Pics (bd). **naturepl.com:** Suzi Eszterhas / Minden (c). **Shutterstock.com:** Jukka Jantunen (bi). **220-221 Getty Images / iStock:** Schroptschop. **220 Getty Images / iStock:** Avalon_Studio (c). **Shutterstock.com:** Jack Bell Photography (bi); Kevin Wells Photography (bd). **221 Getty Images / iStock:** JasonOndreicka (bi); standret (ci); pchoui (cd). **Shutterstock.com:** Erni (bd). **222-223 Getty Images / iStock:** Matt_Gibson. **222 Getty Images / iStock:** Elizabeth Nunn (bi); Wirestock (cd). **Shutterstock.com:** WildMedia (bd). **223 Alamy Stock Photo:** Duncan Usher (ci). **Getty Images / iStock:** Kaphoto (bd); Michael_Conrad (bi). **224-225 Getty Images:** Paul Biris. **224 Guillermo Ferraris and Mariella Superina:** (bi). **Getty Images / iStock:** mauinow1 (bd). **225 Alamy Stock Photo:** blickwinkel (cd); Martin Harvey (ci). **Getty Images:** S. Daniel McPhail / 500px (bd). **Getty Images / iStock:** NormaZaro (c). **Shutterstock.com:** Anan Kaewkhammul (bi). **226-227 Getty Images:** Paul Biris. **226 Dorling Kindersley:** Dreamstime.com: Eastmanphoto (bd). **Getty Images:** Ignacio Palacios (cdb). **Shutterstock.com:** Medolka (cda); Matt Starling Photography (bi, bc). **227 Dorling Kindersley:** Andrew Beckett (Illustration Ltd) (ebd). **Getty Images:** cinoby (cdb). **naturepl.com:** Daniel Heuclin (ca). **Science Photo Library:** Vincent Amouroux, Mona Lisa Production (bi). **Shutterstock.com:** MedMounirPic (cia). **228-229 Shutterstock.com:** Yusnizam Yusof. **228 Getty Images / iStock:** agustavop (cd); Lillian Tveit (bi). **Shutterstock.com:** Kurit afshen (bd). **229 Alamy Stock Photo:** Marc Anderson (c); Natalia Golovina (bi). **Shutterstock.com:** Usanee (bd). **230-231 Getty Images:** Christophe Paquignon. **230 Getty Images:** Bryngelzon (bi). **Shutterstock.com:** Stu Porter (sd). **231 Alamy Stock Photo:** Imagebroker (cia); robertharding (bc). **Getty Images:** Nick Dale / 500px (sd). **Shutterstock.com:** Zeinab Alameh (cda). **232-233 Alamy Stock Photo:** Markus Thomenius. **232 Shutterstock.com:** Fabian Ponce Garcia (bi); Martin Mecnarowski (si); Jana Troupova (bc); KLiK Photography (bd). **233 Alamy Stock Photo:** Arterra Picture Library (cib); Minden Pictures (cdb). **Shutterstock.com:** Carlos Sala Fotografia (ca); Milton Rodriguez (bc). **234-235 naturepl.com:** Rhonda Klevansky. **234 Alamy Stock Photo:** David G Richardson (cd). **naturepl.com:** David Fleetham (bd). **Shutterstock.com:** David Steele (bi). **235 Alamy Stock Photo:** Bob Gibbons (cda). **Dreamstime.com:** Gaspoll (cdb). **naturepl.com:** Christophe Courteau (cb). **Andrea Nixon / AndyNixPix:** (cia). **Steve Woodhall / butterflygear.co.za:** (bi). **236-237 Alamy Stock Photo:** imageBROKER.com GmbH & Co. KG. **236 naturepl.com:** Nick Garbutt (bd). **Shutterstock.com:** buteo (cb); Brian Lasenby (cib). **237 Alamy Stock Photo:** Christian Dietz (bi); Panoramic Images (cb). **Getty Images:** imageBROKER / Peter Giovannini (cia). **Getty Images / iStock:** Alex Potemkin (sd); Mary Swift (si). **Shutterstock.com:** miroslav chytil (cdb); Wiro.Klyngz (cda). **238-239 BluePlanetArchive.com:** Reinhard Dirscherl. **239 naturepl.com:** Doug Allan (cd); Brandon Cole (sd); David Shale (cdb). **240-241 Getty Images / iStock:** undefined undefined.

Resto de las imágenes © Dorling Kindersley